KB064866

은둔을 택한 고귀한 충혼

농은 민안부

은둔을 택한 고귀한 충혼

놓은 민안부

임종욱 지음
민영근 감수

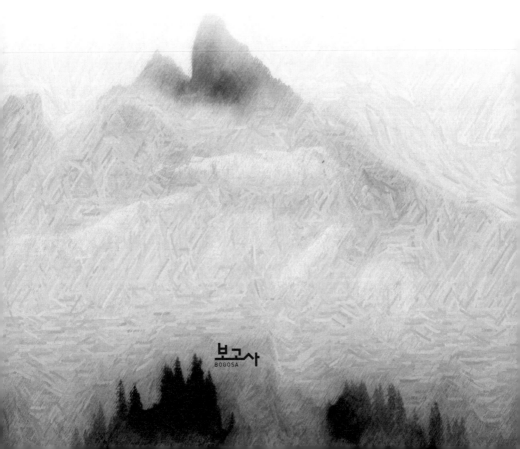

보고사
BOGOSA

차례

농은공 할아버님 행장에 관한
책 발간에 붙여서

민영근
여흥민씨대종회 산청군지부 회장

여흥 민씨(驪興閔氏) 산청군(山淸郡) 농은공(農隱公) 자손 일가 여러 분께 산청(山淸) 민문(閔門)의 향조(鄕祖)이시며 중시조(中始祖)이신 농은공 할아버님의 행장을 읽기 쉽게 재구성한 책을 발간하게 되었다는 기쁜 소식을 전하면서 삼가 인사 올립니다.

저는 여흥민씨대종회(驪興閔氏大宗會) 산청군지부(山淸郡支部) 회장 (會長)의 중책을 맡아서 8년째 소임을 다하고 있는 영근(泳根)입니다.

제가 농은공 자손 종중의 회장으로 중책을 맡게 된 동기는 2011년 음력 11월 5일에 산청군청에서 정년퇴직을 하고 특별한 일 없이 소일하고 있었는데, 전임 회장 창식(昌植) 씨로부터 문중 종회가 있으니 참석을 하라고 연락이 와서 별다른 생각 없이 참석했더니, 집안 어른들께서 "요즘 별 일 없지?" 하시면서 "문중 회장이 사정이 있어서 다음 임기부터는 회장을 더 못하겠다고 해서 너를 회장으로 추천하기로 의논하였으니 회장을 맡아 주어야겠다."고 하시는 말씀에 변명 한마디 못하고부터입니다.

대부분의 일가들이 그렇겠지만 평소 종중 행사에는 시간이 허락하는 대로 3월 15일의 춘향제, 4월 8일의 종중총회(宗中總會)와 9월 15일의 충북 음성 문경공시제(文景公時祭), 10월의 대종시제(大宗時祭)에 참석하는 정도여서 종중과 선조의 일에 대해 깊이 생각해 본 일 없이(군청에 재직 시에는 군청 산하의 일가들 모임인 여흥회를 조직해서 오랜 기간 회장을 하면서 일가간의 유대 강화를 위해서 노력하기는 하였지만), 어떤 면에서는 적극적이지 못했다고 말씀드릴 수 있습니다. 이 때문에 회장으로 선임되고 1년까지는 막막해서 종중 행사 준비가 미흡했고 일부 실수가 있었다고 생각되는데도 특별한 내색 없이 이해하고 조언과 지원도 해주시고 믿어 주신 역대 임원님들과 일가 여러분들께 이 지면을 빌어서 다시 한 번 감사의 인사를 드립니다.

잘 아시는 바와 같이 우리 민문은 여흥 단일 본으로서 고려조에 상의봉어(尙衣奉御)를 지내신 휘(諱) 칭도(稱道) 할아버님을 시조로 하여 감찰어사증검교태자소보(監察御史贈檢校太子少保) 휘 세형(世衡) 할아버님이 2세조, 호부원외랑증검교상서좌복야(戶部員外郞贈檢校尙書左僕射) 휘 의(懿) 할아버님께서 3세조이십니다. 시조와 2세조 할아버님의 묘소는 족보에 등재되어 있지 않고 3세조 할아버님의 묘소만 북한 평산부 서수월봉 아래로 등재되어 있는데, 4세조시며 문하시랑평장사상주국태자태사(門下侍郞平章事上柱國太子太師)를 지내신 시호(諡號) 문경공(文景公) 휘 영모(令謨) 할아버님의 묘소는 충북 음성군 금왕읍 사창리에 모셔져 있습니다. 매년 음력 9월 15일에 전국의 민문이 모여 제사를 드리고 있는데, 1~3세조 할아버님의 제사는 모시지 못하는 불경스런 경우가 되고 있어서, 저를 포함한 여러 일가 대표분들이 1~3세조 선조님의 제사도 모셔야 한다고 수차례 대종회에 건의한바 위패를 모시고 고유한 후에 제사를 모시는 방안을 검토하고 있다고 합니다.

한편으로 대종회에서는 중국에 거주하면서 사업차 북한에도 방문이 가능한 일가를 찾아서 1~3세 선조님들의 묘소를 찾아봐 달라고 간곡하게 부탁하였으나 묘소가 소재하는 것으로 추정되는 지역이 북한에서 군사적으로 민감한 지역이 되어 접근이 어렵다는 통보를 받고 있는데, 기회가 되면 계속 노력을 하겠다고 합니다만, 묘소를 찾는 일과 제사를 모시는 일은 별개의 사안이므로 올해부터는 제사를 모시도록 했으면 좋겠다고 희망해 봅니다.

우리 민문은 고려조에 시조 할아버님을 필두로 많은 선조님들께서 조정에 출사(出仕)하시고 왕비도 배출하였으며, 조선시대에도 과거에 급제해서 조정에 출사하신 선조님들이 많으시고, 특히 네 분의 왕비, 황후를 배출하는 등 오랜 기간 자타가 공인하는 명문대가(名門大家)로 대접 받아 왔고, 국가와 왕조에 충절(忠節)을 보인 충신(忠臣)과 선비의 이도(吏道)를 올곧게 실행한 분들도 많이 계셨습니다.

산청민문(山淸閔門)은 시조 할아버님의 9세손이신 10세조 고려국 예의판서 농은현조(高麗國 禮儀判書 農隱顯祖) 휘 안부(安富) 할아버님을 향조(鄕祖, 중시조[中始祖])로 하며 농은공께서 산청(옛 산음현) 대포에 은거(隱居)하신 이래로 많은 자손이 번성하여 현재는 전국 각지에 산재하여 살고 있습니다.

산청 민문은 통칭(統稱) 농은공 종중(農隱公 宗中)이라고 하지만 6개 파로 분파되어 있는데 손자 되시는 예조정랑(禮曹正郎) 갈전공(葛田公) 12세조 휘 유의(惟義) 할아버님은 갈전공파(葛田公派)의 파조가 되시고, 증손 중훈대부우후수군절제사 우후공(中訓大夫虞侯水軍節制使 虞侯公) 13세 휘 선(璿) 할아버님은 우후공파(虞侯公派)(일명 송정파)의 파조가 되시며, 15세손 형제 4분 중 여절교위(勵節校尉) 휘 희증(希曾) 할아버님은 참봉공파(參奉公派)(일명 양지파) 파조, 졸수공(拙叟公) 휘 희건(希騫) 할아버님은 졸수공파(拙叟公派)(일명 항개파) 파조, 선무랑공(宣務郎公) 휘 희상(希商) 할아버님은 선무랑공파(宣務郎公派)(일명 창주파) 파조, 통훈대부명묘조등무과음천선전관(通訓大夫明廟朝登武科蔭薦宣傳官) 야와공(野窩公) 휘 희로(希路) 할아버님은 야와공파(野窩公派)(일명 음지파) 파조가 되십니다. 4형제분의 파를 다른 이름으로 4파라고도 하며 4파 종손은 오부면 양촌에 살고 계시는 참봉공파(參奉公派) 대규(大圭) 일가로서 산청 종중의 회장을 지내시면서 대포서원과 송계재의 문화재 지정을 추진하여 각고의 노력으로 지정받는 데 크게 기여하시는 등 종중 일에 적극적으로 참여하고 종중의 발전을 위해 노력해 주셨습니다. 지금은 연로하시고 건강상의 문제로 종사에 참여하지 못하게 되어 안타까운 마음이며, 다른 파의 종손들도 대규(大圭) 종손(宗孫)을 본받아 적극 참여해 주시면 얼마나 좋을까 하고 아쉬운 마음을 내어 봅니다.

산청 민문은 모두가 농은공(農隱公) 한 할아버지의 자손이기 때문에 현재의 종중은 6개 파의 개념을 떠나 부득이한 경우가 아니면 농은공파(農隱公派) 통합종중으로 운영하고 있습니다. 실제로 우리 문중에서 수차례 발행한 파보의 이름도 '농은공파보'(農隱公派譜)인데 이에 대해 아무도 이의를 제기하지 않고 흔쾌히 동의하고 있는 사실로도 증명된다 하겠습니다.

계사년(癸巳年, 2013년) 춘향제(春享祭)를 지내고 난 날 오후에 오랜 기간 동안 열성적으로 종중의 업무와 재산 및 자금 관리를 담당해오신 유사(有司) 고(故) 영일 형님(泳一 兄任)에게 종중 자금이 어떻게 관리되고 있는지 통장을 보자고 했더니 10개 정도의 개인 명의로 된 통장을 내어 놓기에 너무 당황스러운 마음에 종중명의로 공공의 관리를 해야 되겠다는 생각을 하면서 "며칠 있다가 올 테니까 통장을 정리합시다." 하고 왔는데 얼마 지나지 않아 형님께서 오토바이 사고로 크게 다쳐서 의식이 없다는 청천벽력 같은 소식을 들은 후 그 길로 회복하지 못하고 돌아가시는 망극한 일이 생겼는데, 고인을 애도하는 한편 문중 자금 인수 관계로 문중원 모두 걱정을 많이 하고 있는 가운데 그해 총회 때에 제가 해결하도록 노력해 보겠으니 위임해달라는 말씀을 드리고 형님의 자제를 몇 차례 만나고 전화로 협의를 한 결과, 다행히도 형님의 자제들이 많은 협조를 해주어서 원만하게 처리가 된 점은 조카들에게 늘 감사하게 생각하고 있습니다. 그 후 세무서에서 고유번호증(固有番號證)을 발급받아 모든 자금을 종중 명의로 예치해서 관리하고 있습니다.

　종중 업무가 어느 정도 정상화되었다고 판단이 되자 마음 한편에 뭔가 해야 되는데 하는 아쉬움과 항상 모자란다는 느낌이 들어 허전함을 느끼고 있었는데, 그 이유는 농은공(農隱公) 할아버님의 행장(行狀)에 관한 것이었습니다. 할아버님에 관한 책자(자료)는 한문 중심으로 되어 있는 『농은선생실기(農隱先生實記)』와 고(故) 영아(泳雅) 형님께서 부산농은회장(釜山農隱會長) 당시에 심혈을 기울여 정리해서 펴내신 『농은현조실기초고(農隱顯祖實記抄顧(後孫敎養用)(후손교양용)』가 전부로서 빈약하기 이루 말할 수가 없어 고심을 하다가 문중 임원회의 때 농은공 할아버님의 사료를 조사해서 책을 내보고 싶다고 의논을 드렸더니 한마음으로 동의해 주셔서 용기를 가지고, 대종회 회의에 참석하는 기회에 형기(亨基, 문학박사, 전 國防大學校 교수, 30여 편의 논문과 책을 집필, 발간하고 직계 선조의 책자도 발간)께 자문을 구했던바 자료 조사 요령과 방문 기관을 도표로 그려가며 상세하게 설명을 해주시기에 감사한 마음이었으나 많은 비용이 소요될 것이라는 말씀에는 다소 자신이 없어졌었습니다.

　간절히 원하면 이루어진다는 말과 같이 다른 대종회 날에 서울의 태영(泰英) 일가께서 여동생의 신랑(계매)이 송희복(宋喜復) 교수인데 진주 교육대학교에 근무하며 교대에서 농은공에 대한 학술 연구 발표를 곧 한다고 들었는데 한번 만나 보라고 휴대전화를 알려 주시기에 천군만마를 얻은 것처럼 뛸 듯이 기쁜 마음에 집에 돌아온 다음날 바로 송희복 교수님을 만나 차를 한잔 나누면서 설명을 들어보니 학술 연구 발표는 교수님이 하지 않고 교대에 강사로 출강 하시는 임종욱 선생이 하는데 한문학자이고 역사에도 조예가 깊으며 소설가로서 책도 많이 저술해 출판한 유능한 분이니 만나 보도록 주선해 드리겠다고 해서 약속을 잡고 송희복 교수님과 함께 진주에서 식사를 하게 된 것이 임종욱 작가와 뜻깊은 인연을 맺게 된 날이었습니다. 그날 우리가 생각하고 있는 바를 임선생에게 설명을 하고 집필을 부탁했던바 흔쾌히 승낙을 해주시기에 기간을 1년으로 해서 계약을 한 후 사업을 시행해 왔는데 약속된 기간이 얼마 남지 않았음에도 연락이 없기에 확인을 해보니 자료를 저장해 놓은 컴퓨터에 악성 바이러스가 침투해서 다른 자료들과 함께 그간 작업한 자료들이 없어져 버렸는데 복구도 거의 불가능하다는 이야기를 들었으나 다행히 다른 저장소에 담아 놓은 일부 자료가 있으니 기억을 되살려서 재구성하려면 15일 정도 기간이 더 소요되겠다고 기다려 달라고 하시기에 생각을 해보니 저도 한번 컴퓨터에 저장된 자료를 날려 먹은 경험이 있는데 얼마나 난감할까 하는 생각에 위로를 해드리고 그렇게 조급하게 처리할 일이 아니므로 넉넉한 시간을 가지고 좋은 작품을 만들어 달라고 하면서 2개월을 연기해 드리고, 그 후에 사정에 따라 또 2개월을 더 연기한 끝에 초고가 완성되었습니다.

완성된 초고는 내용이 너무 많아 인쇄하여 돌려 보기는 어려우므로 컴퓨터를 할 수 있는 몇 사람에게 연락을 해서 잘 읽어 보고 의견을 보내 달라고 부탁을 하는 한편 저와 종중 사무국장(事務局長) 영수(泳洙)도 각각 읽어 보고 기다렸으나, 다른 사람에게서는 연락이 없으므로 두 사람이 읽어 보고 발견된 오자 탈자와 일부 표현에 대한 의견을 표시하여 작가 분에게 보내서 원고를 완성하였습니다.

부록 편은 농은(農隱) 할아버님 관련 시설과 묘소 등에 대한 사진을 작가님이 직접 촬영해서 작성을 하겠다고 하기에 여름에는 묘소에 풀이 무성해서 보기가 좋지 않으므로 벌초 후에 촬영을 하자고 약속을 했었는데 차일피일 하다 보니 12월 9일에야 촬영하게 되었으며, 농은공(農隱公) 할아버님의 묘소와 정부인(貞夫人) 심씨(沈氏) 할머니 묘소, 대포서원(大浦書院)을 중심으로 하여 주변에 있는 후손들의 문화재와 재실 등 일부를 촬영하여 수록하게 되었는데 대부분의 자료를 챙긴다고는 하였으나 자손들이 일구어 놓은 유산 전체를 다 수록하지 못한 점과 본문에 나오는 원주 변혁사와 지리산(智異山)의 배록동(排祿洞) 기록 등은 확인이 쉽지 않아 수록하지 못한 점에 대해서는 많은 이해 있으시기 바랍니다.

본 책자의 원고가 완성되기 전에 작가님이 연구하고 진주교육대학교에서 발표하신 '농은 민안부, 은폐된 삶의 복원과 은거 이후의 흔적들'이라는 제목의 자료는 책자에 포함되어 있으므로 별도의 소개는 생략하겠습니다.

이번에 발간하는 책을 읽어 보면 아시겠지만 임종욱 선생이 한문학자와 소설가적 재능을 한껏 발휘해서 방대한 내용을 유려한 문장으로 표현하여 읽기가 편하고, 역사학자로서의 실력을 유감없이 발휘해서 상세하게 인물과 상황에 대한 설명을 해놓았기 때문에 이해하기도 쉬울 뿐 아니라 한번 읽기 시작하면 끝까지 읽어 보고 싶은 충동을 느끼게 하는 마력까지 있다고 봅니다.

할아버님에 관한 자료가 턱없이 부족한데다 단편적이고 간접적인 내용이 많아 연결하기가 쉽지 않았을 텐데도 마치 할아버님의 곁에서 같이 살아오신 것처럼 상상력을 총동원하여 할아버님의 생을 재구성해낸 작가님의 탁월한 능력에 다시 한 번 깊은 경의를 표합니다.

본문에 가끔 쓰인 "그랬을 것이다." 같은 뜻의 표현은 작가의 주관이 많이 들어간 것으로 이해되어 처음에는 "정말 그랬을까?" 하는 의문을 가지게 하나, 한 번 더 생각해 보면 "그랬을 것도 같다."로, 다음에는 "그랬을 것이다."로 확신을 갖게 하는 묘한 동화력이 있는 것 같습니다.

본 책 내용 전체에 대해서는 소개를 생략하고 한번 읽어봐 주시기를 당부드리면서 할아버님의 소신과 고려 왕조에 대한 충절심(忠節心)을 가장 잘 나타내고 있다고 사료되는 「술회(述懷)」라는 '오언절구'를 아래에 소개합니다.

옳지 못한 부귀란   不義之富貴(불의지부귀)
내게는 뜬구름과 같다네   於我如浮雲(어아여부운)
돌밭에 왕씨의 봄이 있으니   石田王春在(석전왕춘재)
호미 메고 아침저녁으로 김매리라   携鋤朝暮耘(휴서조모운)

불의한 조선 왕조의 개국에 항거하는 비폭력 정신으로 두문동에 모이신 고려 유신(遺臣)이고 후세에 두문동 72현으로 추앙 받는 선비들의 절의(節義) 정신은 무력과는 거리가 먼 일이었습니다. 때문에 무장 봉기는 꿈에도 생각하지 못하고 말과 글로 자신들의 뜻을 표현했는데 이름을 지어 「부조현언지록(不朝峴言志錄)」이라고 하며 할아버님께서는 "혼적농부시아지(混跡農夫是我志), 족적을 농부로써 감추는 것이 나의 뜻이다."고 하시면서 '농은' 호에 어울리는 의지를 나타내시고 영남 산음현(현재의 산청) 대포로 내려 오셔서 은거하셨습니다.

할아버님께서 산음현으로 내려오시고 대포에 은거를 하시게 된 동기는 장인 되시는 고려합문지후 심연(沈淵)님께서 산음현감을 지내시고 은퇴하여 석답촌 자연동(현재 금서면 덕촌마을)에 거주하고 계셨다는 게, 현재까지도 보존되고 있는 덕촌 마을의 「고려합문지후청송심씨유허비」에서 찾을 수 있다는 작가 선생님의 의견은 타당한 것 같습니다.

그런데 할아버님의 행장에 관한 글을 읽으면서 쉽게 이해가 되지 않고 풀리지 않는 의문 두 가지가 있습니다. 첫 번째는 원주의 치악산 변혁사를 들리고 지리산 배록동에도 들려서 오실 때에는 천리가 넘어 한 달 이상 소요되었을 것으로 예상되며, 그 먼 길을 혼자도 아니고 가족이 다 함께 오셨을 것인데 지금처럼 도로가 잘 만들어진 것도 아닐 테고 겨우 역마(驛馬)가 다니는 길이거나 사람만 오가는 오솔길에다 때로는 호젓한 산길과 고개도 넘으셨어야 했을 것으로 보면, 대갓집 도련님과 가족으로 곱게만 살아 오셨던 분들이 행여 위해를 당하지나 않을까 하는 노심초사하고 참담한 심정으로 그 오랜 시간을 어떻게 걸어서 오셨으며, 또 숙식은 어떻게 해결하셨을까 하는 점에다, 내려오시는 과정에서나 은거하고 계셨던 기간에도 큰 박해나 위해가 없이 자손을 번성시킬 수 있었다는 일입니다. 두 번째는 망경대에 매월 초하루 보름마다 오르시고 북쪽 송경(松京)을 바라보고 고려조와 임금을 그리워했다는 일인데, 할아버지께서 은거하셨던 시기를 상고해 보면 망경대까지 가는 길이 지금처럼 잘 개설되어 있지도 않았을 것이고, 사람도 거의 다니지 않는 험한 산길에다 거리도 십여 리 이상 되며 산짐승도 많았을 것이라고 보면, 한두 분이 가시기에는 너무 무리하고 위험한 점(장인이신 심연[沈淵] 선생님의 영향을 받으셨을 것으로 짐작은 가지만)과, 마을 앞에 있는 봉화산도 제법 높이가 있는데 왜 굳이 그 멀고 험한 곳까지 가셨을까 하는 것으로서 어떤 면으로는 불가사의한 일이라고 할 수 있겠습니다.

대포 마을을 은거지로 정하신 일은 돌이켜 생각해 보면 상당한 이유가 뒷받침되는 것 같습니다. 추정해 볼 수 있는 사실은 대포 마을이 1970년대 초반까지도 3분의 2 정도가 산으로 둘러싸여 있고 3분의 1정도는 경호강으로 막혀 있어서 외부로 출입을 하려면 두세 방향의 산길이나 두 곳의 나룻배를 이용하는 방법밖에 없었는데 600여 년 전에도 이와 같았을 것으로 판단되며 외부와는 단절되다시피 한 산골오지였기 때문에 은거하시기에는 안성맞춤이었다고 할 수 있습니다.

그 후 대포 마을이 외부와 연결되고 자동차가 들어올 수 있도록 개선된 시기는 1970년대로 새마을 사업이 한창일 때에 대포 잠수교(비가 와서 물이 불어나면 물속에 잠기거나 물이 넘쳐 유실될 위험이 있어서 통행을 금지시키는 난간 없는 소규모 교량)를 설치하고 나서부터인데, 현재의 대형 교량(다리)은 2002년 루사 태풍이 닥쳐 경상남도 전 지역에 유례없는 큰 수해가 났을 때로서 대포 잠수교 한 구간 10미터 정도가 유실되어 통행이 불가능하게 되었으며, 2천만 원 정도면 원상 복구할 수 있도록 되어 있는 것(수해 복구 기본 원칙은 원상 복구)을 제가 마침 수해복구 담당 총괄 과장인 건설과장으로 있으면서 생각해보니 열악한 군비로는 언제 대형 교량을 건설할 수 있을지 기약이 없고 비가 많이 오면 마을이 고립되는 악순환이 거듭될 수 있어 수해 복구 개량사업으로 복구비를 지원받기로 구상하고 개량 복구 계획서를 작성해서 수해복구비를 산정하는 중앙 확인 반장에게 설명하면서 간곡하게 당부를 하여 42억 원의 사업비를 지원받아 대형 교량을 건설하면서 다른 수해복구비 일부를 전용하여 마을 앞의 하천 정비까지 같이 처리함과 함께, 당시 산청군수님께 건의를 드려서 긴급 공사로 대포 마을 서쪽 방향으로 내동 마을의 군도와 연결되는 2차로 아스팔트 포장도로를 조기에 개통함으로써 대포 마을의 교통 여건이 획기적으로 개선되어 마을의 발전에도 크게 기여를 하고 있었는데, 2008년에는 영현(泳鉉, 산청군 의회 전문위원, 의회 사무과장, 6~7대 군의회의원, 7대 군의회의장 역임) 일가의 노력으로 특리 마을로 연결되는 군도까지 2차로 아스팔트 포장도로로 확 포장됨으로써 마을에서 어느 방향으로도 소통이 편리하도록 도로망이 조성되고 만년 오지에서 벗어나게 되었습니다.

이와 같은 사례가 또 있는데 대포서원의 문화재 건물 중 1채인 여운루(행랑채)가 화재로 소실되어 복구를 해야 되고, 복구를 하게 되면 원래 자리가 아닌 담장 바깥에 설치해야 되겠다고 문중에서 의논을 한 후 군청에 복원을 건의하자고 의견을 모았으나, 한편으로는 건의를 해도 예산 확보가 쉽지 않을 것이며 더구나 원래 건물 위치가 아니고 바깥에 설치하는 것은 어려울 것이라고 걱정하고 있었는데, 마침 농은공(農隱公) 자손인 정식(偵植, 後에 산청군 부군수, 도청국장, 밀양시 부시장 역임) 일가가 도의 문화재 담당 과장으로 오면서 화재 이야기를 듣고 도 문화재위원 몇 분을 대동하고 현장을 방문하여 상황을 보면서 문화재위원들께 사정을 설명하여 현장 사정상 서원 담장 밖에 설치하는 것이 타당하겠다는 의견을 유도하였으며, 도비 1억 5백만 원을 보조하고 군비 1억 5백만 원을 부담케 하여 2억 1천만 원으로 깔끔하게 문중에서 원하는 장소에 건립하게 된 일입니다.

위의 사례 외에도 여러 가지 사례가 있으며 이러한 일들은 일을 담당하는 부서에 사람이 있어야 챙길 수 있는 일들로서, 역설적인 이야기가 되고 할아버님께 누가 되는 이야기가 될는지는 모르겠지만 할아버님께서 "과거(科擧)에 나가지 말라."는 말씀을 다소 완곡하게 하셨거나 대포서원이 지어진 이후라도 문중에서 후진 양성을 보다 적극적으로 추진해서 전국의 각 기관 요소요소에 일가들이나 후진들이 많이 진출해 있었다면 할아버님의 자료관련 정보에 접근하는 기회가 더 많지 않았을까 하는 아쉬운 마음을 가져 봅니다. 실제로 할아버님의 유지를 철저하게 봉행하느라고 그랬는지는 모르겠지만 우리 농은공 후손 중에는 조선조에서 조정에 출사한 선조님들이 거의 없다시피 하므로 크게 아쉬운 일이 아닐

수 없습니다. 그나마 조선조 말기에 분연히 일어나 일제 침략에 대항해서 관동지방의 의병장으로 크게 활약하신 복재(復齋) 휘 용호(龍鎬) 관동 창의대장께서 산청군 금서면 출신이라는 점은 농은공 할아버님의 충의정신을 이어받으신 것 같아 큰 위안이 되는 것 같습니다.

이번에 발행하는 책과 직접적인 연관은 없다고 할 수 있지만 대한민국의 민문 전체에 새로운 역사를 세우는 '인터넷족보'를 구축하기 위해서 여흥민씨대종회(驪興閔氏大宗會) 주관으로 사업을 추진 중에 있습니다. 대종회에서는 2004년 발행 『갑신보(甲申譜)』를 기본 자료로 등재하는데 우리 산청 민문의 자료는 2011년 발행 『농은공파보(農隱公派譜)』1, 2권의 자료를 인터넷에 등재토록 하였으며, 그 후에 발생한 사실이나 2011년에 정리를 하지 못한 일가 분들께서는 이후라도 정리하도록 챙겨봐 주시기 바랍니다.

이번에 구축하는 인터넷 족보의 특징은 한글로 해석해서 누구나 쉽게 읽을 수 있도록 하고, 특히 지금까지는 대부분의 여자분들 이름을 등재하지 않거나 성씨만 등재하던 방식을 탈피하고 모두 등재하며, 언제 어디서나 휴대전화기로도 검색이 가능하도록 하는 것 등인데, 자세한 사항은 종중회장인 저에게 문의하여 주시기 바랍니다. 인터넷 족보는 기존의 호적법이 개정되어 가족 관계 등록부로 되면서 본인과 관련된 조상의 뿌리를 알기가 어렵게 되었는데, 나의 뿌리인 윗대를 알 수 있고 친족의 촌수 계산 등 다양한 정보를 수록하게 됩니다.

이번에 발행하는 농은공(農隱公) 할아버님의 행장(行狀)에 관한 책에 많은 정보가 담긴 것은 아니지만 획득한 자료를 가지고 할아버님을 중심으로 한편의 역사서가 만들어졌으며, 읽어 보기 쉽다는 점에 의의를 두고 앞으로 더 많은 자료가 발굴될 수 있는 계기가 되었으면 좋겠다고 생각합니다.

심혈(心血)을 기울여 좋은 책을 집필(執筆)해 주시고 출판까지 도와주신 임종욱 선생님을 만나게 된 일은 우리 문중의 행운이었다고 생각하면서 한 번 더 감사 인사를 올리고 더 많은 발전 있으시기를 기원드립니다.

이 책을 예쁘게 인쇄하고 출간해 주신 도서출판 보고사 김흥국 사장님께도 감사 인사드립니다.

2020년 3월

驪興閔氏大宗會 山淸郡支部 會長 閔泳根 謹拜

왕조의 멸망과
순절(殉節)의 노래

한 나라가 망할 때가 되면 그 왕조와 함께 생명을 마감하는 충신
(忠臣)이 나오기 마련이다. 백제에는 성충(成忠, ?~656)이 있었고, 신
라에는 마의태자(麻衣太子, ?~?)가 있었다. 조선에서도 민영환(閔泳
煥, 1861~1905)이나 황현(黃炫, 1855~1910) 같은 분이 있었다. 이렇게
왕조와 운명을 함께 한 열사(烈士)와 충신이 있었기에 그 왕조는 존
립할 의미를 얻을 수 있었고, 유민(遺民)들 역시 옛 나라를 그리워
하며 충렬(忠烈)의 마음을 다질 수 있었다.

그런데 고려는 어떠했는가. 나라가 망하면서 개창(開創) 세력에
의해 불의의 죽음을 당한 이들은 여럿 있었지만 자신의 의지로 목
숨을 끊거나 망국(亡國)의 한을 자신의 운명으로 받아들여 세속과
절연(絶緣)한 이들을 찾기란 쉽지 않다.[1] 이렇게 된 까닭은 몇 가지
점에서 유추할 수 있을 듯하다.

우선 백제나 신라, 조선은 크게 보면 외세(外勢)로부터 침략을 받았거나 천명을 받아들여 새로운 세력에 정권을 양보했다는 공통점이 있다. 백제는 나당 연합군의 공격을 받았다. 나라 내부의 분열이나 부패도 없진 않았겠지만, 외적의 침입에 그들은 끝까지 항거했다. 그러기에 나라의 몰락을 내 자신의 고통으로 여길 수 있었던 것이다.

신라는 왕실의 무능이나 부패가 극에 이르러 후삼국이라는 최악의 상황까지 빚어냈다. 더 이상 나라를 유지할 능력이 없음을 인정하고, 마땅한 사람에게 권력을 양보해 영토와 백성들의 안녕을 도모했다. 무능한 권력이긴 했지만 그들은 나름대로 최선의 길을 찾았고, 그 길을 순순히 받아들였다. 그러므로 망국은 권력자들만의 고통이 아니라 나의 것으로 등치시킬 수 있었던 것이다.

조선은 더 말할 나위가 없겠다. 조선 말기 역시 부패와 무능, 국제 정세를 읽지 못하는 어리석음 등이 망국을 자초했지만, 국권을 앗아가려는 세력은 임진왜란의 원수였던 일본이었다. 그들에게 나라를 넘기는 일은 치욕을 넘어 멸문(滅門)의 참혹한 고통 이상이었다. 많은 의병(義兵)들이 일어났고, 그 원흉을 격살(擊殺)하는 의사(義士)들이 나왔으며, 국은(國恩)을 갚고자 생명을 버린 이들도 잇달았다.

그런데 고려의 멸망은 성격이 사뭇 달랐다. 마땅한 사람에게 국권을 양보한 것도 침략을 당해 중과부적(衆寡不敵)으로 나라를 빼앗긴 것도 아니었다. 한때는 고려 왕조의 녹을 먹던 사람들이 개인의 사욕(私慾)을 채우기 위해 왕실을 뒤집은 일이었다. 나라가 위태로

우면 먼저 나서서 지켜야 할 이들이 하루아침에 얼굴색을 바꾸고 권력을 찬탈해 간 사건이었다. 사직(社稷)의 안녕이나 왕실의 보전을 화급한 일로 여길 틈도 없이 불법적이고 순식간에 나라를 앗아갔다.

한때 함께 정치를 논하던, 그래서 동지 의식까지 공유했던 이들이 돌변한 내부의 적에 의해 권력이 넘어가는 참담한 지경에서 정의와 불의의 구분이 쉽지 않았다. 몇몇 고려의 충신들은 왕조를 지키고자 분투했지만, 일거에 제거되었고 오백 년을 내려온 왕조는 허망하게 아침이슬처럼 스러졌다. 왕조의 멸망과 새로운 왕조의 개창에는 아무런 합리적인 논리나 정당성이 개입되지 못했다. 예감을 못했던 것은 아니지만 망국은 너무나 갑작스럽게 전격적으로 이뤄졌다. 그래서 나라의 최후를 목도하고 목숨을 끊은 충신이 나오기 어려웠던 것이다.

이렇게 볼 때 고려의 멸망은 우리 역사에서 가장 황당무계한 사건이라고 말할 수 있다. 어떤 명분도 찾기 어려운 부도덕한 찬탈이 고려의 멸망을 재촉했던 것이다.

그러나 그런 고려의 멸망이었지만, 순절의 행적을 따른 이들이 아예 없었던 것은 아니었다. 목숨을 끊거나 의병으로 국권 회복을 꿈꾼 이들은 없었어도, 조국의 멸망을 애통해 하면서 결신(潔身)의 삶을 추구해, 왕조가 무너지는 순간을 무지개나 황혼처럼 슬프지만 아름답게 장식한 일군의 사람들이 있었다. 「회고가(懷古歌)」를 남겨 슬픈 현실을 비감하게 노래한 이들도 있었고, 더 나아가 고죽국(孤竹國)의 왕자(王子)로서 주나라 무왕(武王)이 은나라의 주왕(紂

王)을 토벌해 주 왕조를 세우자, 무왕의 행동이 인의(仁義)에 어긋나는 것이라 하여 주나라의 곡식을 먹기를 거부하고 수양산(首陽山)에 들어가 고사리를 먹다 죽은 백이(伯夷)와 숙제(叔齊)의 충혼(忠魂)을 본받은 이들도 나왔다. 우리는 후자의 길을 간 사람들을 일컬어 '두문동(杜門洞) 72현(賢)'이라 부른다.

오늘날 '두문동 72현'이라 하면 고려가 멸망하자 옛 나라에 대한 지조(志操)를 지키기 위해 은둔했던 72사람의 충신을 가리키는 뜻으로 널리 쓰인다. 은둔했다는 두문동이 어디고, 왜 72명이며, 또 72명이라면 어떤 사람을 일컫는지에 대해서는 의견이 반드시 일치하지는 않는다. 그러나 사실 중요한 것은 지명이나 숫자는 아니다. 오히려 그들의 정신을 더 기억해야 한다. 나중에 다시 거론하겠지만 현존하는 72현의 면면을 읽으면, 정황상 도저히 72현에 들어갈 수 없는 사람들도 인명록에 들어 있다. 어쩌면 '두문동 72현'은 실체라기보다는 상징적인, 신화적인 의미가 더 큰 것처럼 보이기도 한다.

그러면 그들은 왜 은둔의 길을 택했던 것일까? 또 그들의 은둔은 자발적이었던 것일까? 이런 궁금증은 그들의 은둔이 강요된 것이 아니냐는 의구심에서 나오지는 않았다. 인간은 원래 사회적 동물이라 홀로 외따로 떨어지는 일을 달가워하지 않는다. 인간의 군집(群集)은 궁극적으로 인간이 자연 속에서 가장 약한 존재이기 때문에 어쩔 수 없이 택했던 방식이었다. 맹수의 군집은 더 강해지기 위한 수단이었지만, 인간은 더 약해지지 않기 위해 모여 살았던 것이다.

그런데도 이들 72현은 스스로 세상의 모든 권력과 이익으로부터 멀찍이 거리를 두었다. 그들은 정신적으로 강한 연대감을 가졌겠지만, 나라가 망해 그들을 보호해줄 공권력이 사라진 상황에서 물리적으로는 가장 약한 무리였다. 불의와 불법으로 권력을 찬탈한 이들이 마음만 먹으면 얼마든지 쉽게 제거할 수 있는 초개(草芥)와 같은 존재였다. 그들에게는 사회나 집단이 주는 혜택이 더 이상 중요하지 않았다. 오히려 괴로움이고 짐이었다. 그 괴로움과 짐에서 벗어나고자 인적이 끊긴 깊은 산속으로 무거운 발걸음을 옮겼다.

어떻게 보면 두문동 72현의 독거(獨居)는 상당히 이질적이다. 나라가 망했다고 통분(痛憤)에 빠지는 것은 이성과 정의감을 가진 사람이라면 가질 당연한 심정이지만, 모두 함께 −그것도 72명의 사람이− 의견을 한데 모아 어느 지역에 모일 수 있을까? 미리 약속한 일은 아니었을 테니 그 집단행동은 어딘가 어색해 보인다. 누군가 중심이 되어 사발통문을 돌렸고, 뜻을 둔 사람들이 이에 호응했다고 보기도 어렵다. 그렇게 어설프게 공개적으로 움직였다가는 개창 세력들의 귀에 금방 들어갔을 것이다. 죽음도 불사할 각오로 이루어진 행동이었다고 보면 납득할 일이라고 쉽게 단언할 수만도 없다. 그들의 은둔은 죽음보다 더 무거운 저항의 실천이었으니 값어치 없는 죽음은 무의미했다. 그런 점에서 고려 망국과 함께 우리나온 '두문동 72현'의 은둔이 실행된 명분이나 동기를 되짚어 볼 필요가 생기는 것이다.

또 하나 드는 궁금증은 그들의 은둔이 나라가 망했거나 정신적으로든 제도적으로든 위기에 처했을 때 그들 이전에 은둔이라는 행동으로 저항한 전례(前例)가 없었을까 하는 점이다. 여기서는 '두문(杜門)'으로 명명된 의사(義士)들의 은둔은 사실 동아시아의 역사 속을 거슬러 올라가면 이들이 처음은 아니다. 수없이 많은 전례들이 있다. 그런 전범(典範)이 있었기에 두문동 72현 역시 떳떳하고 두려움 없이 은둔을 실천할 수 있었을 것이다. 그런 점에서도 두문동 72현의 행적이 지닌 의의를 찾아봐야 할 것이다.

두문동 72현의 면면을 살펴보면 역사적 사실과는 맞지 않는 인물들도 포함되어 있었다. 그러나 뚜렷하게 그들 중 한 사람이라고 단정할 수 있는 사람들도 적지 않다. 그런 인물 가운데 발군(拔群)의 모습으로 후세에 이름을 남긴 사람이 있었다. 바로 우리가 이 책에서 집중적으로 조명하고자 하는 은둔의 실천자, 농은(農隱) 민안부(閔安富, 1343~?) 선생이다.

농은 민안부 선생은 1343년(충혜왕 4년) 음력 1월 10일 태어난 것으로 확인되지만 언제 세상을 떠났는지는 알 수 없다. 관향(貫鄕)이 여흥(驪興)이니 세거지(世居地)가 지금의 경기도 여주군 일대이긴 하겠지만, 민안부 선생이 과연 그곳에서 태어났는지도 확증되지 않았다.[2] 아주 단편적으로 남아 있는 전승 자료로 볼 때 그가 여흥에서 태어났다기보다는 개성(開城)이 탄생지였음이 더 설득력이 있어 보인다. 또 1360년(공민왕 9년) 과거(科擧)에 응시해 합격했고,[3] 당대의 이름난 명사(名士)나 정치가들과 함께 활동했을 것으로 추론된다. 그럼에도 불구하고 민안부 선생의 고려 말기 정치적 활동이나 그 밖의 행적은 연표나 전기(傳記)로 만들기에는 태부족이다. 그의 삶은 많은 부분이 비밀에 쌓여 있다.

이렇게 미미하기 짝이 없는 자료이기는 하지만, 그렇다고 그의 삶과 행적이 전혀 재구(再構)될 수 없을 정도는 아니다. '두문동 72현'의 일원으로 분명하게 자리하고 있을뿐더러 적은 양이긴 해도 그가 남긴 시와 언행(言行)이 기록으로 전한다. 전설(傳說)의 장막 안에 있는 가상의 인물이거나 상상에서 빚어낸 현인(賢人)도 아니다.

그가 두문동 시절을 청산하고 동지들과 뿔뿔이 흩어져 경남 산청(山淸 : 옛 지명은 산음[山陰])으로 낙향해서 활동한 자취는 지금도 그 지역에 생생하게 살아 숨 쉬고 있다. 또 그의 후손들은 지금도 산청과 전국 각지에서 그가 남긴 정신을 기억하면서 현 사회의 구성원으로서 활동하고 있다.

더구나 민안부 선생은 충렬(忠烈)의 삶을 은둔으로 보여준, 어느 시대에서나 사표(師表)가 될 만한 굵고 단단한 행적을 보여 주었다. 현재 우리에게 주어진 자료나 사료(史料)가 부족하다고 해서 외면하거나 잊어서는 안 될 무게감을 지닌 인물이다. 오히려 그런 난관이 있더라도 후세 사람으로서 그의 충혼(忠魂)을 기리고 당대의 행동과 자취를 탐색해, 오늘날을 살아가는 사람이나 미래의 후손들을 위해 새로운 자료를 더하고 의미를 탐구하는 자세가 필요하다.

시대마다 난세(亂世)가 아닌 적이 없다고 말들 하지만, 고려 말기와 조선 초기는 그야말로 격동(激動)의 시기였다고 말해도 부족할 만큼 어지러운 시기였다. 위기가 닥치면 제 한 몸을 보전하기 위해 좌고우면(左顧右眄)하거나 안전을 도모하기에 급급한 것이 인간의 어쩔 수 없는 성정(性情)이다. 아니 오히려 이를 출세와 성공의 기회로 삼아 불의와 타협하고 한 푼 이익을 위해 가볍게 운신하는 것이 지혜로운 처신이라고 말해지기도 한다. 실제로 어떤 이들은 그런 변명으로 자신의 훼절(毁節)과 처세(處世)를 분식(粉飾)하기도 한다.

맹자(孟子)는 인간이 동물과 다른 점은 의리(義理)를 알아 실천하는 데 있다고 말하기도 했다. 정도(正道)가 무엇인지 알면서 눈앞에 닥친 위험이나 이익 때문에 의지를 굽힌다면 동물과 인간이 무엇이 다르냐고 항변했다. 또 그렇게 정도를 지키면서 당면한 고통과 위협에 대항했던 의인(義人)이 있어 역사는 발전하고 인간 사회가 중심을 잃지 않았다고 해도 과언은 아니다.

돌 하나가 수면 위로 던져지면 첫 파문은 아주 작지만 그것은 점점 더 큰 동심원을 그리면서 넓은 호수 위를 번져나간다. 우리는 농은 민안부 선생이 그 환란의 시기 고려 말기에 보여준 충절과 의리를 결코 작은 돌 하나로만 치부해서는 안 된다. 왜냐하면 던져진 돌 하나가 역사라는 거대한 호수 위에 남긴 파문(波紋)이 너무나 넓고 크기 때문이다.

이 책에서 기술되는, 농은 민안부 선생의 당당한 자기 의지의 개진과 실현은 한 개인의 영광의 역사에만 머물지는 않는다. 우리 모두의 귀감이 되고, 길이길이 후세에까지 전할 덕행(德行)으로 승화시킬 책임이 현재의 우리에게 있다고 믿어 의심치 않는다.

그러면 이제부터 고려 말기 배신과 모략(謀略)이 비범한 재능인 양 횡행했던 시기에 오로지 자신이 확고한 신념을 충실히 지키면서 충절과 은둔의 길을 갔던 사람 농은 민안부 선생의 삶과 얼을 함께 좇아가기로 하자.

| 주 |

1 고려 말에 고향 안동에 은거하다 왕조 멸망 소식을 듣고 묘갈(墓碣)을 만들지
말라고 이른 뒤 자결한 김자수(金自粹, ?~?)가 있었다.

2 여주에서 태어났다는 기록도 있다. 이 책에서는 출생지 자체보다는 성장지가 개
성일 가능성이 높아, 개성을 성장의 중심지로 가정했다.

3 1360년(공민왕 9년) 별시(別試)에 등과(登科)했다는 기록이 전한다.

제1장
고려 멸망 전후의 정황과
민안부의 활동

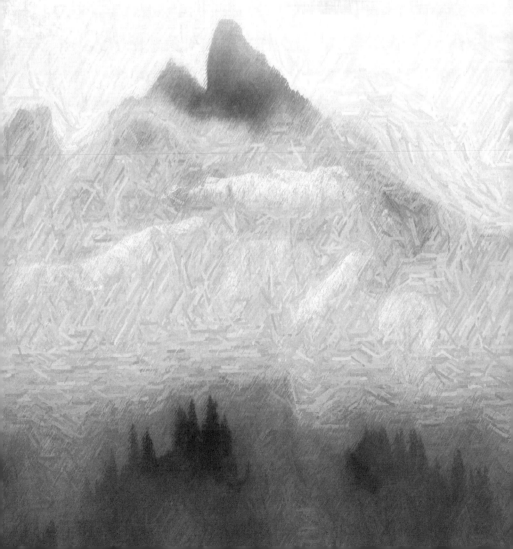

풍전등화 속에 놓인
고려 왕조의 운명

　고려 말기는 왕조를 지키려는 세력과 새로운 왕조를 개창하려는 세력이 첨예하게 충돌하는 시기였다. 이 두 진영은 각자 자신들의 논리가 있었는데, 이것은 윤리적 차원의 대결이라기보다 권력의 헤게모니가 어느 편에 있는가의 문제였다. 그 치열한 권력 투쟁은 결국 이성계를 중심으로 한 개국파들의 승리로 끝났고, 조선 왕조가 개국했다. 군사력을 등에 업은 개국파의 승리는 어느 정도 예상되는 일이기는 했지만, 이 과정과 개국 이후 개국파들이 반대파에 가한 공격과 보복은 대단히 잔혹했고 전방위적이었다. 왕조의 몰락과 개창이 진행되면서 피의 숙청이 부가되는 것은 필연적인 일이긴 하지만, 정도를 넘어선 과도한 대응은 정당한 방어라 하긴 어려울뿐더러 개국의 정당성이나 당위성을 안착시키는 데도 불리하게 작용했다.

그 혼란의 시기에 결과적으로 망국(亡國)의 현실에 봉착했던 세력들에게 남은 선택은 두 가지로 요약될 수 있다. 패배를 인정하고 개국파의 일원으로 참여하든가, 개국파들을 불의(不義)한 세력으로 규정하고 끝까지 소신을 굽히지 않는 것이었다. 소신을 굽히지 않은 결과 죽음을 당한 사람들을 역사는 절의파(節義派)라 부르는데, 정몽주(鄭夢周, 1337~1392)를 비롯한 이숭인, 이종학(李種學, 1361~1392) 등이 여기에 속한다. 한편 죽임은 면했지만 돌아올 기약 없는 유배형을 당하거나, 새로운 왕조의 지배 아래 살기를 거부하고 은거해서 낙향한 사람들도 있었다. 이를 실천에 옮긴 방식은 다양했는데, 이런 절의파들을 일러 '두문동 72현'으로 포괄해 부르기도 한다.

농은 민안부 선생은 새로운 왕조의 정통성을 부인하고 고려 왕조에의 충정을 지키면서 은거해 낙향한 사람이다. 조선 왕조는 개국에 반대해서 살해되거나 은거한 사람들의 행적, 특히 정치적 태도와 행동에 대한 기록을 철저하게 말살했다. 그리고 그런 사실까지도 은폐하거나 왜곡하기를 서슴지 않았다. 그런 이유로 민안부 선생의 생애와 구체적인 행적에 대해서는 살펴볼 만한 기록이 거의 없는 형편이다. 두문동 72현의 일원으로 참여하고 경남 산청으로 낙향해 완전한 은거의 길을 택했으니, 남긴 자료나 후대의 정리가 부족한 것은 어쩔 수 없는 일이다. 또 자신을 왕조를 지키지 못한 죄인으로 규정한 만큼 일체의 문필 행위를 중단하고 이전에 남긴 글 역시 폐기하거나 은닉했을 가능성이 크니, 자료의 영성함은 감내할 수밖에 없는 일이기도 하다.

그러나 남아 있는 자료를 최대한 활용하고, 혹시나 있을지도 모르는 기록들을 발굴해 그의 삶을 재구하고 그 동향의 의미를 추적하는 것은 후세 사람들이 당연히 노력해야 할 몫이다. 이 책은 그런 추적과 노력의 결과를 알리기 위해 쓰여진다. 기록이 부족하고 단편적이라 들인 공력에 비해 충분한 결론이 나오지 못하고, 때로 끊어진 진실들을 소략한 단서를 이어 재현하는 추측이 덧붙여질 수밖에 없지만, 그것만으로도 의미는 있을 것이다. 또 두문동 72현의 구체적인 인적 구성이나 망국 이후의 다양한 행적들이 만족할 만큼 정리되지 않은 현실에서, 그 구성원 개개인을 한 사람씩이나마 정리함으로써 전반적인 윤곽을 완비하는 데도 도움이 되리라 믿는다.

농은 민안부 선생과 관련된 생애를 추적하기에 그의 삶이나 행적을 기록한 자료가 부족한 사실은 이미 지적했다. 이는 격변의 시기에 소신을 가지고 살다간 사람의 내면과 행동의 동기, 과정을 소상하게 기술하려는 작업을 진행하는 데는 상당히 치명적인 약점이다. 기존의 남아 있는 자료를 정밀하게 들여다보고 문면 뒤에 숨어 있는 조짐이나 흐름을 꼼꼼히 점검함으로써 메워야 하겠는데, 그의 삶의 배경이 된 시대를 살펴보는 것도 꼭 필요한 과정이라 할 수 있겠다. 분명 민안부 선생은 그런 시대에 어떤 역할을 했고, 시대의 변혁들이 그의 결심과 행동을 추동하는 원인이 되었을 것이다. 맹자(孟子)가 말했듯이 그 인물을 알려거든 그 시대를 알아야 하기 때문이다.

그러면 농은 민안부 선생이 살았던 고려 말기와 조선 초기의 시대 상황은 어땠을까?

고려 말기는, 그 끝은 고려가 멸망한 1392년이 될 것이다. 공식적으로 이 해는 공양왕(恭讓王) 4년이자 조선 태조 원년이었다. 이성계는 형식적으로는 공양왕의 선위(禪位)를 받아 음력 7월 17일에 왕위에 올랐다. 918년 송악(松嶽, 지금의 開城)의 토호(土豪)였던 왕건은 태봉(泰封)의 왕 궁예(弓裔)의 부하로 있다가 이 해에 궁예를 추방하고 즉위해 국호를 고려, 연호를 천수(天授)라고 정하고 새 왕조를 건국했다.

그 시기 왕건은 비록 새 왕조를 열었지만, 한반도를 통일한 상태는 아니었다. 견훤(甄萱)이 세운 후백제(後百濟)가 여전히 한반도 남쪽 서부 지역을 장악하고 있었고, 동부 지역은 천년 왕국 신라가 마지막 명맥을 유지하고 있었다. 이 후삼국 시대는 936년까지 이어졌다.

한 해 앞선 935년(신라 경순왕 9년)에 신라의 경순왕(敬順王)이 고려에 항복하는 문서를 전하면서 동부 지역이 고려의 수중에 들어왔다. 경순왕은 항복 이후에도 정승공(正承公)에 봉해져 경주를 식읍으로 받아 979년(고려 경종 3년)까지 천수를 누렸다.

같은 해에 후백제의 견훤은 내부의 분열 때문에 맏아들 장남 신검(神劍)을 비롯한 형제들에 의해 금산사(金山寺)에 유폐되었다. 석달 뒤 6월 견훤은 금산사를 탈출해 고려 군대가 점령하고 있는 금성(錦城, 지금의 나주)으로 일단 피신했다가 고려 태조의 도움으로 개경으로 망명했다. 왕건은 견훤을 상보(尙父)라 부르면서 예우했고, 다음해 후백제를 공격해 일선군(一善郡, 지금의 善山)에서 전투를 벌여 격퇴시켰다. 신검 역시 아버지를 반역한 이유가 신하 능환(能奐)과 두 동생 양검(良劍)과 용검(龍劍)의 부추김 때문이라 하여 용서하고 벼슬까지 내렸다. 대신 능환과 두 동생은 처형했다.

이렇게 건국에 이어 후삼국을 통일한 고려 왕조는 34대 475년 동안 존속했다.

그런데 고려 말기의 시점(始點)을 언제로 잡아야 할까? 논의하는 사람마다 의견이 다르겠지만, 여기서는 고려가 원나라의 지배를 벗어나고자 노력한 공민왕(恭愍王, 재위 1351~1374)이 즉위한 1351년으로 상정한다. 멸망까지 41년의 시간이었고, 이 시기 공민왕을 시작으로 우왕(禑王, 재위 1374~1388), 창왕(昌王, 재위 1388~1389), 공양왕(재위 1389~1392)까지 네 명의 임금이 통치했다. 위화도회군(威化島回軍)이 단행된 1388년 이후는 사실상 고려 임금의 통치권이 상실된 시기이기는 하지만, 고려를 지키려는 세력의 노력이 지속되었으니 통치권은 유지되었다고 보아야 할 듯하다.

복잡한 역학 관계를 극복하고 어렵게 왕위에 오른 공민왕은 개혁군주의 기치를 내세웠다. 1274년 원종(元宗)이 개경으로 환도하면서 몽골의 원나라에 항복하고 충렬왕(忠烈王)이 즉위한 때부터 공민왕의 즉위 때까지 고려는 사실상 원나라의 부마국(駙馬國)으로 전락했었다. 공민왕 역시 21살 때 원나라 위왕(魏王)의 딸 보타시리(寶塔實理, 노국대장공주, ?~1365)와 혼인하면서 왕위계승의 유리한 위치를 차지했으니, 원나라의 부마였다. 그러나 그의 어머니는 고려 여성이었던 덕비(德妃) 홍씨(洪氏)였다.

처음 즉위했을 때 고려의 권력 분포는 여전히 친원(親元) 세력이 장악하고 있었다. 원나라 순제(順帝)의 제2왕후였던 기황후(奇皇后, ?~?)의 친족인 기철(奇轍, ?~1356)과 조일신(趙日新, ?~1352) 등이 조정의 권력을 쥐고 있었다. 먼저 공민왕은 이들 세력을 몰아내고 본격적인 배원(排元) 정책을 추진했다.

그러나 친원 세력들의 반격도 만만치 않아 1364년(공민왕 13년) 1월 1일 덕흥군(德興君)을 받든 최유(崔濡, ?~1364)가 원나라 군대 1만을 이끌고 압록강을 건너 의주를 포위하는 사태가 벌어졌다. 이에 공민왕은 최영(崔瑩, 1316~1388)과 이성계(李成桂, 조선 태조)에게 명령해 반격에 나섰고, 기세가 꺾인 최유는 다시 원나라로 달아났다.

국력이 쇠퇴한 원나라는 고려와 충돌하기를 원하지 않아 사신을 보내서 공민왕의 복위를 승인하는 한편 최유를 고려로 압송시키고 덕흥군은 귀양을 보내 버렸다. 최유는 이해 11월에 고려에서 처형되었다.

공민왕은 즉위하면서 황폐해진 고려의 현실을 타개하고자 원나라로부터의 정치적 독립과 다양한 개혁정치에 심혈을 기울였다. 그 중 신돈(辛旽, ?~1371)의 등용은 주목할 만하다.

신돈이 처음 공민왕에게 소개된 것은 1358년(공민왕 7)이었다. 공민왕의 측근 김원명(金元命, ?~1370)이 다리를 놓아 공민왕을 처음 만났고, 이후 궁중을 출입하기 시작했다. 공민왕의 신임을 받아 권력을 쥔 신돈은 왕의 뜻을 받들어 개혁정치에 동참해 진평후(眞平侯)에 봉해졌고, 노국대장공주가 죽은 뒤에는 영도첨의사사(領都僉議使司)에까지 올라 국정을 지배했다.

공민왕은 신돈이 승려로서 법력(法力)을 지닌 데다 욕심이 적으며 신분이 미천해 친당(親黨)이 없을 것이라 여겨 나라의 큰일을 맡겨도 소신껏 국정을 수행할 것이라 믿었다. 공민왕의 개혁 지향적인 정책 수행에 적임자라 판단했던 것이다.

그러나 공민왕은 1365년 노국대장공주가 난산(難産) 끝에 숨을 거두자 정신적 균형을 잃고 만다. 이것은 고려 왕조의 마지막 버팀목이 쓰러지는 것과 마찬가지 결과를 가져오게 된다. 사랑하는 아내를 잃은 공민왕은 정치 개혁뿐만 아니라 삶 자체에 대한 끈을 놓아버렸는데, 그 대안이 더욱 불행했다. 공주의 묘원(墓園)을 성대하게 장식하는 일에 몰두하는가 하면 변태적인 성욕이 과도하게 분출되었는데, 이는 결국 국가 재정을 위태롭게 만들었고, 자신의 비극적인 최후까지 불러오는 결과를 가져온다.

이 무렵 한 걸음 더 가깝게 정치 일선에 나온 신돈은 개혁 정치를 가속화시키는 한편 공민왕에게 반야(般若)라는 정체가 모호한 여성을 소개시키는데, 그녀는 회임한 뒤에 모니노(牟尼奴)라 불리는 아들을 낳았다. 공민왕은 이 아이를 몹시 사랑해 장난감을 갖다 주는 등 자신의 부정을 숨기지 않았다. 그러나 태후의 반대로 세자로는 책봉되지 못하고 궁 안에서 자라는데, 뒷날 이 아이는 공민왕의 뒤를 이어 우왕(禑王)으로 등극한다.

중심을 잃은 고려 조정의 개혁 정치는 순조롭게 진행되지 못하다가 끝내 난파하게 되는데, 1369년 5도 사심관(事審官) 제도를 부활하려던 노력이 이를 부채질했다. 신돈은 도사심관이 되어 자신의 열악한 세력 기반을 확립시키려고 했다. 그러나 이런 무리한 강행은 공민왕의 의심을 사게 되었고, 결국 1370년 10월 공민왕이

다시 친정(親政)할 뜻을 밝히면서 신돈을 정치 일선에서 배제시켰다. 1371년 7월 신돈은 역모를 꾀했다는 혐의로 붙잡혀 수원에 유배되었다가 일당들과 함께 죽임을 당했다.

다시 정국을 주도하게 된 공민왕은 모니노가 세자로 인정되지 못하자 후사에 대한 불안에 사로잡혔다. 이런 조바심은 자제위(子弟衛)라 불렸던 미소년 집단의 성원들을 자신의 비빈들과 동침시키는 무리수로 나타났고, 익비(益妃)가 아이를 갖자 입막음을 하려고 관련되는 이들을 제거하려다 도리어 자신이 그들에게 시해당하는 참극을 초래했다.

1374년(공민왕 23년) 9월 21일 밤, 침전에 몰래 잠입한 내시 최만생(崔萬生)과 홍윤(洪倫) 등은 만취해 잠든 공민왕의 온몸을 칼로 마구 찔러댔다. 이들이 휘두른 칼에 공민왕은 잔인하게 살해되었다. 공민왕의 나이 45살 때의 일이었다. 공민왕을 시해한 이들은 곧 체포되어 능지처참을 당했다. 공민왕의 죽음과 함께 고려는 사실상 패망의 길로 접어들었던 셈이었다.

공민왕의 뒤를 이은 우왕은 야사에서는 반야라는 여성의 소생으로 나오고, 심지어 신돈의 아이라 해서 정사 『고려사』에서조차 신우(辛禑)라 칭하면서 아들 창왕(昌王)과 함께 반역열전(叛逆列傳)에 사적을 올렸는데, 공식적으로는 순정왕후(順靜王后) 한씨(韓氏)의 소생이다.

반야소생설은 조선을 건국한 무리들이 '폐가입진론(廢假立眞論, 가짜를 없애고 진짜를 세움)'이나 '우창비왕설(禑昌非王說, 우왕과 창왕은 왕씨가 아니라는 주장)'에 근거해 위화도회군과 조선 건국의 정당성을 옹호하고자 날조한 주장으로 보아야 할 것이다.

우왕은 10살의 나이로 갑작스럽게 왕위에 올랐다. 그의 치세는 대륙 북쪽에는 북원(北元)이 자리하고 대륙 대부분은 새로운 왕조 명(明)나라가 지배하고 있어 외교적인 균형을 잡기가 어려운 상황이 지속되었다. 또 남쪽에서는 왜구(倭寇)의 침략이 대대적으로 지속되어 민생은 파탄의 길로 접어들었다. 우왕이 지배한 15년 동안 왜구의 침입이 278차례에 이른다고 기록될 만큼 왜구가 기승을 부렸는데, 1377년 경에는 경기도와 황해도, 평안도 일대까지 출몰해 수도인 개경마저 위협을 받기에 이르렀다

이런 왜구의 침입을 막고자 정몽주 등을 일본에 사신으로 보내 해적을 단속해달라고 요청하기도 했고, 최무선(崔茂宣, 1325~1395)의 건의로 화통도감(火㷁都監)을 설치하기도 했지만, 완전한 해결은 사실상 불가능했다.

1388년(우왕 14) 중원의 새로운 지배자로 들어선 명나라는 고려 왕조가 친원책을 쓰자 그간 고려의 영토였던 철령(鐵嶺, 지금의 강원도 안변과 회양 사이의 고개) 이북의 땅에 철령위(鐵嶺衛)를 설치해 자신들이 지배하겠다는 통보를 보내왔다. 이에 대해 우왕은 크게 반발하면서 최영과 함께 요동 정벌을 추진했다.

우왕은 최영을 팔도도통사(八道都統使)에, 조민수(曺敏修, ?~1390)를 좌군도통사(左軍都統使)에, 이성계를 우군도통사(右軍都統使)로 임명해 정벌군을 구성해 출동을 명령했다. 그러나 정벌군을 이끌고 요동으로 향하던 이성계와 조민수는 이해 음력 5월 22일 압록강 위화도에서 이른바 4불가설을 내세우며 군대를 돌려 개경으로 쳐

들어왔다. 우왕은 반란군에 맞서 싸우려고 했지만, 개경이 함락되면서 붙잡혔고, 강화(江華)로 유배당하는 신세가 되었다.

우왕은 아홉 살밖에 되지 않는 창왕(昌王, 재위 1388~1389)에게 왕위를 물려주었다. 조민수와 이색(李穡, 1328~1396)의 추천도 뒤따랐는데, 이성계 일파의 발호를 견제하려는 의도도 있었다고 한다.

몇몇 신하들의 호위를 받은 창왕은 나름대로 정치적 개혁을 모색하기도 했다. 즉위하던 해 와해된 토지제도를 바로 잡는 방법을 강구하도록 지시하는가 하면, 문란했던 공부(貢賦)의 법을 시정하고자 각 도의 원수(元帥)와 도순문사(都巡問使), 안렴사(安廉使) 등이 군민(軍民)으로부터 받았던 사선(私膳)을 금지시키기도 했다. 또 전선법(銓選法)을 회복하여 문무(文武)의 전주(銓注)를 이부(吏部)와 병부(兵部)에서 관할하도록 했다.

그러나 이성계 일파는 창왕에 우호적이었던 최영을 처형시켰고, 전제개혁을 반대했던 조민수는 조준(趙浚) 등을 시켜 탄핵해 창녕(昌寧)에 유배를 보내 정적을 제거했다. 그런 뒤 이들은 창왕이 신돈의 자식인 우왕의 핏줄이라는 주장을 내세워 1년 만에 폐위시켰다. 즉위한 지 1년 5개월 만이었다. 강화로 유배된 창왕은 열 살의 나이로 살해당했다.

고려의 마지막 임금 공양왕은 자신의 의사와는 관계없이 왕위에 올랐다. 누구를 계승자로 삼을 것인지 갑론을박하다 결국 왕족 중 제비뽑기로 선출하게 되었고, 그 결과 공양왕이 뽑혔던 것이다. 당연히 공양왕은 눈물을 흘리며 등극을 거부했지만, 운명의 화살은 피할 길 없었다. 45살이라는 늦은 나이에 공양왕은 즉위했다.

의지와는 무관하게 즉위한 공양왕은 이성계 등 신진사대부들의 필요에 의해 정치적 변혁을 시도했다. 관제에 있어서 전리사(典理司)와 판도사(版圖司), 예의사(禮儀司), 군부사(軍簿司), 전법사(典法司), 전공사(典工司) 등을 이조와 호조, 예조, 병조, 형조, 공조의 6조로 개편했고, 첨설직을 폐지했다. 유학의 진흥을 위해 개성의 5부와 동북면과 서북면의 부주(府州)에 유학교수관을 두었으며, 과거시험에서 무과(武科)를 신설했다.

조준의 건의로 과전법(科田法)을 실시해 녹제와 전제를 개혁했는데, 이런 조치는 신흥세력의 경제적 기반을 강화해 주었다. 또 인물추고도감(人物推考都監)을 두어 노비결송법을 제정했다.

1392년 이성계 일파를 반대하고 왕조 수호를 위해 애쓰던 정몽주가 선죽교에서 살해되자, 더 이상 고려 왕조를 위해 목숨을 내건 사람은 없어졌다. 이성계 일파의 독무대가 된 정국은 결국 조준과 정도전(鄭道傳), 남은(南誾) 등이 이성계를 왕으로 추대하는 방향으로 귀결되었고, 공양왕이 폐위되면서 고려왕조는 종언을 고했다. 공양왕은 원주를 거쳐 강원도 간성군으로 추방되었고, 공양군(恭讓君)으로 강등되었다. 그리고 1394년 삼척부로 옮겨졌다가 그곳에서 살해당했다.

공민왕 즉위부터 고려 멸망까지는 41년이 걸렸다. 즉위한 왕들도 역사의 흐름을 돌려보고자 노력했고, 왕조를 지키려는 충성스런 신하들도 없진 않았지만, 무력(武力)을 장악한 이성계 일파의 조선 건국을 막을 수는 없었다. 합법적으로 새 왕조를 열지 못한 조선의 개국파들은 자신들의 치부를 가리고자 고려의 왕족들을 대거

강제로 수용했다가 참살해버렸다. 또 개국을 반대했거나 의견 충돌 때문에 껄끄러웠던 세력들도 하나하나 제거했다. 이때 죽음을 당한 이들로 정몽주를 비롯해 이숭인(李崇仁, 1347~1392), 이종학(李種學, 1361~1392) 등이 있었다.

이 격변의 41년은 이 책의 주인공인 농은 민안부 선생의 생애와 겹쳐져 있다. 민안부 선생의 출생 연도가 1343년으로 알려져 있지만, 이 41년 가운데 그의 행적이 언제부터 닿아 있는지 헤아릴 수는 없다. 고려가 멸망할 당시 민안부 선생의 나이는 50대에 막 들어섰을 것으로 보인다. 과거에 합격하고 공양왕 때 전리판서(典理判書)와 예의판서(禮儀判書)라는 지위에 있었던 만큼 이색(1328년생)보다는 후배였고, 정몽주(1337년생)보다는 6년 후배였다. 민안부 선생이 별시(別試)[1]에 합격한 해가 1360년인데, 정몽주는 1357년(공민왕 6) 감시(監試)[2]에 합격하고, 1360년 문과에 장원급제했으니, 연배는 달라도 관료로서의 행적은 비슷했다고 볼 근거가 된다.

민안부 선생의 글로 현재까지 남은 두 편의 시 가운데 하나인 「만월대연구(滿月臺聯句)」는 1382년에 쓰여졌는데, 이때 동료로서 정몽주도 참여한 점이 그 실마리다.

농은 민안부 선생이 왕조 멸망 이후 보인 태도로 짐작하건대, 그 역시 왕조를 끝까지 수호하려는 절의파(節義派)에 속했을 것으로 보인다. 우선 민안부 선생의 호가 농은(農隱)인데, 당시 절의파에 속했던 인물들 상당수가 '은' 자를 빌려 호로 썼다. 이색이 목은(牧隱)을 썼고, 정몽주는 포은(圃隱)을 썼으며, 이숭인은 도은(陶隱)을 썼고, 길재(吉再, 1353~1419)는 야은(冶隱)을 썼으며, 김충한(金冲漢,

?~?)은 수은(樹隱)을 썼고, 전록생(田祿生, 1318~1375)은 야은(埜隱)을 썼으며, 전조생(田祖生, 1318~1355)은 경은(耕隱)을 썼고, 전귀생(田貴生, ?~?)은 뇌은(耒隱)을 썼다. 전록생과 전조생, 전귀생은 형제 사이로, 동지밀직사사(同知密直司事)를 지낸 전희경(田希慶, ?~?)의 아들들이다.

형세가 말세인 시대를 살았으니 '은' 자로 호를 삼은 이들이 많았겠지만, '은' 자를 공유함으로써 일종의 동지애(同知愛)적인 유대감이 이들 사이에 형성되었던 것이 아닌가 여겨진다.

다만 민안부 선생은 정치 현장에 적극적으로 참여하지는 않았던 것으로 보인다. 만약 그의 활동이 활발했더라면 이때의 역사에 그의 이름이나 행적이 보다 구체적으로 기록되었을 것인데, 사실상 자료가 거의 없기 때문이다. 그 까닭은 지금 확인할 길 없지만, 먼저 그의 성격이 남들과 대립하거나 충돌하면서 자신의 의견을 내세우는 편이 아니었기 때문일 듯하다. 차분하면서 세태를 관조하는 성품이 행동에 나서기보다는 진중하게 사태를 관망하면서 후원하거나 지지하는 쪽으로 나가지 않았을까?

또 여흥 민씨 집안의 정치적 입장에서도 비롯된 것이 아닐까 추측된다. 민씨 가문은 여흥(驪興) 단일 본관을 가진 명문가였다. 여말선초를 산 민씨 가문 출신이 적지 않은데, 그 중 민여익(閔汝翼, 1360~1431)을 주목할 수 있다.

민여익은 자가 보지(輔之)고, 대제학첨의정승(大提學僉議政丞) 민지(閔漬, 1248~1326)의 증손이다. 아버지는 여흥군(驪興君) 민현(閔玹)이다. 1380년(우왕 6) 문과에 급제해서 후덕부승(厚德府丞)이 되고 성균사예(成均司藝)에 올랐다. 이때 수시중(守侍中)으로 인사권을 쥐고 있던 이성계의 신임을 얻어 군부(軍簿) 경력으로 발탁되었다. 이어 예조의랑과 병조의랑, 우간의(右諫議)를 차례로 역임하였다. 1392년(태조 1) 이성계를 도와 조선 개국에 참여해 개국공신 3등에 책록되고, 전결(田結)과 노비를 받은 인물이다.

같은 민씨 가문에서 고려에 충절을 지킨 민안부 선생이 나왔고, 반대로 이성계를 도와 조선을 개국하는 데 참여해 개국공신이 된 민여익도 나왔다. 단일 본관인 여흥 민씨니, 두 사람은 어떤 식으로든 친척이었을 것이다. 민안부 선생이 더 손위였을 것으로 보인다.

왕조가 망하고 개창되는 그 순간에 이르러 개인의 정치적 지향이 결정되는 것은 아니다. 민안부 선생은 고려가 흔들리는 순간부터 절의파로 활동했을 것이고, 민여익은 일찍부터 이성계의 신임을 얻은 사람으로 창업의 일에 개입했을 것이다. 공신 봉호를 받을 정도면 상당히 깊이 관여했던 것이다.

한 집안에 성향이 다른 두 사람이 있었음은 민씨 집안사람들이 크게 둘로 나뉘어 당시의 정국을 인식했음을 의미한다. 이렇다 보니 민안부로서는 같은 집안사람들의 입장을 배려해 과격한 행동에 조심했을 것이다. 또 집안 어른이나 동기들의 정치적 충고도 있었을 법하다.

이런 여건 때문에 왕조를 지키는 활동에 제약을 받았을지는 몰라도, 고려가 멸망이 확인되자 민안부 선생의 태도는 단호하게 바뀌었다. 더 이상 주저하거나 배려할 상황은 지나갔기 때문이다. 두문동에 들어가게 된 동기도 여기에 있었을 듯하다. '두문동 72현'

의 궁극적인 목표가 왕조 부활이 아니라 애도와 추모에 있었으니, 가문에 피해를 입힐 정도도 아니었고, 더 이상 자신의 의지를 숨길 필요는 없었다.

이렇게 농은 민안부 선생은 고려 말기, 왕조가 멸망하는 그 순간까지 복잡다단하게 변하는 정치 판세에 몸을 싣고 살아갔다.

제 2 절

농은 민안부와 여흥 민씨

민안부 선생의 관향은 여흥(驪興)이다. 앞서 말한 것처럼 민씨는 여흥이라는 단일 관향 아래 포진했다. 여흥 민씨의 시조는 민칭도(閔稱道)고, 민안부 선생은 그의 10대손이 된다. 민칭도부터 민안부까지 직계 선조들의 계보를 살피기 전에 먼저 간단하게 여흥 민씨에 대해 알아보자.

여흥 민씨는 현재의 경기도 여주시를 관향으로 하는 우리나라 성씨의 하나로, 2015년 국세조사 때 인구가 159,522명으로 집계되었다. 고려 인종조 때 동중서시랑평장사(同中書侍郎平章事)를 역임한 민영모(閔令謨, 1115~1194)의 증조부 민칭도를 시조로 한다.

고려 중기 때의 문호 이규보(李奎報, 1168~1241)가 민식(閔湜, ?~1201)에게 올린 시가 있는데, 내용은 다음과 같다. 이 시는『동국이상국집(東國李相國集)』제8권에 실려 있고, 제목은「내성[3]의 여러분에게 올린다(呈內省諸郎)」다. 1198년에 지어졌다.

이 작품은 8수로 된 고율시(古律詩)인데, 이규보가 어려운 처지에 놓였을 때 도움을 준 여덟 사람에게 감읍(感泣)해서 지어 올렸다. 그 중 첫 번째 시가 민식에게 준 것이다. 소제목은 '우산기상시(右散騎常侍) 민식에게 올리다.'이다.

옛날부터 대대로 양반 가문으로 내려와	世家傳閥閱
조상에는 비후 같은 분을 모셨네,	系出費侯賢
난옥에 쌍 가지 빼어나	蘭玉雙枝秀
무지개처럼 한 기운이 이어졌구나.	虹霓一氣連
벼슬길⁴에 형제가 순탄히 승진되어	雲梯同坦步
좋은 자리를 서로 번갈아 옮겼네.	仙省迭相遷
나무에는 닭이 교대해 깃들고	樹代鷄新舊
하늘에는 기러기가 앞뒤로 나는구나,	天分雁後先
우산기(右散騎)⁵는 가장 영광스러운 자리라	右貂榮最劇
방승하는 은총 한 몸에 듬뿍 받았네.	旁乘寵何偏
오색 실로 임금의 곤룡포를 꿰맸으며	五色絲縫袞
시편(詩篇)은 삼장(三丈)의 눈처럼 청신하구나.	三條雪入篇
주금이 이제부터 뛰어 나오게 되었으니	鑄金從踴躍
새 새끼가 날아다니도록 도와주오.	翼鷇助騰騫
도리(桃李) 밑에 나 있는 오솔길이 사랑스러워	爲愛蹊成下
화벽(和璧)을 가지고 외람되게 앞을 바치오.	叨將璧至前
조만 간에 송곳을 주머니에 넣어 주시고	囊錐容早晚
환선⁶은 제발 중도에 버리지 마시오.	紈扇豈中損
더구나 우리는 척분(戚分)⁷이 있는 처지니	況接葭莩幸
평생에 그 인연만을 믿으렵니다.	平生恃淺緣

이 시는 이규보가 기왕에 맺은 인연을 계속 이어가 호의를 저버리는 일이 없기를 기원하는 심정을 담았다. 그러면서 민식의 집안 이야기를 곁들이고 있는데, 이미 고려 중기부터 민씨 가문이 유서 깊은 집안임을 보여주었다.

비후(費侯)는 공자(孔子)의 제자였던 민자건(閔子騫, ?~?)을 말한다. 민자건은 춘추시대 말기 때 노(魯)나라 사람이다. 이름은 손(損)이고, 자건은 자다. 공자의 제자였으며, 공자보다 15살 연하다. 효성과 덕행으로 유명했다. 어려서 부모로부터 모진 학대를 받았지만 효도를 극진히 하여 부모를 감동시켰다고 한다. 권력 앞에서도 굽히지 않는 의기를 지녔었다. 당나라 현종 개원(開元) 8년(720)에 공문십철(孔門十哲)로 열입(列入)되었고, 27년(739)에는 비후(費侯)로 추증되었으며, 송나라 진종(眞宗) 대중상부(大中祥符) 2년(1009) 낭야공(琅邪公)에 추봉(追封)되었다. 민씨의 연원이 민자건에게까지 거슬러 올라가기에 나온 말이다.

민칭도는 공자의 10제자 가운데 한 사람이자 노나라의 학자인 민자건의 후손인데, 고려 때 사신으로 들어와 귀화하여 여흥에 정착했다는 설이 있다. 또 경기도 여주 향리에 있는 영월루 민굴(閔窟, 마암굴)에서 나온 것이 여흥 민씨의 출발이라는 주장도 있다.

물론 이 두 개의 민씨 유래에 대한 설명은 명확한 근거에 바탕을 둔 것은 아니다. 다만 중국동래설은 이규보가 지은 이 시 속의 내용을 근거로 삼았다. 역사 기록에 보면 고려 현종과 덕종 시절의 대신인 민가거(閔可擧)와 같이 시조 민칭도 이전의 민씨들도 등장하지만, 지금의 여흥 민씨와 같은 민씨인지는 확실하지 않다. 현재의 여흥 민씨 족보는 고려 때 문신 민영모가 1138년(인종 16) 문과에 급제해 동중서시랑평장사 판리부사(判吏部事)와 태자태사(太子太師)를 역임하자 그의 증조부인 민칭도를 시조로 추대하여 만들어진 것이다.

자, 이제부터는 민칭도부터 10세손인 민안부 때까지 민씨의 계보를 간단히 살펴보자.

민안부 선생은 1343년에 태어났다. 본관은 여흥이고, 자는 영숙(榮叔)이며, 호는 농은(農隱)이라는 정도가 알려져 있다. 고려 말기에 송도(松都)에서 성장해 과거에 급제했고, 여러 관직을 거쳐 공양왕 때 예의판서(禮儀判書)[8]를 지냈다. 예의판서는 상서육부(尙書六部)[9]의 하나로, 장관인 상서(尙書)는 정3품직으로서 재상의 반열에는 포함되고 있지 못하지만, 정3품직 중에서도 특히 팔좌(八座)로서 재추(宰樞)로 올라가는 준직(準職)이었다는 점에서 중요한 위치를 차지하고 있었다. 민안부 선생이 예의상서[10]로 봉직한 것이 사실이라면 당시로서는 상당히 중요한 지위에 있었다고 말할 수 있을 것이다.

『여흥민씨농은공파보(驪興閔氏農隱公派譜)』에 따르면, 민안부 선생의 시조는 민칭도다. 그는 고려 때 상의봉어(尙衣奉御)[11]를 지낸 것으로 나온다. 2세(世)는 민세형(閔世衡)이고, 태자소보(太子少保)[12]를 지냈다. 3세는 민의(閔懿)로 상서좌복야(尙書左僕射),[13] 4세는 민영모(閔令謨)고 태자태사(太子太師)[14]를 지냈으며, 5세는 민식인데 형부상서좌복야(刑部尙書左僕射)를 지냈다. 앞에서 본 이규보 시의 주인공이다. 6세는 민인걸(閔仁傑)인데 낭장(郎將)[15]을 지냈고, 7세는 민기(閔基)인데 이부상서(吏部尙書)[16]를 지냈으며, 할아버지이자 8세인 민유(閔孺)는 호부원외랑(戶部員外郞)[17]을 지냈다. 아버지이자 9세는 민욱(閔栯)이고, 도첨의사인(都僉議舍人)[18]을 지냈다. 이렇게 보면 민안부 선생은 여흥 민씨 계보로 보면 10세에 해당하며, 여흥 민씨 농은공 문중의 시조가 된다.

농은 민안부 선생이 과거에 합격하고 예의판서(상서)를 지내기는 했지만, 구체적인 활동 상황은 확인할 길이 없다. 직위로 보면 고위층에 속했을 터인데, 당대 역사서에서는 그의 이름은 나오지 않는다. 다만 「만월대연구」를 1382년(우왕 8) 가을 7월에 만월대[19]에서 놀다가 안성(安省), 정몽주, 서견(徐甄), 김주(金澍), 이종학, 남을진(南乙珍), 정광(程廣)과 함께 지은 시가 전해져 그가 여러 문인들과 교유한 사실을 확인할 수 있다.

「만월대연구」는 현전하는 가장 오래된 민안부 선생의 작품이다. '연구(聯句)'인 만큼 개인 창작은 아니고, 여덟 사람이 각각 한 구씩 지어 여덟 구로 만들어진 집단 창작물이다. 그러나 그 첫 구를 뗀 사람이 민안부였던 것으로 볼 때 그가 만월대 모임을 주최했고, 그래서 첫 구를 지었던 것으로 여겨진다. 아래 시 전체를 소개한다.

만월대연구 (『남사천백실기』와 『정포은집』에 나온다.)
임술(1382) 가을 7월 기망에 동료 제공과 만월대에서 놀면서 각각 한 구절씩 읊었다.[20]

만월대 밤 가을바람에 차가움을 느끼니(민안부)　　臺夜秋風漸覺寒

한 조각 장안 달에 모여서 앉았구나.(안성)	坐來一片月長安
만 리에 구름이 사라지니 하늘마음 넓고(정몽주)	雲消萬里天心廓
천 가에 연기 끼이니 동네 어구 넓구나.(서견)	煙擁千家洞口寬
오늘 저녁은 두루미 잔에 관야[21]의 손님이요(김주)	今夕壺觴觀野客
내일 아침에 칼 찬 이는 진나라 관원이라.(이종학)	明朝劍佩晉廷官
비단 자리 술 파하니 가인이 일어나고(남을진)	錦筵酒罷佳人起
좋은 일 훗날에는 다시 얻기 어렵겠다.(정광)	勝事他時再得難

민안부 선생이 첫 운을 띄우자 일곱 사람이 각자 자신의 소회를 읊고 있다. 전반적으로 침울한 분위기를 자아내는 정서로 일관하고 있는데, 민안부 선생의 시구부터 애상(哀傷)의 정조가 완연하다. 1361년(공민왕 10) 홍건적의 침입으로 불에 타 없어진 지 20년도 더 지난 때 궁터의 처량한 모습이 시대상과 겹쳐졌을 것임이 분명하다. 고려가 망하기 10년 전에 모인 이들은 왕조의 몰락과 함께 피살당하거나 은거하는 등 그 운명을 같이했다. 이미 이 연구시에서 뒷날의 전조가 느껴지는 듯하다.

안성(1344~1421)은 여말선초 때의 문신이다. 본관은 광주(廣州)고, 초명은 소목(少目)이며, 자는 일삼(日三)이고, 호는 설천(雪泉) 또는 천곡(泉谷)이며, 아버지는 안기(安器)다. 고려 우왕 초에 진사에 급제하고, 1380년(우왕 6) 식년문과에 동진사(同進事)로 급제하여 보문각직학사(寶文閣直學士)를 거쳐 상주판관이 되어 청렴한 이름을 떨쳤다. 조선이 개국한 뒤 1393년(태조 2) 청백리에 뽑혀 송경유후(松京留後)에 임명되었을 때, 자신이 대대로 고려에 벼슬한 가문인데, 어찌 다른 사람의 신하가 되어 송경에 가서 조상의 영혼을 대하라 하고 궁전 기둥에 머리를 부딪치며 통곡했다고 한다. 태조가 이 사람을 죽이면 후세에 충성하는 선비가 없어진다 하고, 죽이려는 좌우 측근의 행동을 제지하고 안성을 급히 붙들어 내보냈다 한다. 이로 볼 때 그 역시 고려의 유신(遺臣)으로, 두문동 정신을 계승한 인물로 판단된다.

서견(?~?)은 고려 말기 때의 문신으로, 본관은 이천(利川)이고, 아버지는 서찬(徐瓚)이다. 1369년(공민왕 18) 문과에 병과로 급제했다. 1391년(공양왕 3) 사헌장령(司憲掌令)이 되었으며, 다음 해 다른 간관(諫官)들과 함께 조준과 정도전, 남은(南誾), 윤소종(尹紹宗) 등 이성계 일파를 탄핵했다. 그러나 곧 정몽주가 피살되고 이성계와 조준, 정도전이 실권을 장악하자 김진양(金震陽) 등과 함께 유배되었다. 이로 볼 때 서견 역시 정몽주와 뜻을 같이한 인물로, 고려에 충성을 다한 절의파였음을 알 수 있다.

김주(?~?)는 고려 말기의 문신으로, 본관은 선산(善山, 一善)이고, 호는 농암(籠巖)이며, 아버지는 예의판서 김원로(金元老)고, 어머니는 수주 김씨(水州金氏)다. 공양왕을 섬겨 벼슬이 예의판서에 이르렀다. 1392년(공양왕 4)에 하절사로 명나라에 갔다가 일을 마치고 압록강에 이르러 고려가 망하고 조선조가 개국되었다는 소식을 듣고 동쪽을 바라보며 통곡한 뒤 부인 유씨에게 "충신은 두 임금을 섬기지 않는다 했으니 내가 강을 건너가면 몸 둘 곳이 없다."는 편지를 쓰고, 또 아들을 낳으면 이름을 양수(揚燧)라 할 것과 조복(朝服)과 신발을 부치면서 부인이 죽은 뒤에 합장할 것을 당부했다. 그리고 중국에서 돌아오지 않았다. 김주 역시 절의파였다.

이종학은 고려 말기의 문신으로, 본관은 한산(韓山)이고, 자는 중문(仲文)이며, 호는 인재(麟齋)다. 이곡(李穀, 1298~1351)의 손자고, 이색의 둘째 아들이다. 1374년(공민왕 23) 성균시에 합격하고, 1376년(우왕 2) 문과에 동진사(同進士)로 급제하여 장흥고사(長興庫使)에 제수되었다. 그 뒤 관직이 밀직사지신사(密直司知申事)에 이르렀다. 1388년 우대언(右代言)으로 요동정벌군이 출정하기 전 조병육정신(助兵六丁神)[22]에게 초례(醮禮)를 행하였다. 창왕이 즉위한 직후에는 성균시를 관장하기도 했으며, 곧 승진하여 첨서밀직사사(簽書密直司事)가 되었다.

1389년(창왕 1) 동지공거(同知貢擧)가 되었는데, 아버지 이색이 정권의 핵심에 있으면서 두 해에 걸쳐 과거를 관장하자 사람들의 시기를 받았다. 공양왕이 즉위하고, 이색이 탄핵을 받게 되자, 더불어 벼슬이 떨어지고 쫓겨나게 되었다.

1390년(공양왕 2) 윤이(尹彝)와 이초(李初)의 옥사에 연루되어 부자가 모두 청주의 옥에 갇혔다가, 마침 홍수가 나서 사면되었지만 다음 해 다시 먼 곳으로 유배되었다. 그 뒤 다시 소환되었는데, 1392년 정몽주가 살해된 뒤 이숭인 등과 함께 탄핵을 받아 함창으로 유배되었다. 이 해 조선이 들어서면서 정도전 등이 손흥종(孫興宗)을 시켜 이종학을 살해하려고 했는데, 자기의 문생인 김여지(金汝知)가 판관으로 있어서 김여지의 비호를 받아 무사했지만, 장사현(長沙縣)으로 옮기는 도중 무촌역(茂村驛)에서 살해되었다. 저서로 『인재유고(麟齋遺稿)』가 있다. 이종학은 고려 왕조의 멸망과 함께 운명을 함께 한 절의파였다.

남을진(?~?)은 고려 말기의 문신이자 충신으로, 본관은 의령(宜寧)이고, 할아버지는 풍저창부사(豊儲倉副使)를 지낸 남익저(南益眂)이며, 아버지는 지영광군사(知靈光郡事)를 지낸 남천로(南天路)다. 1368년(공민왕 17)에 현량과에 급제한 뒤 여러 관직을 거쳐 참지문하부사(參知門下府事)에 이르렀다. 정몽주, 길재와 교유가 있었는데, 고려 말에 정치가 문란해지자 양주(楊州)의 사천현(沙川縣) 봉황산(鳳凰山)에 은거했다. 조선이 개국된 뒤 태조가 사천백(沙川伯)에 봉하고 회유했지만, "신하된 자로서 두 임금을 섬길 수 없다." 하여 적성(積城)의 감악산(紺嶽山) 석굴에 들어가 은거했다. 죽은 뒤 그 석굴을 남선굴(南仙窟)이라 불렀고, 영조 때 사천서원에 제향되었다. 그 역시 고려에 충절을 다한 절의파였음을 알 수 있다.

이처럼 「만월대연구」를 지은 여덟 사람은 약속이나 한 듯이 고려 왕조에 끝까지 충절을 지킨 의로운 인물들이었다. 망국의 미래를 예측이나 한 듯한 시구를 제시하면서 민안부 선생은 가슴에 담은 충절의 마음이 변치 않기를 촉구했던 것으로 보인다.

이 시가 불려지고 5백 년이 지난 1892년에 정재규(鄭載圭, 1843~1911)가 작품을 읽고 친구 민용혁(閔用爀)의 부탁을 받아 그 감회를 담은 「만월대연구서(滿月臺聯句序)」를 지었다.

내 벗인 산음 민군 용혁이 만월대 연구를 가져와서 보이며 말하기를, "이것은 우리 선조 농은공께서 예전 홍무 임술 추칠월 기망에 제현과 함께 회포를 나타낸 작품인데, 우리 유고에는 빠졌더니 작년 봄에 진주 무릉산 중에 사는 남씨 집 책 상자에서 발견했습니다. 남씨는 사천백의 후손으로 유락쇄미하여 몇 집 안 사는데도 이런 기구하게 남은 시구를 간직해 지켜왔으니 기이합니다. 받들어 읽어보니 추연히 목이 메며 마치 옆에서 부축하고 잔을 바치면서 좌우에서 모시는 듯하고, 연대가 먼 줄을 깨닫지 못했습니다. 이 해에 손님이 또 호남으로부터 등사하여 가져와서 보이는 일도 있었습니다.

슬픕니다! 대현의 말씀은 구름연기와 같이 소멸하지 않는 것을 봅니다. 그런데 책이 옷상자 속에 잠겨 있은 지 5백여 년이 되었다가 이제 와서 처음으로 나타났으니 우연이 아닙니다. 또 그 문중 부형의 명령으로, 바야흐로 선정(先亭)에 현판을 새겨 아침저녁으로 우러러 보고자 하니, 귀하는 이를 서술해 주시기 바랍니다."고 했다.

내가 세 번 손 씻고 한숨 쉬며 한참 지나서 기록한다.

포은 선생은 우리 동방 도학의 조종이다. 우리나라가 중화 문물을 도입하여 오랑캐 풍속을 바꾼 것은 선생으로부터 시작했는데, 일곱 군자는 절의와 문장이 역시 다 백대에 빛나고 한 시대에 같은 조정에서 탁마하고 강론하며 부르고 화답했으니, 어찌 그리 성했던가! 요컨대 다 고려 오백년의 뛰어난 기운이 모여서 우리 성조(聖祖)의 아름다운 운수를 계발한 것이다.

가만히 생각건대 문자가 나타나고 묻힘이 기수의 성쇠와 상관이 없지 않다. 예전 우암 선생이 석고(石鼓) 모본을 얻어서 주선왕(周宣王)의 중흥에 뜻을 부쳤는데, 이제 국운을 만회할 날을 기약할 수 없고, 금수의 발자국이 국중에 편만하여 화하(華夏)가 변하여 오랑캐가 되니, 끝내는 일정한 살 곳조차도 알지 못하는 판국에 여덟 군자의 묻혔던 유문(遺文)이 마침 이때에 나타났으니, 혹 장차 만년 소중화(小中華)의 조짐이 될 것인가? 마땅히 온 세상에 들어서 집집마다 보관하고 호호마다 게양할 것인데, 어찌 다만 민씨 한 가문에서만 우러러 공경하겠는가! 외람되이 서문을 적으니 분에 매우 넘치지만, 거듭 친우의 부탁에 어긋날까 두렵고, 친히 모셔 보고자 하는 소원은 겸하여 이루었다고 하겠다.

　　숭정기원후 임진추칠월상순 후학 팔계 정재규가 삼가 쓴다.[23]

　　이 글을 통해「만월대연구」가 어떤 연유로 세상에 다시 소개되었는지 알게 되었다. 정재규는 이 시를 읽고 민씨 한 가문에서만 귀감이 될 글이 아니고, 온 세상 사람들이 함께 읽어 의분을 일으켜야 한다고 강조했다. 그는 기묘하게도「만월대연구」가 지어진 지 510년이 지난 시점에서 시에 대한 감회를 글로 남겼다. 그때가 1892년이었으니, 고려를 딛고 일어난 조선 왕조도 마지막 불꽃이 가물거릴 때였다. 국운이 백척간두에 서기는 농은 민안부 때의 그때나 이 서문을 쓰던 이때나 처지는 아주 비슷했다. 그래서 정재규도「만월대연구」의 정서에 크게 공감하고 울림이 있었을 것으로 보인다.

민안부가 자란 땅, 개성

민안부 선생은 1343년에 태어났고, 출생한 곳은 여주(여흥)였다. 그가 성장한 곳이 고려 왕조의 수도였던 개성(開城)임은 의심할 여지가 없다. 그리고 관향이었던 여흥 역시 그의 삶에서 중요한 지리적 공간으로 자리한다. 두문동에 은거했다가 낙향해 농사를 지으며 여생을 마쳤는데, 지금 그의 유택(幽宅)이 있는 경상남도 산청은 뒤에서 따로 기술하겠다.

여흥과 개성은 고려 말기의 어지러웠던 정치적 상황과 함께 민안부에게는 잊을 수 없는 지역이라고 할 수 있다. 개성은 그가 성장했고, 과거에 합격한 뒤 관료로 생활하면서 동지들과 의기투합의 시간을 보낸 중요한 공간이었다. 이곳에서 그는 어린 시절 학업에 매진했을 것이고, 고려 왕조의 장구한 역사를 서책과 몸으로 익히면서 조국에 대한 애정과 충심(忠心)을 길렀을 것이다. 개성 일대어느 곳이나 그의 발길이 닿았을 것임이 분명하다. 민안부 선생의 삶과 인격, 풍모(風貌)와 성향 등을 재구하기 위해 개성은 반드시 살펴봐야 할 지역이다.

개성은 경기도 북서부에 위치한 도시다. 현재 개성은 동쪽으로 는 장단군, 서쪽과 남쪽, 북쪽은 개풍군과 접하고 있다. 고려의 옛 도읍지로 문화유적이 많은 역사도시이며, 서울에서 북서쪽으로 78 킬로미터 떨어져 있다.

마식령산맥의 말단부가 북에서 남으로 뻗어내려 있고, 남쪽 일 부는 한강과 예성강의 하류지역으로 좁은 분지를 이룬다. 북쪽에 천마산(天磨山, 762m),[24] 그 남쪽에 시의 진산(鎭山)[25]인 송악산(松岳山, 488m)이 있고, 그 밖에 동남쪽에 용수산(龍岫山, 178m), 서남쪽에 진 봉산(進鳳山, 310m)이 있으며, 남쪽에 한강이 흘러 평야가 이루어져 마치 부산대수(負山帶水)하는 지세를 형성하고 있다. 고려시대 때는 개성이라는 이름보다는 송도(松都), 송경(松京), 또는 개경(開京)으로 더 익숙하게 불려졌다.

삼한시대 대방의 옛터였던 개성은 고구려 때 부소갑(扶蘇岬)으로 불렸고, 신라 때는 송악군(松岳郡)으로 개칭되었다. 475년 백제의 세력이 죽령과 조령, 아산만의 서남쪽으로 후퇴하기 전 100여 년 동안 백제의 세력권에 있었으며, 555년(진흥왕 16)부터 신라의 영토 가 되었다. 694년(효소왕 3)에 송악에 성을 쌓았다는 기사가 『삼국사 기』에 보이므로, 그 이전에 송악이라고 했음을 알 수 있다. 898년 (효공왕 2), 즉 신라 말기에 각지에서 군웅이 할거할 때는 궁예(弓裔) 가 도읍으로 삼기도 하였다.

919년(태조 2) 고려 태조가 송악 남방지역에 도읍을 정한 다음 개성군(현재 개풍군)을 합병해 개주(開州)라고 했으며, 935년 신라가 복속된 뒤 국도(國都)가 되었다. 960년(광종 11)에 개경(開京)으로 개칭되었고, 995년(성종 14) 개성부(開城府)가 되었다.

개성부는 송악군과 개성군을 통합한 명칭으로, 1010년(현종 1) 거란의 침입으로 궁궐과 민가가 모두 불타는 참변을 겪은 후 1018년 개성부를 혁파, 현령으로 대치했고, 정주(貞州)와 덕수(德水), 강음(江陰)의 세 현을 관할하게 하였다.

토성으로 축조된 나성(羅城)은 강감찬(姜邯贊)의 요청에 의해 이가도(李可道)가 공사를 시작해 1029년에 완성했고, 5부 35방 344리로 구획되었다. 1062년(문종 16) 개성부사로 부활시켜 개성현령 소관이던 정주와 덕수 등 11현을 예속시켰고, 황해도에 있던 우봉군(牛峯郡)을 이속시켰다.

1232년(고종 19) 최우(崔瑀)가 왕을 위협해 강화도로 도읍을 옮긴 뒤 공도(空都)가 되기도 했다. 1308년(충렬왕 34) 개성부로 승격, 부윤 이하 행정관을 배치해 도성 안을 관할하게 하는 한편, 개성현령을 두어 도성 밖을 관리하게 했다. 1390년(공양왕 2) 경기지역을 좌우 양도로 분할할 때 개성현은 우도에 편입되었다.

조선 왕조가 창업된 뒤 태조와 정종, 태종 때까지는 국도의 지위를 유지했지만, 한양(漢陽)으로 천도한 이후인 1405년(태종 5)에는 개성의 관제가 크게 바뀌어 개성유후사(開城留後司)를 설치하고, 유후(留後)와 부유후(副留後), 경력(經歷), 도사(都事) 각 1인씩을 두었다.

개성은 고려 5백 년 동안 도읍지로 존립했던 만큼 다양한 유적지가 많이 있다. 신석기시대 유물로는 개성의 나성(羅城)[26] 주변에서 빗살무늬토기 등이 수습되었다. 고려시대에 이르면, 성곽이나 분묘, 사찰 등 각종 건축물이 대대적으로 건설되었다. 성곽지로는 1011년에 시작해 19년에 걸쳐 완성한 개성의 나성과 1391년 최영(崔瑩)의 건의로 축조하기 시작한 나성 내부의 반월성(半月城), 고려 태조의 아버지인 왕륭(王隆)이 쌓은 발어참성지(拔禦塹城址), 고려 때의 피난성으로 전해오는 대흥산성(大興山城) 등이 있다.

특히 반월성의 남대문은 1393년에 창건되었고, 1955년에 복구한 것으로 북한의 국보급 문화재이다. 남대문의 문루에는 한국 5대 명종의 하나이며, 역시 보물급 유물인 연복사종(演福寺鐘)이 걸려 있다.

사찰로는 관음사(觀音寺)와 대흥사(大興寺), 운흥사(雲興寺), 개성사(開城寺) 및 영통사지(靈通寺址), 흥국사지(興國寺址) 등이 현재 남아 있다. 불일사오층탑(佛日寺五層塔)과 영통사의 오층탑 및 서삼층탑이 국보급 문화재이며, 흥국사탑과 개국사 석등, 화엄사사리탑과 영통사의 대각국사비 및 동삼층탑, 당간지주 등이 보물급 문화재이다.

궁궐 및 기타 유적으로는 송악산 남쪽 기슭의 고려왕조의 궁궐 터인 만월대, 고려조의 별궁이자 조선 태조가 즉위식을 가졌던 수창궁지(壽昌宮址), 그의 집터에 세워진 목청전(穆淸殿), 그의 잠저(潛邸)였던 추동(楸洞, 개성 중부 남계방)에 세워진 경덕궁(敬德宮), 원나라의 세조 쿠빌라이(忽必烈)가 일본을 정벌하고자 세웠던 정동성(征東省)이 있던 곳을 명나라의 사신 숙소로 바꾼 태평관지(太平館址), 고려의 사직단지(社稷壇址)와 성균관, 정몽주가 피살된 선죽교(善竹橋),

고려 유신 민안부 선생과 조의생(曺義生), 임선미(林先味) 등 72인의 절의를 기리는 만수산(萬壽山) 남동의 두문동비각(杜門洞碑閣), 고려 시대 천문관측을 위한 석대인 첨성대(瞻星臺), 한량들이 활을 쏘던 관덕정(觀德亭), 정몽주와 서경덕(徐敬德) 등을 배향한 숭양서원(崧陽書院)[27] 등이 있다.

그 밖에 만가대(萬家垈)와 취적교(吹笛橋), 서교정(西郊亭), 서사정지(逝斯亭址), 오서문(午西門) 등의 유적과 박연폭포를 비롯한 자하동, 쌍폭동, 채하동, 부산동 등의 명승지가 있다.

교육기관으로는 선죽교 북쪽 1킬로미터 지점에 성균관이 있었다. 992년(성종 11) 국자동에 국자감(國子監)을 창건, 유학교육의 효시를 이루면서, 충렬왕 때 국학으로 고친 후 성균관으로 일컫게 되었다. 1367년(공민왕 16) 규모를 확대해 당시의 유학자 이색과 정몽주를 교관으로 임명해 학생들을 가르치게 했다. 1592년(선조 25) 임진왜란 때 불타버린 것을 유수 김육(金堉)이 중건했다.

고려시대 때는 사립학교로 현종 때 최충(崔沖)이 세운 자하동의 구재학당(九齋學堂)이 있었다. 조선이 들어선 뒤 1573년(선조 6년) 유수 남응운(南應雲)이 세운 숭양서원은 정몽주의 집이 있던 개성 남자산(男子山) 동남기슭에 있었는데, 우현보(禹玄寶)와 서경덕, 김상헌(金尚憲), 김육, 조익(趙翼)을 배향했다.

이처럼 개성은 고려 왕조 5백 년의 역사를 고스란히 간직한 채 발전했고, 이후 조선 왕조 5백 년 동안 망국의 한이 서린 고도(古都)로 자리했다. 조선이 세워지고 한양으로 도읍지가 옮겨진 뒤에는 예전의 명성과 영화를 누리지는 못했지만, 신라의 경주, 고구려의 평양, 조선의 한양과 함께 우리나라 4대 도읍지로 명성을 누려왔다.

역사가 유구할 뿐만 아니라 아름다운 절경과 명승지가 많은 개성은 예로부터 전팔경(前八景)과 후팔경(後八景)이라 하여 그 풍치를 자랑했다.

전팔경은 곡령춘청(鵠嶺春晴)을 비롯하여 용산추만(龍山秋晚), 자동심승(紫洞尋僧), 청교송객(靑郊送客), 웅천계음(熊川禊飮), 용야심춘(龍野尋春), 남포연사(南浦煙蓑), 서강월정(西江月艇)을 일컫고, 후팔경은 자동심승을 위시한 청교송객, 북산연우(北山煙雨), 서강풍설(西江風雪), 백악청운(白岳晴雲), 황교만조(黃橋晚照), 장단석벽(長湍石壁), 박연폭포(朴淵瀑布)가 그것이다.

왕도(王都)로서 개성의 지세에 대해 일목요연하게 정리한 글이 있어 소개한다.

개성의 지형을 보면, 북쪽으로 송악산이 있고 그로부터 나온 산줄기가 청룡과 백호를 구성하고 있다. 송악 중턱에서 보면 왼쪽에는 시내, 오른쪽에는 산, 뒤는 등성이, 앞은 고개인데 숲이 무성하여 "시냇물을 마시는 푸른 용" 같은 형세여서 오랫동안 나라를 유지할 지세였다고 한다. 더욱이 송악에서 뻗어내린 등성이가 서북으로 향해 가다가 정남으로 돌아나와 동이를 엎어놓은 것 같은 안산(案山)[28]을 만들었는데, 그러한 형세는 오음으로 따지면 상(商)에 해당되므로 서쪽이 높아야 흥성한다는 풍수설에 딱 들어맞는 곳이라고 보았다. 한 마디로 왕씨고려의 수도로서 적격이라는 것이다.[29]

이렇듯 역사가 깊고 문화와 정치를 꽃피운 고을 개성은 민안부 선생의 유년과 청년, 장년 시기 등 인생의 가장 아름답고 활동적인 기간을 보낸 추억의 장소였다. 이곳에서 그는 관례(冠禮)도 올렸고, 결혼도 했으며, 아이도 낳았을 것이다.[30] 오랜 기간 이곳에서 살면서 자신의 심회를 담은 많은 시와 글을 썼을 터인데, 안타깝게도 앞에서 본 「만월대연구」와 뒤에서 읽을 5언시 「술회(述懷)」 외에는 거의 전해지지 않는다. 그가 은둔의 삶을 살았고, 망국의 한을 가슴에 담으면서 여생을 마쳤으니, 아마도 세상을 떠나기 전에 대부분의 작품을 불태워버렸거나, 시세(時勢)를 논한 시문(詩文)이 많아 후손들이 감히 유고(遺稿)로 남기지 못한 듯하다. 충현(忠賢)을 그리는 후학의 입장에서는 아쉽기 그지없는 일이다.

| 주 |

1 별시 : 원래 별시는 조선시대 때 정규 과거 외에 임시로 시행된 과거를 말한다. 나라에 경사가 있거나 인재의 등용이 필요한 경우 실시되었다. 1456년(세조 2)에 처음으로 실시되었으며 문과와 무과만 열고 생원진사시(生員進士試)와 잡과(雜科)는 열지 않았다. 여기서 말하는 별시는 1390년 홍건적의 침입을 격퇴한 바 있어 특별히 실시된 과거였거나, 정몽주가 이 해에 문과에 장원급제했으니, 그 문과가 와전된 것일 수도 있겠다. 이 해에 민안부 선생이 정몽주와 함께 문과에 급제한 것이라면 두 사람은 동방(同榜)이 된다. 각별한 사이였으니, 함께 「만월대연구」를 쓴 것도 당연하다 할 수 있다.

2 감시 : 국자감시(國子監試). 고려 덕종 때에 처음 두었던 과거 제도. 국자감에서 진사를 뽑던 시험으로, 시험 과목은 부(賦)와 시(詩)였다. 성균시(成均試) 또는 남성시(南省試), 진사시(進士試), 감시(監試)라고도 부른다.

3 내성은 신라시대 때의 관서 이름이다. 후대의 궁내부(宮內部)와 같은 성격의 관아인데, 전정(殿廷)의 일반 서정뿐만 아니라 왕실 고유의 지배영역까지 담당하는 매우 방대한 조직이었다. 여기서는 고려 때 궁중 안에서 관리의 인사 등을 총괄했던 관청에 대한 별칭으로 쓰인 듯하다.

4 벼슬길[雲梯] : 성에 오르기 위해 만든 높은 사다리. 그리하여 사진(仕進), 벼슬길을 비유한다.

5 우산기 : 우산기상시(右散騎常侍). 고려시대 때 문하성(門下省)의 정3품 관직(官職). 좌산기상시와 함께 낭사(郎舍)의 최고위직으로 간쟁(諫諍), 봉박(封駁), 서경(署經) 등의 일을 담당했다. 목종 때 처음 설치되었는데, 문종 때 정원 1명, 정3품으로 정해지면서 우상시(右常侍)로 바뀌었다가 충렬왕 원년(1275) 첨의부(僉議府)가 설치되면서 폐지되었다. 동왕 24년(1298) 다시 부활했지만 곧 우상시로 바뀌었고, 공민왕 5년(1356)에 우산기상시로, 동왕 11년(1362) 좌상시로, 18년(1369)에 우산기상시로, 동왕 21년(1372) 우상시로 바뀌었다.

6 환선 : 명주로 만든 둥근 부채.

7 척분[戚誶] : 새로 친척을 맺은 것을 대신하는 말.

8 예의판서는 고려 후기 중앙정부 기관의 하나인 예의사(禮儀司)를 관장했던 관직이다. 예의(禮儀)나 제향(祭享), 조회(朝會), 교빙(交聘), 학교(學校), 과거(科擧)에 관한 일을 담당했다. 1362년(공민왕 11) 상서육부(尙書六部)의 하나인 예부를 예의사로 개칭하고, 그 우두머리에 판서를 두었고, 그 아래 총랑(摠郎)과 정랑(正郎), 좌랑(佐郎) 등이 딸려 있었다. 1369년(공민왕 18) 다시 예부로 개칭하고, 1372(21년) 다시 예의사로 개칭하고, 1389년 다시 예조로 개칭되었다.

9 상서육부는 고려시대 상서도성(尙書都省)에 소속되어 주요한 국무(國務)를 나누어 관장하던 여섯 관아를 일컫는 말이다. 곧 문관(文官)의 선임(選任)과 훈봉(勳封)에 관한 일을 담당한 상서이부(尙書吏部), 무관(武官)의 선임(選任)과 군무(軍務), 의위(儀衛), 우역(郵驛)에 관한 일을 맡아 본 상서병부(尙書兵部), 호구(戶口), 공부(貢賦), 전곡(錢穀)에 관한 일을 맡아 본 상서호부(尙書戶部), 법률(法律), 사송(詞訟), 형옥(刑獄)에 관한 일을 맡아 본 상서형부(尙書刑部), 예의(禮儀), 제향(祭享), 조회(朝會), 교빙(交聘), 학교(學校), 과거(科擧) 등의 일을 맡아 본 상서예부(尙書禮部), 산택(山澤), 공장(工匠), 영조(營造)에 관한 일을 맡아 본 상서공부(尙書工部)를 일컫는다. 성종 14년(995) 선관(選官), 병관(兵官), 민

관(民官), 형관(刑官), 예관(禮官), 공관(工官)을 일컫는 육관(六官)을 고친 이름으로, 상서육부의 장관인 상서는 정3품직으로 재상의 반열에는 포함되고 있지 못하지만, 정3품직 중에서도 특히 팔좌(八座)로서 재추(宰樞)로 올라가는 준직(準職)이었다는 점에서 중요한 위치를 차지하고 있었다. 3성 체제 아래에서 상서성은 제도상 6부를 영속(領屬)하고 있는 것으로 되어 있지만, 실제상으로는 중서문하성의 재신(宰臣)과 추밀원의 추신(樞臣)이 재추로서 상서육부의 판사와 상서를 각각 겸임하고 있었으므로 상서도성이 상서육부를 직접 관할하지는 못했다.

10 『여흥민씨농은공파보』(여흥민씨농은공파종친회, 回想社, 2011년.) 43쪽에 실린 「묘표(墓表)」에는 예의판서(禮儀判書)로 기록되어 있는데, 예의상서의 오기(誤記)가 그대로 전해진 것이 아닐까 판단된다.

11 상의(尙衣)는 신라시대 궁중에서 의복, 음식을 관리하던 직책이다. 『삼국유사』 남월산(南月山, 일명 甘山寺)조에는 감산사 석조아미타여래입상의 광배(光背) 뒷면에 중아찬(重阿飡) 김지전(金志全)이 일찍이 상의봉어(尙衣奉御)의 직을 역임했다고 나오는 것이 상의에 대한 유일한 기록인데, 실제 감산사 석조아미타여래입상미타불의 광배 명문에는 상사(尙舍)로 나온다. 그 구체적인 임무는 알 수 없지만 고려와 조선시대의 상의사(尙衣司)가 어의(御衣)를 공급하는 일을 담당하던 관청이었고 봉어(奉御), 직장(直長) 등의 관직이 마련되어 있었던 것을 통해 볼 때, 신라 때부터 궁중에서 의복을 관장하던 관직으로 보인다. 소속 관청은 상의사였다. 이런 사실로 볼 때 시조 민칭도는 고려 전기 때 상의사 소속 상의봉어로 봉직했을 것이다.

12 소보(少保)는 옛 관직(官職) 이름으로, 삼고(三孤)의 하나였다. 주(周)나라 때 처음 설치되었는데, 군국(君國)을 보필(輔弼)하는 관직이었다. 나중에는 대관(大官)에게 가함(加銜)되어 군왕의 신임이나 총애를 상징했는데, 실제 맡은 직무는 없었다. 고려시대 때의 소보는 삼소(三少)의 하나인데, 태자부(太子府)의 종2품 벼슬이었다. 곧 태자소보(太子少保)를 일컫는 말이다.

13 상서좌복야는 고려시대 상서도성(尙書都省)에 딸린 정2품 벼슬로, 장관인 상서령(尙書令) 다음 가는 직위였다. 상서성(尙書省)의 기본조직은 상서도성과 6부 및 2속사(屬司)로서, 인원은 상서령(尙書令), 좌복야(左僕射), 우복야(右僕射), 지성사(知省事) 등 2품 이상의 재상 4인으로 구성되어 있었다. 그러나 실제로 상서령은 실직이 아니라 주로 종친에게 수여하는 작직(爵職)이었고, 좌복야와 우복야는 실무직이 아닌 허직(虛職)이나 한직(閑職)인 경우가 많았다. 때문에 좌, 우복야는 중서문하성(中書門下省)의 재신(宰臣)이나 중추원(中樞院)의 추신(樞臣)보다도 하위에 놓여 재상계열이라기보다는 오히려 6부의 상서계열에 들어 6부 상서와 함께 팔좌(八座)로 통칭되었다. 비록 정무 처리에 발언권이 있는 권력

직은 아니었지만 상서좌복야는 상서우복야와 함께 상서성의 실질적 장관으로서 6부를 비롯한 경사(京司)에서 주현으로 발송하는 공문, 주, 부, 군, 현의 노인사설(老人射設), 경기를 비롯한 여러 주, 현의 관장(管掌), 외교 문서의 작성, 발송과 이밖에 의형(議刑), 영조거애(迎詔擧哀), 재계(齋戒), 기우(祈雨), 장리(長吏)의 인사, 향공(鄕貢) 등을 관장했다. 문종 때 설치된 벼슬로 충렬왕 원년(1275)에 폐하고, 동왕 24년(1298)에 첨의부(僉議府)에 다시 두었다가 곧 폐지했다. 공민왕 5년(1356)에 문종 때의 제도를 회복했다가 동왕 11년(1362)에 다시 없앴다. 민의가 상서좌복야를 지냈다는 사실은 『농은선생실기(農隱先生實記)』(崇義會, 1990년.) 224쪽부터 233쪽 사이에 실린 「농은선생신도비명서(農隱先生神道碑銘序)」에 나온다. 이하 민영모와 민식, 민인걸, 민기, 민유, 민욱의 관직도 동일하다.

14 태사는 ①고려 삼사(三師)의 하나로 정1품직. ②고려시대 동궁(東宮)의 종1품직. 대사(大師). ③관직 이름. 서주(西周) 때 처음 설치되었다. 본래 고급 무관으로서 군대를 통수했지만 후에 국군(國君)을 보좌하는 중요 대신에게 봉해졌다. 전국시대에 폐지되었다가 한나라 때는 태부(太傅)에 봉해졌다. 역대로 태부, 태보(太保)와 함께 삼공(三公)이라 불렀다. ④서주(西周)시대 악관(樂官)을 일컫던 말. ⑤관직 이름. 태자(太子)를 보필하던 사람. 여기서는 ②에 해당한다.

15 낭장은 고려시대 정6품 무관직이다. 정5품의 중랑장(中郎將)과 정7품의 별장(別將)의 사이에 있는 직급이다. 2군 6위의 중앙군 중에서 응양군(鷹揚軍)을 제외한 나머지 조직에서는 1천 인으로 조직된 각 영(領)에 5인의 낭장이 배속되어 2백인의 휘하 군인을 거느리는 지휘관 구실을 했다. 응양군에는 2인의 낭장이 배속되었다. 이들의 합의기관으로 낭장방(郎將房)이 있었다.

16 이부상서는 고려시대 이부의 장관으로 품계는 정3품이다. 상서 위에 종1품의 판사가 있었지만 상서가 실제적인 판사의 임무를 모두 맡아보았다. 장관의 명칭인 상서는 충렬왕 원년에는 판서로, 충렬왕 24년(1298)에는 다시 상서로 되는 등 수 차례의 변화를 겪었다. 이부상서는 좌우 복야(僕射)와 더불어 팔좌(八座)라 일컫는 고관이었지만, 2품 이상의 재상과는 현격한 차이가 있었으며 조선시대 이조판서의 전신이라 할 수 있다.

17 원외랑은 ①신라시대 집사성(執事省)의 한 벼슬. 신문왕 5년(685)에 두었던 사지(舍知)를 경덕왕 18년(759)에 고친 이름. 혜공왕 12년(776)에 다시 사지로 고쳤다. ②고려시대 상서성(尙書省)의 정6품 벼슬. ③고려시대 주, 부, 군, 현의 이직(吏職)의 하나. 성종 2년(983)에 부호정(副戶正)으로 고쳤다. 여기서는 ②에 해당한다.

18 도첨의사인은 고려시대 도첨의사사(都僉議使司)와 도첨의부(都僉議府)의 정4품

벼슬이다. 문종 때의 중서사인(中書舍人)을 충렬왕 24년(1298)에 고쳐 부른 이름이다.

19 만월대는 경기도 개성시 송악산(松嶽山)에 있는 고려시대의 궁궐터. 919년(태조 2) 정월에 태조가 송악산 남쪽 기슭에 도읍을 정하고 궁궐을 창건한 이래 1361년 (공민왕 10) 홍건적의 침입으로 소실될 때까지 고려왕의 주된 거처였다. 동서 445m, 남북 150m 정도의 대지에 위치한 왕궁 터의 가운데에는 정사를 처리하는 정전(正殿)인 회경전(會慶殿)이 위치했다.

20 「滿月臺聯句」出南沙川伯實記與鄭圃隱集. 壬戌秋七月旣望 與同僚諸公 遊滿月臺 各賦一句.

21 관야(觀野)는 들판에서 바라본다는 뜻으로 좌천(左遷)된 것을 일컫는다.

22 군사를 음조(陰助)하는 6정신.

23 『농은선생실기』219쪽. 「滿月臺聯句序」吾友山陰閔君用爀 以滿月臺聯句見示曰 此吾先祖農隱公 昔在洪武之壬戌秋七月旣望 同諸賢暢敍之作也 而逸於先稿 昨 年春 偶於晉州之武陵山中南氏家遺篋 而得之 南是沙川伯之裔 流落瑣尾 幾於編 戶 而能保守此畸零韻語 異矣哉 奉玩喚咽啾然 如持杖奉觴 趍侍左右 而不覺年 代之爲遠也 是歲 有客又自湖南謄示者 噫 大賢咳唾 不與雲煙 同其消滅固也 而 況滯巾衍 至五百有餘載 而始見於今 非偶然也 且道其門父兄之命 命之日 方謀刻 先亭之楣 以寅朝夕瞻敬 吾子其敍之 載圭盥手三復 太息良久 日圃隱先生 吾東方 道學之祖 吾東方用夏變夷 自先生始 而七君子者節義文章 亦皆震耀百代 並世同 朝 麗澤唱酬 何其盛也 要之 皆高麗五百年間氣之所鍾 而以佑啓我聖朝文明之休 運也 因竊惟念 文字顯晦 未始不與氣數之盛衰相關 昔尤菴先生 得石鼓摹本 而寄 意於周宣之中興 今挽河之洗無期 蹄跡交於國中 汙夏胥夷 畢竟不知稅駕之地 而 八君子旣晦之遺什 適見於是時 或將爲萬年小之兆朕歟 當表章一世 家藏而戶揭 奚但爲閔氏一家之所瞻敬哉 猥毁一語 挨分太濫 重違吾友之請 而兼致擧藍之願 云爾 崇禎紀元後壬辰秋七月上旬 後學八溪鄭載圭謹書.

24 이곳에 그 유명한 박연폭포(朴淵瀑布)가 있다.

25 진산 : 온 나라 및 국도(國都)와 각 고을의 뒤에 있는 큰 산. 주산(主山)이라고도 한다. 풍수지리(風水地理)에서 사용하는 용어이나 풍수지리서에서는 실제로 주 산이라는 용어는 별로 쓰지 않고 진산이 일반적으로 불리는 용어다. 혈장(穴場) 이 있는 명당(明堂) 뒤에 위치하기 때문에 후산(後山)이라고도 하며, 그것을 진 호(鎭護)한다 하여 진산이라는 이름이 나왔다.

26 나성 : 안팎 2중으로 구성된 성곽에서 안쪽의 작은 성과 그 바깥의 도시까지 감싼 바깥쪽의 긴 성벽. 고대 중국과 한국에서는 흔히 왕궁을 둘러싼 성벽을 왕성(王

城) 혹은 내성(內城)이라 부르고, 그 바깥의 민가와 도시, 농토까지 둘러싼 또 하나의 성벽을 외곽(外郭) 혹은 곽(郭), 곽성(郭城)이라 불렀는데, 외곽을 나중에 나성 혹은 나곽(羅郭)이라 부르기도 했다.

27 숭양서원 : 경기도 개성시(현재의 개성직할시) 선죽동에 있는 서원. 1573년에 유수 남응운(南應雲)이 유림세력과 협의, 정몽주와 서경덕(徐敬德)의 충절과 덕행을 추모하고자 선죽교 위쪽에 문충당(文忠堂)을 창건하면서 비롯되었다. 1575년에 '숭양(崧陽)'이라고 사액되어 서원으로 승격되었으며 1668년에 김상헌(金尙憲), 1681년에 김육(金堉)과 조익(趙翼), 1784년에 우현보(禹玄寶)를 추가 배향하여 선현배향과 지방교육의 일익을 담당하여 왔다.

28 안산 : 가택이나 묘택이 있는 혈(穴) 앞의 낮고 작은 산. 주산(主山)과 청룡(靑龍), 백호(白虎)와 함께 풍수학상의 네 가지 요소 가운데 하나다. 여러 산이 겹쳐 있으며, 내안산(內案山)과 외안산(外案山)으로 구별된다. 안산과 떨어져 있는 또 하나의 산을 조산(朝山)이라 하는데, 이들 산이 남주작(南朱雀)에 해당된다. 안산은 혈 위에 있는 주산(主山, 玄武)에 대하여 책상 혹은 안석(几案)과 같은 구실을 맡고 있다.

29 한국역사연구회 지음, 『고려 500년 서울 개경의 생활사』 16쪽, 2007년, 휴머니스트.

30 민안부 선생은 외아들 민수(閔綏, ?~?, 호 : 雪川)를 슬하에 두었다.

제 2 장
두문동 72현과 민안부

1392년 7월 17일 고려 왕조는 망했고, 이성계가 왕으로 등극하면서 조선 왕조가 시작되었다. 이 시기를 전후한 민안부 선생의 행적은 구체적으로 알려진 것은 없다. 절친한 동료였던 정몽주가 이해 4월 4일 선죽교(善竹橋)에서 참살(慘殺)당했고, 이후 개국파들이 역성혁명(易姓革命)의 준비에 박차를 가했으니, 민안부 역시 좌시하고만은 있지 않았을 듯하다.

1388년의 위화도회군 이후 사실상 고려의 운명은 다했다고 볼 수 있다. 왕조의 멸망은 시간문제였던 것이다. 많은 절의파 충신들이 이를 막아보고자 노력했지만, 사태는 점점 나빠졌다. 정몽주의 죽음은 일종의 변곡점으로 상황이 더 이상 돌이킬 수 없는 지점에 왔음을 알리는 조종(弔鐘)이었다.

이를 민안부 선생도 모르지는 않았을 것이다. 그러나 그에게는 사태를 뒤집을 만한 아무런 물리적 힘을 갖고 있지 못했다. 동료와 함께 운명을 다하지 못한 것을 통탄했겠지만, 죽음이 능사는 아니라고 자신을 채찍질했을 것이다. 뒷날을 기약하자는 막연한 기대감까지는 아니더라도 죽음이 최후의 사태를 물리지는 않으리란 것은 분명했다.

그리고 왕조의 몰락이 다가왔다. 민안부를 비롯한 절의파들이 취할 수 있는 행동에는 선택의 폭이 넓지 않았다. 목숨을 끊어 순절(殉節)하거나, 무력의 힘을 빌려 복위운동을 펼치거나, 조용히 결신(潔身)하면서 은둔해 고려 왕조에 대한 절개(節槪)를 지키거나, 최악의 경우 새로운 왕조에 귀부(歸附)해 일신의 영화를 꿈꾸거나 하는 길이 놓였을 것이다.

민안부를 비롯한 많은 절의파들은 이 중 은둔해 결신하는 쪽을 선택했다. 무력을 쓰는 일도 여의치 않았고, 오히려 더 큰 재난을 몰고 올 수 있었다. 스스로 목숨을 끊는 일도, 한편으로는 시원하고 통쾌한 결단이겠지만, 신왕조 세력의 부담을 줄여주는 패착일 수도 있었다.

이렇게 은둔으로 저항의 정신을 표출했던 일련의 인물들을 역사에서는 '두문동 72현'이란 이름으로 표창(表彰)했다. 과연 72현의 면면은 어떠했으며, 두문동과 그 이후 이들의 행동은 어떤 궤적을 그렸을까? 정직하게 말하자면 '두문동 72현'이라는 이름에는 다소 상징적인 의의가 섞여 있는 것이 사실이다. 왕조에 끝까지 충절을 다했던 인물들을 기리는 취지로 이 말이 기능했다는 뜻이다.

이 장에서는 그 '두문동 72현'에 관한 사항을 몇 가지 관점에서 살펴보고, 아울러 이에 동참했던 민안부 선생의 행적을 추적해 보기로 한다.

제 1 절

두문동 72현의 면모와 실체

「만월대연구」를 지은 이후 고려가 망하는 해까지 민안부 선생
의 행적은 베일에 가려져 있다. 어쩌면 관직을 버리고 개성 도성
밖으로 나가 지냈거나 자신을 크게 드러내지 않은 채 왕조의 기틀
을 유지하기 위해 동분서주했을지도 모르겠다. 여하간 그의 행적
이 다시 드러나는 시점은 고려가 무너지던 해인 1392년 전후였다.
그해 음력 7월 17일인데, 이 날 고려가 망하고 조선이 개국했다.

혼신의 힘으로 지키려던 왕조가 무너지자 많은 사람들이 방향
을 잃었다. 고려의 유민(遺民)으로 남고자 한 일련의 인사들은 이심
전심으로 한 장소로 모이게 되었다. 그곳이 바로 두문동(杜門洞)이
었다. 두문동은 경기도 개풍군 광덕면 광덕산 서쪽 기슭에 있던 옛
지명이다.[1] 이곳에 모두 72명의 유신(遺臣) 또는 태학생(太學生)이 모
였는데, 실제로 72명의 신원은 정확하게 파악되지 않아 자세한 성
명이나 이력은 확인되지 않는다. 이들이 고려가 멸망하고 조선이

건국되자 끝까지 출사(出仕)하지 않고 충절을 지켰다는 사실만 동일하게 전한다.

처음에는 태학생이던 임선미(林先味, ?~?)²가 먼저 정착했는데, 뒤이어 뜻을 함께하는 사람들이 집결했다고도 전한다. 마을의 동쪽과 서쪽에 문을 세운 뒤 빗장을 닫아걸고 문 밖으로 나가지 않은 것에서 유래해 두문동이라 이름이 붙었다고 한다. 조선을 개국한 태조 이성계는 이들을 회유하기 위해 경덕궁(敬德宮)에 직접 나가 과장(科場)을 열었다. 그러나 이들 가운데 응시한 사람은 하나도 없었고 경덕궁 앞의 고개를 넘어가 버렸다. 그리하여 고개에는 부조현(不朝峴)이란 이름이 붙었는데, 부조현 북쪽에 관을 걸어놓고 넘어갔다 해서 괘관현(掛冠峴)이라 불렀다고도 한다.

다른 속전(俗傳)에 따르면, 개성 부근 보봉산(寶鳳山) 북쪽으로 10리쯤 되는 곳에도 두문동이라는 곳이 있다고 한다. 조선이 건국된 뒤 고려 왕조의 유장(遺將) 48명이 들어와 몸을 씻고서 함께 죽을 것을 맹세한 골짜기라고 한다. 이들의 이름 역시 전해지지 않는데, 다만 세신정(洗身井)과 회맹대(會盟臺)라는 지명만 남아 있을 뿐이라고 한다.³

현재 두문동 72인의 성명이 모두 전해지지는 않는다. 첫 정착자로 알려진 임선미부터 민안부, 조의생(曹義生, ?~?),⁴ 성사제(成思齊, ?~?),⁵ 박심(朴諶, ?~?), 민보문(閔普文, ?~?), 박문수(朴門壽, ?~?),⁶ 김충한(金沖漢, ?~?),⁷ 이의(李倚, ?~?),⁸ 이맹운(李孟芸, ?~?),⁹ 채귀하(蔡貴河, ?~?),¹⁰ 구홍(具鴻, ?~?),¹¹ 그리고 맹(孟)씨로 알려진 사람 정도만 성명이 전할 뿐이다. 이처럼 민안부 선생은 망국 뒤 두문동에 들어가 자신의 충절을 세상에 알렸다.

두문동 72현은 어떤 사람들이었을까? 구체적으로 숫자까지 나오니 72분이었을 것으로 추정되지만, 그 인원만큼 그들의 신원이 다 밝혀진 것은 아니다. 앞에서 열두어 사람의 이름과 행적은 알려졌지만, 나머지 60여 명은 어떤 사람이었을까?

『규장각충의록(奎章閣忠義錄)』이란 책에 「두문동제현사실(杜門洞諸賢事實)」[12]이라 하여 구체적인 인명과 행적이 약술되어 있는데, 사실 관계를 따져보면 두문동에 은거할 수 없는 인물들도 있어 미심쩍은 측면이 없지 않다.

그렇다고 이 기록이 터무니없이 날조되었다거나 과장되었다고 치부하기에는 '두문동 72현'은 엄연한 역사적 사실이니, 이 문제에 대한 천착이 필요해 보인다. 앞에서 살핀 사람을 제외하고 이 책에 실린 인물들과 그 행적을 간략하게 열거하겠다.

(01) 정몽주 : 「만월대연구」에 참석한 사람의 하나다. 정몽주는 멸망
     전에 죽었으니, 72현에 들 수 없다.[13]

(02) 김주(金澍) : 「만월대연구」에 참석한 사람의 하나다. 그는 멸망
     소식을 듣고 중국에 망명했으니, 72현에 들 수 없다.

(03) 이존오(李存吾, 1341~1371) : 본관은 경주(慶州)고, 자는 순경
     (順卿)이며, 호는 석탄(石灘) 또는 고산(孤山)이다. 1360년(공민
     왕 9) 문과에 급제, 수원서기(水原書記)를 거쳐 사관(史官)에 발
     탁되었다. 1366년 우정언이 되어 신돈(辛旽)의 횡포를 탄핵하다
     가 왕의 노여움을 샀으나, 이색 등의 옹호로 극형을 면하고 장사
     감무(長沙監務)로 좌천되었다. 그 뒤 공주 석탄(石灘)에서 은둔

생활을 하며 울분 속에 지내다가 죽었다. 정몽주, 박상충(朴尙 衷) 등과 교분이 두터웠다. 멸망 전에 죽었으니, 72현에 들 수 없었다.

(04) 정추(鄭樞, 1333~1382) : 고려 말기의 문신. 본관은 청주고, 초 명은 추(樞)며, 자는 공권(公權)이고, 호는 원재(圓齋)다. 1353 (공민왕2) 문과에 급제했다. 1366년 이존오 등과 함께 신돈의 죄를 극언하다가 왕의 노여움을 사 죽을 위기에 처했으나 이색 의 도움으로 죽음을 면하고 동래현령(東萊縣令)으로 좌천되었 다. 1374년 우왕이 즉위하자 좌대언(左代言)과 첨서밀직사사(簽 書密直司事), 정당문학(政堂文學)을 거쳐 수성익조공신(輸誠翊 祚功臣)에 올랐다. 시호는 문간(文簡)이다. 저서에『원재집(圓 齋集)』이 있다. 멸망 전에 죽었으니, 72현에 들 수 없다.

(05) 김충한 : 앞에 나왔다.

(06) 민안부 : 이 책의 주인공이다.

(07) 최양(崔瀁, 1351~1424) : 고려 말기 때 문신. 본관은 전주(全州) 고, 자는 백함(伯函)이며, 호는 만륙(晩六) 또는 장륙당(藏六堂) 이다. 외삼촌 정몽주에게 배웠다. 1376년(우왕 2) 문과에 급제 하여 이부상서와 대제학 등을 지냈다. 1384년 예문관직제학에 재임할 때 이성계를 도와 서북면 정벌에 참여했으며, 그 뒤 대사 간 문하찬성사에 이르렀다. 고려가 망하고 조선이 개국하자 벼 슬에서 물러나 전주 대승동(大勝洞) 봉강리(鳳崗里)에 은거했 다. 태조가 친구로 대우해 여러 차례 관직과 전록(田祿)을 하사 했지만 받지 않았다. 저서로는『만륙일고』가 있다. 전주의 서산 사(西山祠)에 제향되었고, 시호는 충익(忠翼)이다.

(08) 길재(吉再, 1353~1419) : 여말선초 때의 학자. 본관 해평(海平) 이고, 자는 재보(再父)며, 호는 야은(冶隱) 또는 금오산인(金烏 山人)이다. 1374년 생원시(生員試)에, 1383년(우왕 9) 사마감시

(司馬監試)에 합격했다. 1387년 성균학정(成均學正)이 되었다
가, 1388년에 순유박사(諄諭博士)를 거쳐 성균박사(成均博士)
를 지냈다. 우왕의 죽음을 듣고 마음으로 3년상을 행하였다 조
선이 건국된 뒤 1400년(정종 2)에 이방원이 태상박사(太常博士)
에 임명했지만, 두 임금을 섬기지 않겠다는 뜻을 말하며 거절했
다. 시호는 충절(忠節)이다.

(09) 남을진 :「만월대연구」에 참여한 인물이다.

(10) 임선미 : 앞에 나왔다.

(11) 원천석(元天錫, 1330~?) : 고려 말기의 문신. 고려 말 때 정치의
     문란함을 개탄하여 출사하지 않고 강원도 원주 치악산에 은거한
     은사(隱士)다. 본관은 원주(原州)고, 자는 자정(子正)이며, 호는
     운곡(耘谷)이다. 원주원씨의 중시조이다. 고려 멸망 직후 원주
     은거지에서 유신(遺臣)들의 모임인 변혁사(變革祀)를 주도했다.

(12) 조의생 : 앞에 나왔다.

(13) 맹유(孟裕, ?~?) : 고려 말기의 문신. 맹희도(孟希道, ?~?)의
     아버지고, 맹사성(孟思誠, 1360~1438)의 할아버지다.

(14) 도응(都膺, ?~?) : 고려 말기의 문신. 본관은 성주(星州)고, 초
     명은 도유(都俞)며, 자는 자예(子藝)고, 호는 청송당(靑松堂)이
     다. 조선 태조의 죽마지우로, 고려 말에 찬성사(贊成事)를 지냈
     다. 조선 건국 후 태조가 옛 정을 생각해 상장군(上將軍)에 임명
     했지만 받지 않았다. 그 뒤 홍주(洪州) 노은동(老隱洞)에 은거
     했고, 다섯 차례의 소명(召命)을 모두 거절하고 불사이군(不事
     二君)의 귀감이 되었다. 태조가 곧은 절의(節義)를 찬탄해 청송
     당이란 호를 내렸다.

(15) 이사지(李思之, ?~?) : 고려 말기의 무신. 본관은 경산(京山)이
     고, 호는 여은정(麗隱亭)이다. 관직은 낭장(郎將)에 이르렀다.
     고려가 망한 뒤 문을 닫아걸고 있다가 나중에 다시 세상에 나왔다.

(16) 도동명(陶東明, ?~?) : 고려 말기의 문신. 호는 쌍회당(雙檜堂)
이다. 문장과 효의(孝義)로 명성이 높았다. 남대장령(南臺掌令)
을 지냈다. 천명(天命)이 바뀐 것을 보고 두문동에 들어갔다. 여
러 차례 조정에서 불렀지만, 나가지 않았다.

(17) 김자수(金自粹, ?~?) : 여말선초 때의 문신. 초명은 김자수(金子
粹)고, 본관은 경주(慶州)며, 자는 순중(純仲)이고, 호는 상촌
(桑村)이다. 1374년(공민왕 23) 문과에 급제하여 덕녕부주부(德
寧府注簿)에 제수되었다. 고려말 정세가 어지러워지자 관직을
버리고 고향 안동에 은거했다. 조선이 개국된 뒤 태종이 형조판
서로 불렀지만 나가지 않고, 자손에게 결코 묘갈(墓碣)을 만들지
말라는 유언을 남기고 자결했다. 이숭인, 정몽주 등과 친분이
두터웠고, 문장이 뛰어나 시문이 『동문선(東文選)』에 실려 있다.

(18) 국유(鞠襦, ?~?) : 고려 말기의 문신. 본관은 담양(潭陽)이다.
공민왕 때 최영 장군의 탐라 정벌을 돕고, 곡주 지역의 반란군을
평정하는 등의 공으로 호부상서(戶部尙書) 관직에 이르렀다. 좌
랑상서(佐郎尙書)도 지냈다. 고려가 망하자 두문동(杜門洞)으
로 들어갔다. 태종이 여러 차례 불렀지만 나가지 않고, 자신의
집을 불태운 뒤 두문불출해 끝내 절개를 지키고 굴복하지 않겠
다는 의리를 밝혔다. 자손들이 담양리(潭陽吏)를 지냈다.

(19) 장안세(張安世, ?~?) : 고려 말기의 문신. 본관은 인동(仁同)이
고, 호는 송은(松隱)이다. 고려 말에 정헌대부(正憲大夫) 덕녕
부윤(德寧府尹)을 지냈다. 조선이 개국하자 관직에서 물러나 향
리로 돌아갔다. 태조가 친필의 편지로 여러 번 불렀으나 끝내
나가지 않고, 아들 장중양(張仲陽)과 함께 경북 구미의 인동에
은거하면서 절의를 지켰다. 인동 옥계사(玉溪祠)에 배향되었다.
저서로 『송은실기』가 있다. 시호는 충정(忠貞)이다.

(20) 정광(程廣, ?~?) : 고려 말기의 문신. 본관은 하남(河南)이고,

자는 덕로(德魯)며, 호는 건천(巾川)이다. 개성에서 출생했다. 본래 중국 사람으로 정이(程頤)의 후손이었는데, 아버지가 노국대장공주를 따라 우리나라에 와서 귀화했다. 공민왕 때 전중판시사(殿中判寺事)를 지냈고, 정몽주, 길재 등과 교유하며 도학을 익혔다. 고려가 망할 것을 예견하고 전라도 광주 금당산 자락(지금의 광주시 남구 진월동)에 낙향해 은거했다. 조선이 건국되자 자질들에게 벼슬하지 못하도록 경계하고, 태조가 여러 번 불렀지만, 위로는 왕씨(王氏)를 저버릴 수 없고 아래로는 정몽주를 잊을 수 없으니 죽지 못하는 것이 부끄럽다고 거절했다. 자식들과 농사에 힘써서 자급자족을 꾀했고, 밤에는 글을 읽었는데, 성현의 가르침을 본받아 조상의 업적에 욕되게 말라고 당부하였다. 저서에 『건천집(巾川集)』이 있다.

(21) 한철충(韓哲冲, ?~?) : 고려 말기의 문신. 본관은 청주(淸州)고, 호는 몽계(夢溪)다. 전서(典書)를 지냈다. 고려가 망하자 불사이군(不事二君)의 절개를 지켜 두문동에 들어갔다. 나중에 경상도 상주(尙州) 백원산(白源山)에 들어가 은거했다.

(22) 나천서(羅天瑞, ?~?) : 고려 말기 의성 출신의 무신. 본관은 안정(安定)이고, 자는 정백(定伯)이며. 안정 나씨(安定羅氏)의 시조다. 공민왕이 요동 수복을 위해 동녕부 정벌을 단행했을 때 진무(鎭撫)로 있던 그가 양곡 수백 석을 구하여 군사들에게 제공했다. 이 공으로 안정백(安定伯) 겸 안천군(安川君)에 봉해졌다. 고려가 멸망한 뒤 불사이군(不事二君)의 의리로 조선조에 출사를 거부하고 두문동 72현이 되었다가 아들 나직경을 데리고 안정으로 내려와 두문불출했다. 이름을 견(狷)으로 고쳤다.

(23) 김약시(金若時, 1335~1406) : 고려 말기의 문신. 본관은 광산(光山)이고, 호는 음촌(陰村)이다. 고려 때 직제학을 지냈으나, 고려가 멸망하자 경기도 광주의 산골에 들어가 은거하였다. 태

조 이성계의 부름에 눈을 앓아 앞을 보지 못한다는 이유로 응하
지 않았다. 시호는 충정(忠定)이다.

(24) 정온(鄭溫, 1324~1402) : 고려 말기의 문신. 본관은 진주(晉州)
고 호는 우곡(偶谷)이며, 자는 자옥(子玉)이다. 자헌대부(資憲
大夫)에 이르렀다. 고려가 망하자 겉으로는 멀쩡하지만 실제로
는 보이지 않는 청맹(靑盲)을 앓는다는 핑계로 낙향했다. 조선
이 건국되고 이성계가 여러 번 불렀지만 응하지 않자, 신하를
보내 진위를 파악하고자 솔잎으로 눈동자를 찔렀지만 움직이지
않았다고 한다.

(25) 맹희도(孟希道, ?~?) : 고려 말기의 문신. 본관은 신창(新昌)이
고, 호는 동포(東浦)다. 맹유(孟裕)의 아들이고, 맹사성의 아버
지다. 고려 말기에 한성윤(漢城尹)과 전교부령(典校副令), 전교
령(典校令), 수문전제학(修文殿提學) 등을 지냈다. 공양왕 때 정
치가 혼란해지자 관직에서 물러나 충청도 온양(溫陽)의 오봉산
(五峯山) 밑에 기거하면서 조선의 조정에 나아가지 않았다. 고려
공양왕 때와 조선 태조 때 효행을 기려 정려(旌閭)가 내려졌다.

(26) 신덕린(申德隣, ?~?) : 여말선초 때의 서화가. 본관은 고령(高
靈)이고, 자는 불고(不孤)며, 호는 순은(醇隱)이다. 예의판서(禮
儀判書)를 거쳐 보문각제학(寶文閣提學)을 지냈다. 이색, 정몽
주 등과 친교가 있었다. 고려가 망한 뒤 광주(光州)에서 은거하
며 여생을 보냈다. 해서와 초서, 예서에 모두 능해 당대에 이름
이 높았는데, 특히 예서의 한 종류인 팔분체(八分體)로 많은 글
을 썼다고 한다. 필체가 독특해 사람들이 덕린체(德隣體)라 불
렀다. 서체의 모간(模刊)은 『고금법첩(古今法帖)』에 전한다. 고
령의 영연서원(靈淵書院)에 배향되었다.

(27) 서견(徐甄) : 앞에 나왔다.

(28) 최문한(崔文漢, 1320~1395) : 고려 말기의 문신. 본관은 강릉

(江陵)이고, 호는 충재(忠齋)다. 충숙왕(忠肅王)의 부마(駙馬)로 선덕공주의 남편이다. 판군기시사(判軍器寺事)를 역임했고, 강릉 최씨(江陵崔氏) 문한계의 시조다. 조선 건국 후 고려의 충신들과 함께 두문동에 은거했고, 강화로 옮겼다가 강릉으로 낙향하여 정착했다. 강원도 강릉시 지변동(池邊洞)에 묘비와 유적비가 있다.

(29) 조승숙(趙承肅, 1357~1417). 고려 후기의 문신. 본관은 함안(咸安)이고, 자는 경부(敬夫)며, 호는 덕곡(德谷)이다. 정몽주의 문인으로, 1376년(우왕 2) 진사가 되었고, 이듬해 문과에 급제, 특별히 저작랑(著作郎)에 제수되어 충하사(充賀使)로 원나라에 갔다가 자금어대(紫金魚袋)를 받고 귀국했다. 조선이 개국하자 벼슬을 버리고 고향에 돌아가 교수정(敎授亭)을 짓고 두문불출하면서 후진 양성에 전념하여 많은 영재를 배출시켰다. 길재와 수창(酬唱)한 시가 유명하다. 저서에 『덕곡집(德谷集)』 1권 1책이 있다. 시호는 문경(文敬)이다.

(30) 이사경(李思敬, ?~?) : 고려 후기의 문신. 본관은 전의(全義)고, 호는 송월당(送月堂)이다. 1356년(공민왕 5) 서북면병마부사(西北面兵馬副使)를 역임했다. 뒤에 정헌대부판사재감사(正憲大夫判司宰監事)에 올랐다. 국세가 쇠약해짐을 보고 장차 변란이 있을 것을 예상해 다섯 아들을 데리고 개령(開寧) 보신리(甫薪里)에 들어가 은거하였다. 이색이 지은 「송월당기」가 『박운명현록(朴雲名賢錄)』에 실려 있다.

(31) 성부(成溥, 1359~?) : 고려 말기의 문신. 우왕 때 이방원(李芳遠, 태종)과 함께 문과에 급제했다. 벼슬은 형부총랑(刑部摠郎)에 이르렀다. 고려가 망하자 잠시 은거했지만, 1394년(태조 3) 순군지사(巡軍知事)에 올랐다. 1440년(세종 22) 양로연(養老宴)에 83인 중 한 명으로 참석했고, 1446년(세종 28) 88살에 첨

지중추원사(僉知中樞院事)를 제수 받았다. 이로 볼 때 72현의 한 사람으로 보기 어려운 점이 있다.

(32) 이색(李穡, 1328~1396) : 고려 말기의 문신. 절의는 지켰으나, 두문동에 참여했을지 여부는 애매하다.

(33) 이명성(李明誠, ?~?) : 고려 말기의 문신. 본관은 공주(公州)고, 자는 경장(敬章)이며, 호는 송은(松隱)이다. 이색의 문인으로 정몽주와 교유했다. 고려 말에 적성감무(積城監務)와 감찰어사(監察御史) 등을 지냈다. 고려가 멸망하자 동생 이명덕(李明德)에게 어머니를 부탁하고 강원도 이천(伊川)의 산중에 은거하였다. 조선 조정에서 수차례에 걸쳐 관직을 내리고 출사할 것을 종용했지만, 끝까지 절개를 지키고 응하지 않았다. 아들에게도 초목을 벗 삼아 고려를 향한 마음을 지키라는 뜻에서 이름에 '풀초(艸)'를 붙여 이름을 각각 근(芹), 말(茉)이라 지었다.

(34) 정지(鄭地, 1347~1391) : 고려 말기의 무신. 본관은 하동(河東)이고, 초명 준제(准提)며, 시호는 경렬(景烈)이다. 1383년 남해 관음포로 쳐들어온 왜적을 대파했고, 문하부지사(門下府知事)로 해도도원수, 양광·전라·경상·강릉도 도지휘처치사(都指揮處置使)가 되고, 1384년(우왕 10) 문하평리(門下評理)를 지냈다. 1391년 개성부판사(開城府判事)에 올랐지만, 부임하지 못하고 병사했다. 멸망 전에 죽었으니 72현에 들 수 없다.

(35) 하자종(河自宗, ?~1433) : 여말선초 때의 문신. 본관은 진주(晉州)고, 호는 목옹(木翁)이며, 영의정을 지낸 하연(河演)의 아버지이다. 고려 말에 병부상서(兵部尙書)를 지냈다. 고려가 망하자 거짓 아픈 척하면서 향리(鄕里)로 내려갔다는데, 1407년(태종 7) 공조참의로 공물(貢物)로 바치는 말 50필을 명나라로 운반했다. 또 홍주목사와 공안부윤, 판청주목사 등을 지냈다. 이로 볼 때 72현이라 하기는 어려워 보인다.

(36) 이양중(李養中, ?~?) : 고려 말기의 문신. 본관은 광주(廣州)고, 자는 자정(子精)이며, 호는 석탄(石灘)이다. 고려수절신(高麗守節臣)의 한 사람이다. 고려 말에 형조참의(刑曹參議)를 지냈다. 조선이 개국한 뒤 고려 왕조에 대한 절개를 지키기 위해 벼슬을 하지 않고 지금의 서울시 강동구 고덕동에 은거하면서 자연을 벗하며 학문에 힘썼다고 한다.

(37) 김진양(金震陽, ?~1392) : 고려 말기의 문신. 본관은 경주고, 자는 자정(子靜)이며, 호는 초려(草廬)다. 성품이 강개하며 출중했다. 어려서 고아가 되었으나 학문에 힘써서 공민왕 때 과거에 급제하여 예문검열(藝文檢閱)이 되었다. 정몽주와 함께 이성계를 제거하려 모의했는데, 정몽주가 피살됨에 따라 실패로 돌아갔다. 국문을 받자 정몽주 외에 우현보(禹玄寶)와 이색 등이 지시했음을 실토했다. 장 1백을 맞고 먼 지방으로 유배되었다가 그곳에서 죽었다.

(38) 안성(安省) :「만월대연구」에 참여한 사람이다.

(39) 김약항(金若恒, 1353~1397). 여말선초 때의 문신. 본관은 광산(光山)이고, 자는 구경(久卿)이며, 호는 척약재(惕若齋)다. 1371년(공민왕 20)에 문과에 급제해 전교주부(典校主簿)와 예의총랑(禮儀摠郞)을 역임했다. 조선이 개국되자 판전교시사(判典校寺事)가 되고, 1395년(태조 4) 명나라에 들어가 억류된 사절 유순(柳珣) 등을 송환시키는 데 성공했다. 그러나 표전(表箋)의 내용이 불공하다 하여 명나라에 불려가 억류되었다가, 곧 풀려나 현지에서 조선 조정으로부터 광산군(光山君)으로 봉해졌다. 뒤에 다시 다른 일로 인해 양자강으로 귀양갔다가 유배지에서 죽었다.[14]

(40) 배상지(裵尙志, ?~?) : 고려 말기의 문신. 본관은 흥해고, 호는 백죽당(柏竹堂)이다. 사복시판사(司僕寺判事)를 지냈는데, 정

국이 혼란해 머지않아 변혁이 있을 것을 깨닫고 사직했다. 고향에 돌아가 영가군(永嘉郡), 즉 지금의 안동 금계촌(金溪村)에 은거하면서 집 주위에 백죽(柏竹)을 심었고, 호도 백죽당이라 했다. 조선에 들어 여러 차례 출사(出仕) 명령이 내려졌지만, 모두 나가지 않았다.

(41) 이석지(李釋之, ?~?) : 고려 말기 경북 영천에서 활동한 문신. 본관은 영천(永川)이고, 호는 남곡(南谷)이다. 이곡의 문하에서 배웠고, 1341년(충혜왕 복위 2) 진사, 1347년(충목왕 3) 문과에 급제했다. 사간원정언(司諫院正言)으로 조정에서의 잘못된 일을 직간하다가 재상의 뜻에 거슬려 외직으로 좌천되었고, 그 후에도 여러 번 배척되었다. 판도판서(版圖判書)에 이르렀으나, 고려의 운명이 다했다고 여겨 용인(龍仁)의 남곡(南谷)으로 물러나 한수(韓修), 성석린(成石璘) 등과 시로 교유했다. 저서에 『남곡유사(南谷遺事)』가 있다.

(42) 이행(李行, 1352~1432) : 여말선초 때의 문신. 본관은 황려(黃驪)고, 자는 주도(周道)며, 호는 기우자(騎牛子) 또는 백암(白巖), 일가도(一可道)다. 1371년(공민왕 20) 문과에 급제, 한림(翰林)과 수찬(修撰)을 거쳐 우왕 때 전의부정(典醫副正)으로 탐라(耽羅, 제주도)에 건너가서 성주(星主) 고신걸(高臣傑)의 아들 봉례(鳳禮)를 데리고 돌아왔는데 이때부터 탐라는 고려에 귀순하게 되었다. 이조판서 때 조영규(趙英珪)가 정몽주를 살해하자 소를 올려 조영규를 만고의 흉인으로 몰았다. 고려가 망하자 예천동(醴泉洞)에 숨어 살았는데, 태조가 교유(敎諭)의 글을 청탁했지만 병을 이유로 쓰지 않았다. 조영규의 탄핵으로 평해군(平海郡)에 귀양 가 그 곳에서 원천석, 길재와 왕래하며 지냈다. 태조와 태종이 여러 차례 조정에 나오도록 간청했지만, 끝내 거절했다. 그러나 나중에 태종에게 발탁되어 형조판서(刑曹判

書)를 지냈다.

(43) 변숙(邊肅, ?~?) : 고려 말기의 문신. 중국 사람인데, 귀화해
공조판서(工曹判書)를 지냈다. 고려가 망하자 호촌(壺村)에 은
거했다. 세종이 여러 차례 사간(司諫)으로 불렀지만 나가지 않
았다.

(44) 김광치(金光致, ?~?) : 고려 말기의 무신. 낙성백(洛城伯)에 올
랐다. 상락백(上洛伯) 김득배(金得培, 1312~1362)와 함께 홍건
적과 왜구(倭寇)를 무찔렀다. 고려가 망하자 상주(尙州)에 은거
하면서 벼슬하지 않았다.

(45) 이연(李涓, ?~?) : 고려 말기의 문신. 본관은 연산(連山)이다.
감무(監務)를 지냈다. 조선 조정에서 정언(正言) 관직을 내렸지
만, 나가지 않았다.

(46) 이종학(李鍾學, 1361~1392) : 「만월대연구」에 참여한 사람이
다. 고려가 망할 때 죽임을 당했으니, 72현이 들 수 없다.

(47) 이양소(李陽昭, ?~?) : 여말선초 때의 은사(隱士). 본관은 순천
(順天)이고, 자는 여건(汝建)이며, 호는 금은(琴隱)이다. 고려
때 진사에 합격했는데, 일찍이 이방원(李芳遠, 태종)과 곡산(谷
山) 청룡사(靑龍寺)에서 공부해 친교가 있었고, 태학(太學)에도
같이 들어갔다. 이성계가 즉위하자 연천(蓮川)의 도당곡(陶唐
谷)에 숨어 여러 번 불러도 나오지 않았다. 뒤에 태종이 그 집에
나가 술을 나누며 옛 정을 풀고 같이 가기를 청했지만 굳이 사양
하므로, 곡산도사(谷山都事)에 보직해도 받지 않았다. 태종이
그 뜻을 아름답게 여겨 그가 있는 곳의 산을 청화산(淸華山)이
라 하고 저택을 하사했다. 죽음에 다다라 스스로 명정(銘旌)에
'고려진사이모지묘(高麗進士李某之墓)'라 썼는데, 태종이 듣고
"살아서 그 마음을 굽히지 않고 죽어서 그 벼슬을 더럽히지 않았
다."고 찬탄하면서 시호 청화(淸華)를 내리고 장지(葬地)를 주

어 장사하게 했다.

(48) 민유(閔愉, ?~?) : 고려 후기 때의 문신. 이집(李集), 이유(李裕), 구홍(具鴻), 윤규(尹珪), 김준(金浚, 金後)과 함께 8청(八清)의 한 사람으로, 벼슬은 대제학에 이르렀다. 공민왕의 총애를 받으며 그의 정치 개혁에 앞장섰던 신돈이 권문세족의 반대에 부딪히자 난(亂)을 일으켰는데, 이 때 학사(學士) 주사옹(朱士雍)과 함께 신돈의 난을 피해 동성현(童城縣)에서 살았다. 나중에 여성군(驪城君)에 책봉되었다.

(49) 문익점(文益漸, 1329~1398) : 고려 말기의 문신. 본관은 남평(南平)이고, 자(字)는 일신(日新)이며, 호(號)는 삼우당(三憂堂)이고, 초명(初名)은 익첨(益瞻)이다. 진주(晉州) 강성현(江城縣, 지금의 경남 산청) 출신이다. 1360년(공민왕 9) 문과에 급제해 김해부 사록(金海府司錄)에 올랐다. 같은 해 계품사(啓稟使)로 원나라로 파견된 이공수(李公遂)의 서장관으로 중국을 방문했다 돌아오는 길에 목면(木緜) 나무의 씨앗을 가지고 들어왔다. 공양왕 때 이성계 일파에 의해 추진된 전제개혁(田制改革)에 반대했다가 조준(趙浚)의 탄핵으로 벼슬에서 물러났다.

(50) 임귀연(林貴椽, ?~?) : 고려 말기의 문신. 본관은 나주(羅州)다. 소윤(少尹)을 지냈는데, 고려가 망하자 벼슬하지 않았다.

(51) 조희직(曺希直, ?~?) : 고려 후기의 문신. 공민왕 때 우정언(右正言)을 지냈는데, 신돈의 실정과 횡포를 비판하는 의견을 냈다가 전남 진도로 유배되었고, 그곳에서 죽었다. 시간상 고려가 망하기 전에 사망했을 것으로 보인다. 『규장각충의록』에는 "조선이 건국되자 벼슬을 권했지만, 이제(夷齊)에 견주면서 출사(出仕)하지 않았다. 가흥(嘉興) 물가에 압구정(鴨鷗亭)을 짓고 여생을 마쳤다."고 나온다.

(52) 송인(宋寅, 1356~1432) : 여말선초 때의 문신. 본관은 남양(南

陽)이고, 호는 행정(杏亭)이다. 1374년(공민왕 23) 문과에 급제
하고 공양왕 때 판도판서(判圖判書)를 지냈다. 고려가 망하자
절의를 지키기 위해 고령군 송림촌에 은거하면서 은행나무를 심
고 호를 '행정'이라 했다. 정몽주, 이색, 이숭인 등과 친분이 있
었다고 한다.

(53) 곽추(郭樞, 1338~?) : 고려 말기의 문신. 본관은 청주(淸州)다.
포은(圃隱) 정몽주(鄭夢周)와 동문수학하여 사이가 좋았다.
1360년(공민왕 9) 과거에 급제했고, 1376년(우왕 2) 지신사로
국자감시를 주관했다. 1388년(우왕 14)에는 정당문학으로 명나
라에 가서 약재를 내려준 것에 대해 사례했다. 고려가 망하자
두문동에 들어가 임금이 불러도 나가지 않고 고려 신하로서의
절개를 굽히지 않았다. 시호는 문량(文良)이다.

(54) 조철산(趙鐵山, ?~1468) : 여말선초 때의 문신. 고려 말에 문과
에 급제하고 예빈시소윤(禮賓寺少尹)을 지냈다. 조선 개국 후에
는 호조정랑(戶曹正郎)과 전농시소윤(典農寺少尹)을 거쳐 첨지
중추원사(僉知中樞院事)에 이르렀다. 『규장각충의록』에는 "조
선 조정에서 중추원사(中樞院事)로 불렀지만 나가지 않았고, 아
들 조식(趙軾)에게 내렸지만, 역시 나가지 않았다."고 나온다.
역사적 사실과 다소 차이가 있다.

(55) 김사렴(金士廉, ?~?) : 고려 말기의 문신. 본관은 안동이고, 호
는 오은(梧隱)이다. 공민왕 때 문과에 급제하여 벼슬이 안렴사
(按廉使)에 이르렀다. 정몽주, 이색과 교분이 두터웠고, 직간(直
諫)으로 이름을 떨쳤다. 공민왕이 신돈을 총애하자, 신돈이 위
험 인물임을 상소했다. 고려가 망하자 청주로 은퇴했는데, 태조
가 여러 차례 좌사간(左司諫)을 제수했지만 거절하고, 도산(陶
山, 경북 안동)으로 옮겨 은거했다.

(56) 윤충보(尹忠輔, ?~?) : 고려 말기의 문신. 본관은 무송(茂松)이

고, 호는 여거사(驪居士)이다. 1390년(공양왕 1) 진사가 되었고, 안성(安城)군수를 지냈다. 고려가 망하자 고려에 대한 충성을 지켜 벼슬을 버리고 경기도 여주(驪州)에 내려가 은거했다. 조선 왕조에서 여러 차례 벼슬을 권유했지만 죽음을 각오하고 끝내 받아들이지 않자 태조가 그의 충절을 높이 사 '여거사'라는 호를 내려주었다. 은거하면서 매일 높은 산에 올라 송도(지금의 개성)를 바라보며 하루 종일 절을 하였는데, 후세 사람들이 절했던 장소를 왕망현(王望峴)이라 불렀다. 임종 시 자신의 무덤을 고려조의 양식에 따르라는 유언을 남겼다.

(57) 유구(柳珣, 1335~1398) : 여말선초 때의 문신. 본관은 진양(晉陽)이다. 문과에 급제해 감찰어사가 되었다. 1361년(공민왕 10) 홍건적의 침입으로 개경이 함락되고 공민왕이 남쪽으로 피난할 때, 먼저 이천농장(利川農庄)에 도착한 뒤 음식을 장만해 왕에게 올렸다. 1389년(공양왕 1) 예문관대제학을 역임하면서 강화도에 있는 창왕을 죽였다. 1392년 조선 건국으로 전주가 완산부(完山府)로 승격되자 그 곳 부윤이 되었다. 1395년(태조 4) 정당문학(政堂文學)과 참찬문하부사(參贊門下府事)를 지냈다. 행적으로 보건대 72현이라 하기는 어려워 보인다.

(58) 채왕택(蔡王澤, ?~?) : 고려 말기의 문신. 본관은 평강(平康)이다. 영호군(領護軍)을 지냈다. 고려가 망하자 바다를 건너 남쪽으로 내려가 임피(臨陂)에 은거했다.

(59) 송교(宋皎, ?~?) : 고려 말기의 문신. 본관은 여산(礪山)이다. 전리판서(典理判書)를 지냈다. 고려가 망하자 자취를 거두어 여산에서 살았다.

(60) 최칠석(崔七夕, ?~1394) : 여말선초 때의 무신. 본관은 전주(全州)다. 1380년(우왕 6) 비장(裨將)으로 왜구를 격퇴시키고, 이듬해 해도만호(海道萬戶)가 되었다. 1388년 왜구가 삼도에 침

입하자 밀직부사로 조언(曺彦)과 함께 이를 격퇴시켰고, 다음해 박위(朴葳)가 대마도를 정벌할 때 따라가 대마도인 300여 명을 잡아 돌아왔다. 대마도를 정벌한 공으로 왕으로부터 칠석(七夕)이라는 이름을 하사받았다. 고려가 망하자 고향에 은거했다가, 태조의 부름을 받아 1394년(태조 3) 경기도도수군절제사(京畿道都水軍節制使)에 보임되었으나 곧 병으로 죽었다. 왜구를 방어하는 데 공이 많았다. 시호는 위정(威靖)이다. 72현의 한 사람이라 하기에는 행적이 미심쩍다.

(61) 차원부(車原頫, 1320~?) : 여말선초 때의 학자. 화가. 본관은 연안(延安)이고, 자는 사평(思平)이며, 호는 운암(雲巖)이다. 공민왕 때 문과에 급제했고, 간의대부(諫議大夫)에 이르렀다. 정몽주 등과 함께 성리학을 깊이 연구하였다. 고려 말 정치가 문란해지자 사퇴한 뒤 평산(平山) 수운암동(水雲巖洞)에 은거했다. 조선이 개국되자 태조가 공신으로 책록하려 했지만 굳이 사퇴했고, 이어 벼슬도 받지 않았다. 정도전과 하륜 등이 차씨(車氏) 외손의 서속(庶屬)이었음을 족보에 기재했다가 가족 및 일당 80여 인과 함께 살해되었다. 시호는 문절(文節)이다.

(62) 김자진(金自進, ?~?) : 고려 말기의 문신. 본관은 광산이다. 사평(司評)을 지냈다. 고려가 망하자 나주(羅州)에 은거했고, '여(麗)'자로 그 산과 밭, 정자, 우물의 이름을 지었다.

(63) 김승길(金承吉, ?~?) : 고려 말기의 문신. 본관은 광산이고, 호는 사은(沙隱)이다. 아버지 김인우(金仁雨)가 고려가 망하자 장사(長沙)에 은거하다 죽었는데, 『송경실기(松京實記)』에 따르면, 정몽주의 선죽교 사건을 보고 고려를 구하지 못함은 대를 잇는 불충임을 개탄하여 아버지 뜻을 좇아 장사에 은거했다고 한다.

(64) 범세동(范世東, ?~?) : 고려 말기 때 『화해사전(華海師全)』과

『동방연원록(東方淵源錄)』등을 저술한 학자. 본관은 금성(錦城)이고, 자는 여명(汝明)이며, 호는 복애(伏崖)다. 정몽주의 제자다. 1369년(공민왕 18)에 식년 문과에 급제하여 덕녕부윤(德寧府尹)과 간의대부 등을 지냈다. 성리학을 깊이 연구해 원천석과 함께 『화해사전』을 편집하고, 『동방연원록』을 편찬하였다. 고려가 망하자 두문동에 은거했다가 고향인 나주(羅州, 지금의 광주광역시 광산구 덕림동)로 돌아왔다. 태종이 여러 차례 벼슬을 권했지만 끝내 사양했다.

(65) 성사제(成思齊) : 앞에 나왔다.

(66) 박문수(朴門壽) : 앞에 나왔다.

(67) 조전지(祖全之, ?~?) : 고려 말기의 문신. 두문동 주인(主人)으로, 좌정승(左政丞)을 지냈다. 처음 두문동에 들어간 뒤 나중에 남원(南原)에 은거했다. 시호는 문간(文簡)이다.

(68) 구홍(具鴻) : 앞에 나왔다.

(69) 채귀하(蔡貴河) : 앞에 나왔다.

(70) 조유(趙瑜, ?~?) : 여말선초 때의 문신. 본관은 옥천(玉川)이고, 호는 옥천(玉川) 또는 처곡(處谷)이다. 고려 말 때 전농시부정을 지냈다. 1408년(태조 8) 지군사(知郡事)로서 전남 영광 지역에 침입한 왜구를 격퇴했다. 1416년 불경죄를 지었다는 죄목으로 검교한성윤(檢校漢城尹) 직책을 환수당했다. 1455년(세조 1) 12월 현령으로서 좌익원종공신 2등에 책록되었는데, 아들 조숭문(趙崇文, ?~1456)과 손자 조철산(趙哲山, ?~1456)이 단종복위 사건에 연루되어 사육신과 함께 화를 당하자 공신 책록을 박탈당했다. 행적으로 볼 때 72현이 될지 의심스럽다.

(71) 전귀생(田貴生, ?~?) : 고려 말기의 문신. 본관은 담양(潭陽)이고. 호는 뇌은(耒隱)이다. 전녹생(田祿生, 1318~1375)의 동생이다.

(72) 전조생(田祖生, 1318~1355) : 고려 말기의 문신. 본관은 담양이고, 호는 경은(耕隱)이다. 전녹생의 동생이다. 1355년에 죽었으니, 72현에 들 수 없다.

먼저 지적해야 할 사항은 여기 열거된 72현의 명단에는 박심과 민보문, 이의, 이맹운은 빠져 있다. 이 네 사람이 더해지면 72현이 아니라 76현이 되어야 한다.

다음으로 정황상 72현에 포함되기 어려운 인물들이 눈에 띤다는 사실이다. 고려가 망하고 난 뒤에 72현은 두문동에 들어갔는데, 그 이전에 사망한 사람들도 72현에 포함되어 있기 때문이다. 아래 일곱 명은 왕조 멸망 전에 사망한 사람들이다.

(01) 정몽주 : 멸망한 해 4월 4일 피살.
(03) 이존오 : 1382년 별세
(04) 정　추 : 1382년 별세.
(34) 정　지 : 1391년 별세.
(36) 김자양 : 멸망한 해 별세.
(46) 이종학 : 멸망한 해 피살.
(72) 전조생 : 1355년 별세.

또 (31)성부와 (35)하자종, (54)조철산, (57)유구, (60)최칠석, (70)조유 등 여섯 사람은 조선이 들어선 뒤에도 관직 생활을 했다. 두문동에 들었다가 나와 벼슬을 할 수도 있기는 하지만, 72현의 저항 정신과는 동떨어진 행동이다.

그 외에도 (02)김주는 멸망 소식을 듣고 중국에 망명했고, (11)원천석은 일찍부터 강원도 원주에 은거했으며, (32)이색이 두문동에 들어간 사실은 없고, (39)김약항은 중국에서 사망했다. 이런 사람들이 두문동에 들어가 저항했을 여지는 아무래도 적어 보인다.

두문동 72현 중 한 사람이기도 한 이행(李行)의 문집『기우집(騎牛集)』권2에 보면「두문동칠십이현록(杜門洞七十二賢錄)」이 있다. 여기에 실린 명단을 보면 앞서 본 명단과 다소 차이를 보인다. 즉 새로운 인물이 실려 있다. 그 이름과 간단한 약력을 정리하면 다음과 같다.

• 조충숙(趙忠肅, 1357~1417) : 고려 말기의 문신. 본관은 함안(咸安)이고, 자는 경부(敬夫)며, 호는 덕곡(德谷)이다. 시에서 "어찌 석 달이라도 그대 탄식 없는 날 없으리오, 다만 명예 구해 무덤에서 구걸한 것이 부끄럽네.(豈無三月無君歎 只愧干名甚乞墦)"라 했다.[15]

• 허징(許徵, ?~?) : 고려 말기의 무신. 본관은 양천(陽川)이다. 1362년(공민왕 11년) 무과에 합격했다. 북도순검사(北道巡檢使)로 서북 변경의 수비 실태를 파악하던 중 이성계가 즉위하자 의분을 참지 못해 송악동(松岳洞) 남현(南峴)에 동지 72인과 함께 모여 불사이군(不事二君)의 결의를 다지고 미치광이 행세를 하며 파포폐립(破布廢笠)으로 북관(北關)땅 길주(吉州)에서 둔거(遁居)했다. 조선 태조와 태종이 여러 차례 선무사(宣撫使)를 보냈지만, 끝내 지조를 굽히지 않고 생애를 마쳤다.

• 맹희덕(孟希德, ?~?) : 고려 말기의 문신. 전교령(典敎令)을 지냈다. 고려가 망하자 물러나 동포(東浦)에 은거했다.

• 김제(金濟, ?~?) : 고려 말기의 문신. 본관은 선산(善山)이고, 김주 (金澍)의 형이며, 호는 백암산인(白巖山人)이다. 평해군수(平海郡守)를 지냈다. 고려가 망하자 배를 타고 해도(海島)로 들어가 시(詩)를 벗하 며 은거했다. 조선 정종 때 바다에 단을 세워 초혼제(招魂祭)가 거행되 고 동생 김주와 함께 안동(安東)의 고죽서원(孤竹書院)에 제향되었다. 시호는 충개(忠介)다. 바다를 건너면서 쓴 시에 "배를 불러 동쪽에서 노나라와 이어진 나루를 묻노니, 오백년 사직에 지금은 한 신하라네. 외로운 넋이 능히 죽지 않는다면, 붉은 해를 따라 저 먼 땅에 비추고 싶구나.(呼船東問魯連津 五百年今一箇臣 可使孤魂能不死 願隨紅日照中垠)" 라 했다.

• 조윤(趙胤, ?~?) : 고려 말기의 문신. 본관은 평양(平壤)이고, 조선의 개국공신 조준(趙浚)의 동생이다. 고려 말에 문과에 급제하고 안렴사 (按廉使)를 지냈다. 형 조준이 이성계를 도와 개국할 뜻을 보이자 울면 서 반란에 참여하지 말라고 호소했다. 고려가 망하자 하늘을 우러러 통곡하며 경기도 과천의 청계산(淸溪山)에 들어가 송도 쪽을 바라보며 대성통곡했다. 그 후 양주(楊州)의 송산(松山)으로 옮겨 청량산(淸凉山) 에서 여생을 보냈고, 이름도 견(狷)이라 고쳤다. 죽으면서 자손들에 게 조선 조정에서 벼슬하지 말라고 당부했다.

이처럼 문헌에 따라 72현의 명단 내용이 조금씩 다르게 나온다. 상식적으로 72현에 넣기 어려운 사람들이 포함되기도 하니, 그 까 닭이 궁금하지 않을 수 없다.

개인적으로 우선 숫자에 너무 집착할 필요는 없다고 생각한다. 그저 '72'는 상징적인 의미를 가질 뿐이다. 어찌 5백여 년을 지속한 왕조가 멸망하는데 충정을 지켜 은거한 사람이 72명만으로 국한할 필요가 있겠는가. 많으면 많을수록 좋은 일이고, 그래야 조선 개국의 정당성이 더욱 흐려진다.[16]

다음으로 이미 세상을 떠났거나 망국 과정에서 순절(殉節)한 인물이 들어간 이유는 무엇일까? 이 역시 행동의 결과보다는 그들의 내면, 같은 상황에 처했더라면 72현과 뜻을 같이했을 것이라는 심정에서 포함된 것이라 여겨진다. 이런 사람들을 넣음으로서 두문동 72현이 보여준 의기(義氣)가 역사적 당위성을 확보할 수 있다는 점도 개입했을 듯하다. 즉 충혼(忠魂)들조차 그들 72현과 함께 했다는 점을 선양하기 위해서였다는 것이다.

이런 점은 당시에도 석연찮은 측면이 있었는지 『규장각충의록』「두문동제현사실」의 앞머리에 실려 있는 간단한 서문에도 관련된 해명이 나온다.

고려 말의 충신으로 절개를 세우고 의로움을 좇아 순절한 사람이 많다. 그리고 나머지 사람들은 산속에 살거나 들판을 거처하면서 문을 닫아걸고 자취를 감추었다. 조선 조정에서 불러도 나가지 않거나 절조를 스스로 지키거나 한 사람들을 통칭해 72현이라 부른다. 즉 의로운 일에는 뜻을 같이했지만, 함께 송경에 거처하지 않은 사람들도 합해 부르는 이름이다.[17]

꼭 송경 인근 두문동에 같이 거주하지는 않았더라도 의행(義行)에 동조했던 사람이면 모두 72현 안에 포함시켰다는 말이다.

그러나 조선조에 들어서도 관직에 올라 영달(榮達)한 사람들이 포함된 것은 어찌된 일일까? 72현의 은거 정신과 분명하게 배치되는 행적을 보인 사람이 포함된 것은 어떻게 설명해도 납득이 가지 않는다. 어쩌면 이들도 일시적으로는 72현 정신에 동조했거나 함께 은거했지만, 나중에 이탈했을 수도 있다. 실제로 세종 때 명재상으로 유명한 황희(黃喜, 1363~1452)는 고려가 망하자 두문동에 들어갔다가 태조의 간곡한 요청 때문에 나왔다는 주장도 있다.

후대에 두문동 72현의 명단이 작성되면서 슬쩍 편입되었을 가능성도 있다. 건국 직전에야 망국과 함께 순절했거나 은거한 사람들이 부정적인 평가를 받았겠지만, 왕조가 안정되면서 오히려 이들을 포상(褒賞)하는 일들이 벌어졌다. 개국 때는 제거되거나 폄하되어야 할 사람들이지만, 결국 한 왕조는 충신(忠臣)이 있어야 유지되는 법이다. 멸망 직전 참살 당한 정몽주가 1401년(태종 1) 작록이 회복되고, 시호까지 내려지는 광영을 누렸다. 그것도 참살의 당사자인 태종에 의해서 말이다.

충신의 집안이라는 명예를 얻고자 했던 후손들이 멸망 당시 자신들의 선조도 충신의 한 사람으로 행동했다는 주장을 펼쳤고, 그 증거로 두문동 72현의 명단 안에 삽입했던 것은 아닐까 여겨진다.

중요한 것은 숫자나 행적의 진위 여부가 아니다. 그들이 당대와 후세에 보여준 가르침과 귀감에 우리는 더 주목해야 할 것이다. 필자는 굳이 두문동 72현의 절의를 '72현 정신'이란 말로 표현했는데,

이것은 정신이라 어느 특정한 시기나 행위에만 국한되지 않고 만고 (萬古)의 모범으로 길이길이 전해지고 전해져야 할 소중한 자산이기 때문이다. 조선시대가 안정기에 접어들면서 이들이 선양된 이유 도, 그들이 보여준 행적 때문이 아니라 충의(忠義)로운 정신을 높이 샀고 기렸기 때문인 것이다. 이런 사실은 왕조 시대가 끝난 지금도 우리가 가슴속에 간직해야 할 교훈이 아닐 수 없다.

두문동 72현과 민안부

민안부 선생은 위와 같은 논란에서 완전히 자유롭다. 멸망 이전
에도 왕조의 사직을 지키기 위해 각고의 노력을 했지만, 멸망이 눈
앞에 닥치자 민안부 선생은 단호하게 세상과 절연했다. 사직을 지
키다 먼저 세상을 떠난 동지들과의 유대감을 유지하면서 뜻을 같
이하는 살아 있는 동지들과 함께 뒤도 돌아보지 않고 두문동으로
발걸음을 옮겼다. 민안부 선생은 자신에게 닥칠 위기나 겁박은 조
금도 마음에 두지 않았다.

그는 누구보다 공자(孔子)가 남긴 가르침에 충실하고자 했다. 『논
어(論語)』 태백편(泰伯篇)에 보면 다음과 같은 공자의 말이 나온다.

스승께서 말씀하셨다. "독실하게 믿으면서 배우기를 좋아하며, 죽
기를 각오하고 도를 잘 살려가야 하느니라. 위태로운 나라에는 들어
가지 않고, 어지러운 나라에는 살지 않으며, 천하에 도가 실행되면

나타나고, 도가 실행되지 않으면 숨어야 한다. 나라에 도가 실행되는
데 가난하고 천하면 부끄러운 일이고, 나라에 도가 없는데 부유하고
귀하면 부끄러운 일이 되느니라."

　子曰 篤信好學 守死善道 危邦不入 亂邦不居 天下有道則見 無道則
隱 邦有道 貧且賤焉 恥也 邦無道 富且貴焉 恥也

　이 공자의 말은 민안부 선생에게는 금과옥조(金科玉條)나 다름없
었다. 왕조의 운명이 바람 앞의 등불 같았을 때 선생은 동지들과
함께 파국을 면하고 경장(更張)할 길을 찾아 혼신의 노력을 기울였
다. 비록 도가 혼탁했지만 사라진 것은 아니고, 나라에도 도가 잔
존해 있기 때문이었다. 고려 왕조는 의리와 명분 어느 쪽으로 보아
도 도의 소재지였다. 그런 왕조를 저버린다는 것은 자신의 신념과
그간의 배움을 모두 부정하는 어리석은 짓이었다.

　더구나 왕조의 멸망을 부채질하면서 저희들만의 권력을 독점하
려는 세력들의 행태는 불순한데다 불의하기 짝이 없었다. 저들은
무도(無道)한 세상을 만들어 부귀영화를 누리려고 터무니없는 모략
과 날조로 고려 왕실의 권위와 정통성을 훼손하려 들었다. 이것은
결코 민안부 선생이 꿈꾼, 왕도(王道)가 실현되고 대동(大同)이 완성
되는 세상은 아니었다.

　도가 없는 세상에서는 숨으라[隱]는 공자의 가르침은 곧 두문동
72현 정신의 핵심이기도 했다. 의지할 왕조가 사라지고 불의한 왕
조가 들어서자 그제야 72현들이 갑자기 모여 은둔을 결심한 것은
아니었다. 그들은 일찍부터 '은(隱)'의 공감대가 형성되어 있었고,

그 원류는 공자의 말씀에서 나왔다.

「만월대연구」에서 보여 주었던 것처럼 선생을 포함한 그들은 지금 시대가 가을의 차가운 바람이 몰아치고 구름과 안개(간신배를 상징한다.)가 잔뜩 낀 난세(亂世)였다. "좋은 날을 다시 찾기 어렵겠다."는 개탄은 일시적 감상(感傷)에서 나온 회포가 아니었다. 바로 코앞에서 전개되는 현실을 목도하고 얻어낸 판단이었다. '좋은 날'을 위해 분투할 각오는 되어 있지만, 그것이 호락호락하지는 않다는 사실도 직시할 만큼 이들에게는 현실 감각이 살아 있었다.

뒷날 이 연구 모임에 참여한 사람 가운데 민안부 선생을 비롯해 안성, 서견, 김주, 남을진, 정광 등이 모두 두문동 은거의 중심인물이 된 것은 우연한 일이 아니었던 것이다. 멸망과 함께 비명에 숨진 정몽주와 이종학도 뜻은 동일했다.

그러니 어쩌면 1382년의 「만월대연구」 모임은 10년 뒤 나올 '두문동 72현'의 서막이었던 것이다. 두문동 72현의 뿌리가 이 모임에서 비롯되었다고 보아도 무방할 것이다. 그리고 정황상 모임의 주최는 바로 민안부 선생이었다. 이렇게 보면 두문동 72현 정신의 남상(濫觴)은 민안부 선생이었다고 추론해도 크게 어긋나지 않는다.

불의한 세상에서의 부귀영화(富貴榮華)란 의로운 세상에서의 안빈낙도(安貧樂道)만 못하다는 명징한 갈파는 두문동 동지들의 가슴을 울렸을 것이다.

두문동에 들어왔을 즈음 민안부 선생을 비롯한 72현들의 결의와 심경을 잘 보여주는 글이 박의중(朴宜中, 1337~1403)의 유고집 『정재일고(貞齋逸稿)』 권3 「척유(撫遺)」편에 실린 「두문동언지록(杜門洞

言志錄)」이다. 이 글에는 이들이 두문동에 들어가게 된 연유와 앞으로의 계획, 다짐 등이 잘 드러나 있다. 즉 이들의 정신으로 지향하는 바가 무엇인지 일목요연하게 요약되어 있다. 당연히 민안부 선생의 의향 역시 실려 있다.

전문을 읽어보기로 하자.

명나라 태조 홍무 25년(1392) 임신 7월 16일 을미일은 고려 왕조의 운이 다하고 조선 왕조가 천명을 받은 날이다. 충신과 열사들이 신하로 복종할 뜻이 없어 각자 놓인 처지에 따라 의리를 다했다. 이때 함께 송도 동남쪽 언덕에 올라 조천관(朝天冠)을 걸어놓고 폐양립(蔽陽笠)을 쓰고 남쪽 부조현에 올랐다.

박문수가 "천명이 돌아갔으니 나랏일이 이미 틀렸다. 우리들이 어찌 이 마당에서 각자의 뜻을 말하지 않겠는가?" 하고, 곧 "우리 조종이 사는 이 땅에 주인된 자로서 오직 우리가 있노라."고 말했다. 이에 성사제는 "차라리 왕씨의 귀신이 될지언정 이씨의 신하는 되지 않으리라." 했고, 조의생은 "문 닫고 마음 편하게 살다가 죽은 뒤에야 그만둘 것이다."고 했으며, 임선미는 "오직 의리를 따를 것이다."고 말했다. 전귀생은 "깊은 산에 들어가 밭 가는 자를 누가 알겠는가?" 했고, 이숭인은 "요순의 이대가 아아! 멀구나." 했으며, 이맹운은 "맑은 바람을 누가 수산에 뿌리겠는가." 했고, 유순은 "강태공은 곧은 낚시로 무슨 뜻으로 주나라를 낚았는가?"고 말했다.

이행은 "서쪽으로 수양산을 바라보고 어찌 차마 주나라의 곡식을 먹겠는가?" 말했고, 민안부는 "농부의 족적으로 사는 것이 나의 뜻이다." 했으며, 심원부는 "왕촉(王蠋)[18]의 말을 내가 공경해 복종하는 바이다." 했고, 전조생은 "밭 가는 사람이 되고자 하니, 어느 산이 갈만한가?"고 했으며, 채왕택은 "왕씨의 세신(世臣)이니 그 은택을 잊을 수 있는가? 명분과 의리를 돌볼 것이다."라 했다. 우현보는 "조국을 떠난 계찰(季札)[19]을 죽을 때까지 본받으리라." 말했고, 구홍과 범세동은 "백이는 어떤 사람이며, 우리는 어떤 사람인가?" 했으며, 조승숙은 "백이의 굶주림이 또한 나의 뜻이로다." 했고, 이사지는 그의 아들과 작별하면서 "내 뜻이 이미 결정되었으니 너는 나가서 벼슬을 하라."고 말했다.

채귀하는 "동녘으로 개성을 보니 다시 우리 땅이 아니고, 서녘으로 수양산을 바라보니 차마 한 마음을 잊을 수 있겠는가?"고 말했고, 고천상은 "내 이름을 천상이라 했으니 마땅히 문산(文山, 文天祥)[20]의 의리를 따르리라."고 했으며, 이명성은 "고국에는 의리가 무겁고 노모에게는 은혜가 가볍구나. 나라 망한 고신을 어찌 충신이라 하겠으며, 노모 곁을 떠났으니 어찌 효자라 하겠는가? 인사의 통박함이 어찌 이와 같은가?"고 했고, 변숙은 "누송(樓宋)은 누구의 아들인가. 그의 지조를 사모할 만하구나." 했으며, 박심은 "원컨대 고려 산을 찾고자 한다."고 했고, 신안은 "새 임금은 내 임금이 아니니, 차마 두 임금의 신하가 될 것인가?"고 말했다. 박녕은 "전횡(田橫)[21]이 망명한 곳은 어디인가? 가고자 해도 아득하기만 하네."라 말했고, 고천우는 "전원으로 돌아가고 싶다." 했으며, 조안경은 "때는 벌써 틀렸다, 가지 않고 무엇을 구할 것인가?" 했다. 다들 말을 마치자 모두 송도를 바라보고 눈물을 흘렸다. 얼마 뒤 "모두 갈지어다."고 말했다.

그때 정몽주는 선죽교에서 순국하고, 이색은 한산으로 추방당하고, 길재는 먼저 금오산으로 떠났다. 박문수는 백록동으로 돌아가고, 전귀생은 절도(絶島)로 도피했고, 성사제는 오정문 밖 산골짜기 사이로 은퇴하고, 이유와 이맹운은 동오천에 은거하고, 조견과 그 아들 조철산 및 구홍과 원선은 송산에 은거하고, 민안부는 영남에 둔거하고, 조의생과 임선미, 고천상, 심원부, 서붕보는 두문동에 들어가고, 김진양과 이종학, 정희량은 다 먼 곳으로 유배를 당했다.

유순은 오봉산에 숨고, 원천석은 치악산으로 들어가고, 김주와 우현보는 중국으로 들어가고, 최양은 중대산으로 들어가고, 조승숙은 덕곡으로 들어가고, 전오복은 서운산에 숨고, 조공은 율원산에 숨고, 김자수는 안동에 둔거하고, 이사경은 숙신리에 숨고, 김약시는 금광리에 숨고, 남을진은 고사천에 숨고, 채귀하는 다의현에 숨고, 박심은 입암에 숨고, 조안경은 천산에 숨었다.

변숙은 압산에 숨고, 박녕은 법현에 숨고, 서보는 적암에 숨고, 이행은 예천동에 숨고, 이양중은 광능에 둔거하고, 서견은 금양에 숨고, 신안은 황의산으로 돌아가고, 이약은 도탄에 둔거하고, 채왕택은 그 아버지를 따라 남쪽으로 바다를 건너 임피의 향림에 둔거하고, 김자진은 나주 여산에 둔거하고, 이양소는 연천 청화동에 은거하고, 윤충보는 여강에 둔거하고, 임탁은 금성으로 돌아가고, 김영비는 고석산에 은거하고, 송주는 흥양으로 돌아가고, 이수생은 율리에 숨고, 배상지와 성부, 차원부, 김충한, 전조생, 고천우, 변구수(邊龜壽), 안종약, 김준(金浚, 金俊), 윤규(尹珪), 박침(朴忱), 허금, 이유인, 민보문, 성여완, 차인부, 엄태사, 장태사, 이수인, 김위, 차수장 등은 배록동으로 돌아갔다.

모두 절의를 지키고 항거하니, 당시 사대부들이 그 도를 높여 숭상하고 따르려는 사람이 오직 미치지 못할까 두려워하여 다시 서로 그 선행을 세상에 널리 알리기 위하여 칭호(稱號)했다.[22]

부조현 앞에 모인 많은 의사(義士)들은 앞으로의 거취에 대해 서로 의견을 주고받았다. 나라는 이미 망했고, 불의한 방법으로 왕권을 찬탈한 세력을 '새 임금'이라 부를 수는 없다는 것이 한결 같은 의견이었다.

그들은 백이숙제의 고사를 거울 삼아 행동의 귀결점으로 여긴 듯하다. 백이숙제는 공자도 『논어』에서 "백이와 숙제는 지나간 옛 잘못을 끝까지 따지지 않았다. 이 때문에 사람들에게 원망을 사는 일이 드물었느니라."[23]고 그 인격을 칭송했고, "옛날의 어진 사람 이었다."[24]면서 본받을 것을 권한 의인이었다.

이렇게 행동을 거울삼을 만한 모범을 찾은 이들은 각자 자신의 속내를 숨김없이 드러냈다. 그리고 자신의 뜻에 따라 이후의 거취를 결정했다. 「부조현언지록」을 읽어보면 이들이 모두 두문동으로 들어가지 않은 것처럼 기술하고 있다. 부조현 앞에서 제각기 행로를 정한 듯이 보이는데, 부조현이 두문동 앞에 있는 고개인 만큼 일단 두문동에 모여 한동안 지냈던 것으로 추측된다.

두문동에서 이들은 사태의 추이를 살펴보면서 혹시라도 근왕병 (勤王兵)이 일어나지나 않을까 기대했을 수도 있을 듯하다. 그러나 개국파의 잔혹한 탄압과 감시, 회유 아래 이런 기대가 무의미한 것을 깨닫자 두문동에서의 모임을 해산한 채 각자 예정했던 행로를 밟았던 것으로 보인다.

제 3 절
두문동 이후 민안부의 행적

그러면 이 시기 민안부 선생의 행적은 어땠을까?

「부조현언지록」에서 민안부 선생은 "농부의 족적으로 사는 것이 나의 뜻이다.(混跡農夫是我志)"고 하면서 자신의 호 농은(農隱)에 어울리는 의지를 드러내고 있다. 이 글에는 두문동 이후 민안부 선생의 행적에 대해서도 간단히 소개되어 있는데, "영남에 둔거했다.(遯嶺南)"는 말이 그것이다. 이로 볼 때 두문동에 은거하며 충심을 지킨 민안부 선생은 태조에 의해 시행된 과거 시험을 거부한 뒤 더 이상 개성은 머물 곳이 못 됨을 깨달은 듯하다.

새 왕조에 의한 회유가 계속될 것임이 분명한 데다 함께 두문동에 머물고 있는 동료들 사이에도 의견 차이가 있어 논란이 일었던 것도 그의 결심을 재촉했을 것이다. 또 평소의 뜻이 농부로 살겠다는 것이니, 굳이 새 왕조의 기운으로 번잡한 송도 인근에 머물 이유가 없었겠다.

그런데 두문동에 민안부 선생이 얼마 동안 머물렀는지는 지금으로서는 알 길이 없다. 우선 전체는 아니라 하더라도 72현이 두문동에 머문 기간에 대해 언급한 문헌은 없다. 그곳에 모여 망국의 한을 달랬다는 표현은 나오지만, 기간에 대한 언급은 당시나 후대나 어느 문헌에도 구체적인 언급은 나오지 않는다.

사실 두문동에 은거했던 인원조차 분명하지 않으니, 기간을 예단하기는 아주 어렵다. 같은 공간에서 동일한 시간대에 모든 72현이 한꺼번에 다 머무르지는 않았을 듯하다. 위에서도 본 것처럼 두문동에 있을 수 없는 사람들까지 명단에 있는 것을 보면 늦게 들어왔거나 일찍 나간 사람도 있을 것이고, 동반자적인 지지를 보내고 오지는 않은 사람도 적지 않아 보인다.

그러나 여러 가지 상황으로 보건대 민안부 선생은 72현이 처음 두문동에 들어갔을 때부터 행동을 함께 했을 것으로 추측된다. 선생은 관향은 여흥이고 그곳에서 태어났지만, 중·장년 때까지 주로 개성을 본거지로 삼아 활동했다. 과거에 합격해 관료 생활을 이어온 장소도 개성이었다. 선생이 지방관을 지냈다는 기록도 없고, 절의파와 뜻을 같이한 입장에서 개성을 떠나 지낼 이유도 없다. 평생 절친한 사이였던 정몽주마저 죽은 상황에서 나 몰라라 자리를 뜰 성격도 아니었다.

그러면 우선 두문동에서 민안부 선생은 어떤 역할을 맡았을까?

나이나 지위로 봤을 때 선생은 두문동 72현 가운데 핵심적인 인물이었다. 72현 안에 위계질서가 있지는 않았겠지만, 집단이 모이면 모임을 주도적으로 이끌어나가는 사람이 필요하기 마련이다.

그렇지 않으면 분란이 일어나거나 동요가 발생하기 때문이다. 더구나 망국의 한을 품고 추념의 마음을 가지고 모인 사람들이니, 이들 사이의 결속력은 대단히 중요한 조건임에 분명하다.

구성원 들 사이에 의견이 분분해지면 이를 한 방향으로 이끌어가면서 합의를 도출할 인물이 나오게 된다. 그 역할을 선생 혼자 감당하지는 않았을지라도 상황의 흐름을 뒤에서 지켜보고만 있을 수는 없었을 것이다.

선생은 72현들의 결속을 다지면서 외부의 정치적 상황의 변화에도 촉각을 곤두세웠을 것이고, 상황이 여의치 않으면 구성원 들이 처지에 맞게 운신할 수 있도록 충고를 하든가 의견을 청취하는 시간도 가졌을 것으로 보인다. 또 여러 사람이 함께 모여 있으니, 그에 따른 거처의 배정이나 음식물의 조달 및 배급 등도 적절하게 안배할 필요가 있었다. 아마 이 모든 현안에서 선생은 몇몇 사람들과 함께 조치를 취하고 대안을 제시하는 역할을 맡았을 것으로 보인다.

필자 개인적인 생각으로는 이들 72현이 그리 오래 두문동에서 칩거했을 것 같지는 않다. 음력 7월 하순 경부터 모였을 터이니, 날씨야 당장 불편할 정도는 아니었겠지만, 활기차기보다는 의기소침해진 두문동의 분위기를 다잡기가 쉽지 않았겠고, 또 의식주를 해결하는 일도 번거롭기 짝이 없었을 것이다.

그리고 가장 힘든 일은 개국파들의 동향이었을 것이다. 새로 왕조를 창업한 마당에 개성 성문 밖 얼마 떨어지지 않는 곳에 개국을 반대하는 세력이 농성을 벌이고 있으면, 정치적으로 큰 부담이 될 수밖에 없다. 더구나 이들은 명분에서 우위에 있었고, 관직을 지냈던 사람들이니 여론에 끼치는 영향력도 무시할 수 없었다. 그들로서는 목 뒤에 큰 혹을 하나 달고 있는 기분이었을 것이다. 최선책은 이들을 해산시키거나 분열시켜 와해를 유도하는 것이겠다.

이미 그들은 두문동 앞에 군사를 배치해 위협하면서 새로운 왕조에 출사(出仕)하라는 협박에 가까운 행동도 서슴지 않았다. 그에 따른 후속 조치로 유현(遺賢)들을 모아 과거를 보게 해 관리로 등용하겠다는 유인책을 쓰기도 했다. 당연히 이들은 이런 농간을 단호하게 거부했다. 조복(朝服)과 의관(衣冠)을 벗어두고 두문동으로 떠났다는 괘관현(掛冠峴) 사적이 이를 뒷받침한다.

심지어 개국파들은 회유와 겁박이 통하지 않자 두문동 일대에 불을 놓아 혼란을 부추기고 위기감을 조성하는 일까지 저질렀다고 한다. 이 일은 중국 춘추시대 진(晉)나라의 충신인 개자추(介子推, ?~?)[25]의 전례를 따른 것이거나, 후대에 다소 과장되어 전해진 것으로도 보이는데, 이들이 건국 이후 자행했다는 몇 가지 패륜적인 전문(傳聞)만 보더라도 아주 불가능한 일은 아니라고 여겨진다.

조선 왕조는 고려 왕족들을 제거하려고 1394년부터 아예 왕씨 성을 쓰지 못하게 하거나 전(全)이나 전(田), 옥(玉)과 같은 비슷한 모양의 다른 성씨를 쓰도록 유도했다. 물론 위화도회군에 동조했던 왕강(王康, ?~1394)은 1392년 예문관제학(藝文館堤學)에 오르는 예외도 있었다. 그러나 그 역시 조선이 개국하자 거제(巨濟)에 유배되었다. 이듬해 풀려 나와 회군공신(回軍功臣)에 추록(追錄)되기도 했지만, 1394년 결국 대간(臺諫)과 형조(刑曹)의 탄핵을 받아 공주(公州)

에 유배되었고, 이어 왕씨 일족이 화를 당할 때 살해되고 말았다.

조선 초에 남효온(南孝溫, 1454~1492)이 쓴 『추강냉화(秋江冷話)』에 보면 이런 이야기도 실려 있다. 즉 조선 조정에서 파견한 관원들이 섬에 모여 함께 살게 해주겠다는 감언이설을 풀었는데, 이 말을 믿은 왕씨들이 모이자 배에 싣고 가다가 배를 가라앉혀 몰살시켰다는 것이다.

그런 이들이니 두문동에 불을 놓았다는 것도 전혀 근거 없는 일은 아닐 것으로 보인다. 이 화공(火攻)으로 많은 사람들이 불에 타 죽어 10여 명만 살아남았다고 하는데, 사실 여부는 좀 더 고찰해보아야겠지만, 두문동 주변의 분위기가 72현들의 안전을 위협할 만큼 위태로웠음을 짐작할 수 있다.

이렇게 유혹과 회유, 위협이 날이 갈수록 심해지자 두문동 내부에서 동요가 일어났다. 충심으로 모인 그들이지만 이런 물리적인 위협에 죽음의 공포를 느끼지 않을 수는 없었을 것이다.

이렇게 사태가 심각하게 전개되자 72현들은 자위책(自衛策)을 세우지 않을 수 없게 되었다. 긴 토론 끝에 그들은 두문동을 떠나 위협이 덜하거나 안전한 곳으로 옮길 것을 결정했다. 앞서 「언지록」에 나온 것처럼 처음에 예정했던 자신들만의 은거지(隱居地)를 찾아 뿔뿔이 흩어졌던 것이다.

이때 민안부 선생의 목적지는 어디였을까?

몇몇 자료를 통해 볼 때 바로 최종 은거지인 산청(당시에는 山陰)으로 낙향하지는 않았던 것으로 보인다. 천 리 먼 남쪽 벽지(僻地)로 내려가면 다시 이들을 만나기도 어렵고, 그곳이 반드시 안전하리란 보장도 없었다. 재회를 기약하기 어려운 발길이니 동지들과 앞으로의 계획에 대해 상의도 하고 영영 이별일지도 모르는 상황에서 마지막 작별의 인사라도 해야 했을 것이다.

민안부 선생이 먼저 찾은 곳은 치악산 변혁사(變革祀)였다. 변혁사는 두문동 72현의 한 사람으로 열거되는 운곡(耘谷) 원천석이 은거했던 강원도 원주 치악산 산 정상에 있는 제단(祭壇)이었다. 조선 태종 이방원(李芳遠)이 잠저에 있을 때 사부(師傅)를 지내기도 했던 원천석은 고려의 국운이 다한 것을 예감하자, 이른 시기에 원주로 내려와 은거했다. 그 역시 당대의 명신들과 교유하면서 누구보다 사태의 추이를 정확하게 알았고, 내밀한 비전(秘傳)들을 상세히 꿰고 있던 사람이었다.

원주에 살면서 원천석은 단군(檀君)과 기자(箕子), 고려 태조와 함께 고려 말에 왕조를 지키려다 비명에 스러진 충신, 그리고 군주들을 봄과 가을에 왕실의 전례(典禮)에 맞춰 제사를 지냈다. 이 제향을 단사(壇祀) 또는 변사(變祀), 혁사(革祀)라 불렀다.

고려 왕조의 부활을 기대할 수는 없더라도 왕조의 유서 깊은 얼이 숨 쉬는 장소였으니, 참배하지 않고 떠나기는 어려웠을 것이다. 이 변혁사 참배 또는 종참(從參)은 민안부 선생만 홀로 결행한 것은 아니었다. 개성 인근에서 살던 유신(遺臣)들과 두문동에서 함께 지내던 일부 사람들이 동행했던 것으로 보인다. 「종참기(從參記)」에 따르면 이때 전국에서 모인 고려 유신들이 선생을 비롯해 민보문과 차원부 등 80여 명에 이르렀다고 한다.

민안부 선생이 변혁사에 참석한 것이 사실이라면 여러 면에서 중요한 의미가 있다. 원천석 역시 새로운 왕조 창업에 부정적이었고, 비교적 그 내막을 잘 알고 있었다. 원천석의 문집인 『운곡행록(耘谷行錄)』에는 1천 편이 넘는 시가 실려 있는데, 이것도 그가 쓴 시의 전편(全篇)은 아니다. 워낙 당시 시세(時勢)와 관련된 작품이 많아 삭제되거나 배제된 작품이 많다고 하는데, 그래도 문집에 실린 시는 내용상 상당히 충격적이다.

우왕과 창왕이 신돈의 자식이라는 논리에 대해 왜 진즉에 그런 말이 나오지 않다가 뒤늦게야 논란이 되었는지 따지는가 하면 최영의 죽음을 애도하는 작품도 있고, 새로운 왕조의 개창이 잘못되었음을 비판하기도 했다. 그러니까 누구보다 과격하게 현실에 대해 지적했던 것이다. 물론 그의 시는 당대뿐만 아니라 상당 기간 판각되지 못하고 필사본으로만 전하다가 조선 후기에 와서야 활자본이 출간되었다.[26] 또 죽을 무렵 당시의 비사(秘史)를 정리한 원고를 남기면서 함부로 열어보지 못하도록 유언을 남겼다고 하는데, 나중에 후손이 읽어보고 내용이 너무 위험해 불태워버렸다는 이야기가 전한다. 그만큼 원천석은 사건의 진실에 접근했다는 말이다.

책은 그렇다 쳐도 민안부 선생이 제향에 참여했거나 원천석의 거처를 방문했다면, 당시의 숨어 있던 사실들을 직접 들었을 가능성이 높다. 이에 선생은 자신의 믿음이 더욱 진실에 가까움을 확인했을 것이고, 그것은 곧 자신의 행동이 정당했음을 확신시켜 주었을 것이다.

봄과 가을 두 차례 진행된, 그것도 남의 눈을 피해 비밀리에 거행되었을 변혁사 제향에 참석했을지는 미상이다. 두 차례의 제향이 언제 이뤄졌는지는 알 수 없지만, 봄 제향은 지나갔고, 가을 제향에 참석했을 것으로 추측된다. 다만 당시의 교통 사정상 개성에서 원주까지는 거의 7백 리에 이르는 먼 길이었고, 중간에 산록(山麓)으로 가로막혔을 터이니, 관아의 눈을 속여 가며 가야 했던 여건을 고려하면 한 달 정도의 여정이었을 것이다.

이 때문에 변혁사 제향에 거의 임박해서야 원주에 닿았을 가능성이 높다. 또 원천석이 요주의 인물이었을 테니, 오래 그곳에 머물기는 어려웠을 것으로 짐작된다.

원천석과 뜻을 같이하는 동지들을 잠시 만난 민안부 선생은 안부를 묻고 결의를 다진 뒤 남쪽으로 발걸음을 옮겼다.

선생이 두 번째 방문했던 곳은 두류산(頭流山)이었다. 두류산, 즉 지리산(智異山, 1915m)은 세 개 도(道) 여섯 개 군(郡)에 걸쳐 펼쳐져 있는 명산이다. 남원과 진주, 곡성, 구례, 함양, 하동, 산청 고을로 뻗어나간 산세는 말 그대로 천하의 비경(秘景)을 간직한 산이었다.

민안부 선생이 지리산으로 행로를 정한 까닭은 그곳에서 농사를 지으며 고려 왕조에 대한 지조를 끝까지 지키기로 결심한 일군의 의사(義士)들이 있었기 때문이다. 그들은 조선에서 주는 어떤 봉록(俸祿)도 거부하며 살겠다는 결연한 의지를 보였고, 그래서 그들이 머물던 골짜기를 후세 사람들은 배록동(排祿洞)이라 이름하며 기렸다.

배록동에 모인 고려의 유신들은 모두 22사람이었다고 한다. 그래서 22현(賢)이라 하는데, 이 숫자도 72현과 마찬가지로 상징적인 의미를 지닌 것으로 보인다. 『광산김씨 예안파 보학자료』에 따르면 민안부 선생을 비롯해 전조생(田祖生), 김충한(金冲漢), 고천우(高天祐), 서중보(徐仲輔), 변귀수(邊貴壽), 안종약(安終約). 김준(金俊, 나중에 金後), 윤륙(尹陸), 박침(朴忱), 배상지(裵尙志), 구홍(具鴻), 이유인(李唯仁), 박문수(朴門壽), 김위(金瑋), 신덕린(申德隣), 신포시(申包翅) 등이라고 한다. 모두 17분이다. 「언지록」 기록을 참고하면 성부(成溥)와 차원부(車原頫), 윤규(尹珪), 허금(許錦), 민보문(閔普文), 성여완(成汝完), 차인부(車仁頫), 엄태사(嚴太師), 장태사(張太師), 이수인(李守仁), 차수장(車壽章) 등 11사람이 추가된다. 이 밖에도 이름이 전하지 않은 사람들도 있었을 것이다. 이름이 전하지 않는 이들도 있었을 테니 22현을 훨씬 넘어선다. 그러니 숫자에는 큰 의미를 둘 필요가 없는 것이다.

배록동에서 민안부 선생을 비롯한 항절(抗節) 인사들이 어떤 일을 했는지는 확인할 길이 없다. 원주에서 지리산 배록동까지 오는데 상당한 시간이 소요되었을 것이니 초겨울이 지나서야 도착했을 것으로 보인다. 산간 지역에서 농사는 이미 끝났을 것이고, 필요에 따라 한 자리에 모여 시국에 대한 이런저런 감회와 고려 왕조에 대한 회고, 앞날에 대한 우려 등으로 밤을 지새우며 이야기를 나누었을 것이다.

'배록동'이란 말이 암시하는 것처럼 이들은 이곳에서 고려 왕조에 대한 절의(節義)를 더욱 다졌을 것으로 보인다. 민안부 선생은 그런 이들을 격려하고 또 격려를 받으면서 망국의 첫 해 겨울을 베록동에서 보냈다. 마지막 은거지는 산청이었지만, 추운 겨울 날씨를 뚫고 굳이 발걸음을 옮기지는 않았을 것으로 보인다. 더구나 두문동과 변혁사 회합에서와 마찬가지로, 이제 헤어지면 언제 재회할지 전혀 기약할 수 없는 만남이었다. 그렇게 선생은 두류산 배록동에서의 만남을 흥분과 비애에 찬 심정으로 뇌리 속에 깊이 새겼다.

| 주 |

1 『한국민족문화대백과』 「두문동 72현」조 참조.

2 임선미 : 고려 말기의 충신. 본관은 평택(平澤)이고, 자는 양대(養大)며, 찬성사 임중연(林仲沇)의 아들이다. 어려서부터 학문을 좋아하였고, 성석린(成石璘), 박상충(朴尚衷)과 친교가 있었다. 당시의 풍속은 백일상을 지내는 것이었으나 어버이가 돌아가시자 3년상을 치렀다. 고려가 망한 뒤 조선 태조가 고려의 유신(遺臣)을 등용하기 위하여 과거를 실시하였으나 태학생 조의생 등과 더불어 이에 응하지 않고 만수산(萬壽山)에 들어가 속세를 등지고 충의를 지켰다. 세상에서 이들을 '72태학생'이라 일컫고 이들이 숨은 곳을 두문동이라 하였다. 표절사(表節祠)에 배향되었다.

3 『한국민족문화대백과』 「두문동 72현」조 참조.

4 조의생 : 고려 말기의 문신. 자는 경숙(敬叔)이고, 고려 말기에 충절(忠節)을 지킨 문인이다. 부친은 개성부윤(開城府尹)을 지낸 조인(曺仁)이다. 어려서부터 독서

를 좋아했고 행동에 절개가 있었다. 언론(言論)이 동료들 중에서도 특출했다고
전한다. 20여 세 약관의 나이로 정몽주, 길재의 문하에서 학문을 배웠다. 학식이
뛰어나 정몽주는 그를 칭해 '내가 두려워하는 벗'이라고 했다. 고려가 망하자 임
선미(林先味) 등과 함께 두문동에 들어갔다. 조선 조정의 부름에 응하지 않으며
평생 벼슬하지 않고 죽었다.

5 성사제 : 고려 말기의 문신. 본관은 창녕이고, 공양왕 때 보문각직제학의 벼슬을
지냈다. 이성계가 조선을 개국하자 이를 한탄하고 두문동으로 들어가 세상에 나
오지 않은 두문동칠십이현 가운데 한 사람이다. 1873년(고종 10) 정절이라는 시
호가 내려졌다. 경남 창녕에 성자세신도비(成思齊神道碑)가 남아 있다.

6 박문수 : 고려 말기의 문신. 본관은 죽산(竹山)이고, 호는 송암(松巖), 시호는 충
현(忠顯)이다. 고려 말 때 우정승을 지냈고, 조선 개국 후 두문동에 들어가 고려왕
조의 신하로서 절개를 지켰다. 조선 개국 후 아들 박포가 2차 왕자의 난 때 이방원
에게 대항하다가 참수당했다. 박문수는 오로지 고려 유신의 절개를 변치 않는다
는 일념 아래 부모가 점지하신 이름까지 고쳤다. 처음 이름은 박문주였는데, 만수
산 두문동에 들어가 순절할 뜻을 정하고 두문에서 '문'자를, 만수에서 '수'자를
따서 '문수'라고 개명한 것이다.

7 김충한 : 고려 말기의 문신. 자는 통경(通卿)이고, 호는 수은당(樹隱堂)이며, 본
관은 경주(慶州)다. 고려 말 때 봉익대부(奉翊大夫) 예의판서(禮儀判書)로 있었
고, 포은 정몽주, 목은 이색, 야은 길재, 도은 이숭인, 농은 민안부 등과 함께
6은(六隱)으로 불렸다. 고려가 망하고 조선이 건국되자 벼슬을 버리고 송경(松
京) 만수산(萬壽山)에 들어가 나오지 않았다. 1822년(순조 22) 개성유수 오한원
(吳翰源)이 요청하여, 민안부, 김충한 두 사람을 송경의 두문동 표절사(表節祠)
에 추가로 배향하였다.

8 이의 : 고려 말기의 문신. 조선이 건국되자 벼슬을 하지 않으려다가 가산을 모두
적몰(籍沒) 당하고 자연도(紫燕島)로 유배되었다.

9 이맹운 : 고려 말기의 문신. 본관은 화산(花山)이고, 다른 이름은 이맹예(李孟藝)
며, 호는 천은(川隱)이다. 조선 개국 때 두문불출(杜門不出)한 72현 가운데 한
사람이다. 『대동기문(大東奇聞)』에 "이맹예(李孟藝)는 전서(典書) 벼슬을 지낸
사람으로, 처음에는 두문동에 들어갔다가 뒤에는 황해도 해주(海州)에 은거하였
다."는 기록이 전한다.

10 채귀하 : 고려 말기의 문신. 본관은 인천(仁川)이고, 호는 다의당(多義堂)이다.
정몽주와 경전(經傳)을 강습(講習)하고 도의(道義)를 논변했다. 문과에 급제해
호조전서(戶曹典書)에 이르렀는데, 고려가 망하자, 부조현(不朝峴)에 관복을 걸
어놓고 두문동으로 들어가 두문동 72현의 한 사람이 되었다. 다음 해 평산(平山)

의 다의현(多義峴)에 옮겨 집을 '다의당'이라 이름하고 그 곳에서 일생을 마쳤다. 시호는 정의(貞義)이다. 저서에 『다의당실기』가 있다.

11 구홍 : 고려 말기의 문신. 본관은 능성(綾城)이고, 호는 송은(松隱)이다. 우왕 때 밀직부사(密直副使)를 거쳐 우정승에 이르렀는데, 고려가 망하자 두문동에 들어가 절의를 지켰다. 1403년(태종 3) 좌정승에 추증되었다. 시호는 문절(文節)이다.

12 이 책은 『농은선생실기(農隱先生實記)』에 실려 있다.

13 '들 수 없다'는 말은 자격이 없다는 뜻은 아니고, 현실적으로 두문동에 들 수 있는 상황에 놓여 있지 않았다는 말이다.

14 김약항의 행적에 대해서는 애매한 점이 있다. 동시대 인물로 김구용(金九容, 1338~1384)이 있는데, 본관은 안동(安東)이고, 초명은 김제민(金齊閔)이며, 자는 경지(敬之)고, 호는 척약재(惕若齋) 또는 육우당(六友堂)이다. 이 사람도 1384년 행례사(行禮使)가 되어 명나라에 갈 때, 국서와 함께 백금 1백 냥과 세저(細苧), 마포 각 50필을 가지고 갔다. 그러나 요동에서 체포되어 남경(南京)으로 압송되었는데, 명나라 태조의 명으로 대리위(大理衛)에 유배되던 도중 노주(瀘州) 영녕현(永寧縣)에서 병사했다. 두 사람의 행적이 유사한 데다 같은 척약재란 호를 쓴 점 등도 닮아, 뭔가 두 사람의 행적이 뒤섞인 것이 아닐까 여겨진다.

15 앞에 나오는 조승숙(趙承肅)과 동일인물인데, 새로운 내용이 있어 다시 싣는다.

16 두문동에 모였던 사람들 수자가 369여 현(賢)이라 추산하는 주장도 있다.

17 麗末忠臣立節死義者多 其餘則山居野處 杜門屛跡 徵不起 或貞自守者 通稱七十二賢 槩其同義而不是並居松京之謂也.

18 왕촉(?~기원전 284) : 전국시대 제(齊)나라 화읍(畵邑, 臨淄 區高) 사람. 낙의(樂毅)가 처음 제나라를 격파했을 때 그가 어질다는 소문을 듣고 군대에 명령해 화읍 주변 30리를 포위하도록 해 들어가지 못하도록 하고 예의를 갖춰 만가(萬家)에 봉하고는 연(燕)나라를 돕도록 청했다. 그는 끝내 사양하고 나가지 않았는데, 연나라 사람들이 위협하자 나무에 목을 매 자살했다.

19 계찰(?~?) : 춘추시대 오(吳)나라 사람. 공자찰(公子札) 또는 연릉(延陵)에 봉해져 연릉계자(延陵季子)라고도 한다. 나중에 또 주래(州來)에 봉해져 연주래계자(延州來季子)라고도 한다. 오왕(吳王) 수몽(壽夢)의 넷째 아들이다. 아버지 수몽이 왕으로 세우려고 했지만 고사했다. 형 제번(諸樊)이 양보하려고 하자 또 사양했다. 제번이 죽자 그 형 여제(餘祭)가 왕위에 올랐다. 여제가 죽은 뒤 이매(夷昧)가 올랐다. 이매가 죽자 나라를 주려고 하니 피하여 받지 않아 이매의 아들 요(僚)가 즉위했다. 공자광(公子光)이 전제(專諸)를 시켜 요를 살해하고 스스로 왕위에 오르니, 이가 바로 합려(闔閭)다. 계찰이 비록 복종했지만 요의 무덤에 가서 곡을

했다. 현명하고 해박했으며, 여러 차례 중원(中原)의 제후들을 찾아 질문했는데, 안영(晏嬰), 자산(子産), 숙향(叔向) 등과 회견했다. 노(魯)나라에 가서 주악(周樂)을 관람했다. 서(徐)나라를 지났는데, 서나라의 임금이 그가 차고 있던 칼을 좋아했지만 여러 나라를 다니고 있는 중이라 미처 주지 못했다. 나중에 돌아 와보니 서나라 임금이 이미 죽어 그의 무덤 앞 나무에 칼을 걸어놓고 떠났다.

20 **문천상(1236~1283)** : 남송 길주(吉州) 여릉(廬陵) 사람. 자는 송서(宋瑞) 또는 이선(履善)이고, 호는 문산(文山)이다. 이종(理宗) 보우(寶祐) 4년(1256) 진사제 일로 급제했다. 개경(開慶) 1년(1259) 원나라 군대가 사천성(四川省)을 침입해 합주(合州)가 포위되자 환관 동송신(董宋臣)이 천도(遷都)를 주장했는데, 지방 관으로 있으면서 천도를 강경히 반대하면서 동송신의 참형을 주장함과 동시에 적을 막을 계책을 올렸지만 채택되지 않았다. 군기감겸권직학사원(軍器監兼權直學士院)을 맡아 가사도(賈似道)를 비방하는 글을 썼다가 탄핵을 받아 파직되었다. 도종(度宗) 함순(咸淳) 9년(1273) 호남제형(湖南提刑)을 맡아 복귀하고, 공주지주(贛州知州)로 옮겼다. 공제(恭帝) 덕우(德祐) 초에 원나라 군대가 동쪽에서 내려오자 가산(家産)을 내어 군비로 삼으면서 병사 만여 명을 이끌고 임안(臨安)을 지켰다. 다음해 우승상 겸 추밀사(樞密使)로 공종(恭宗)의 명령을 받아 원나라에 가서 강화를 청했다. 원나라의 총수 백안(伯顔)과 회견, 항론(抗論)하다 체포되어 진강(鎭江)까지 끌려갔다가 탈출하여 돌아왔다. 단종(端宗)이 즉위하자 우상겸추밀사(右相兼樞密使)가 되어 좌상 진의중(陳宜中)과 사태를 논의하다 일치하지 않자 병사를 이끌고 복건(福建)과 광동(廣東)에 머물면서 원나라에 대항하여 주현(州縣) 여러 군데를 수복했다. 그러나 임안은 함락되고, 송나라는 멸망했다. 상흥(祥興) 원년(1278) 오파령(五坡嶺)에서 포로가 되어 북송(北送)되던 중 탈주하여 복건성(福建省) 복주(福州)에서 제왕을 칭하고 있던 도종(度宗)의 장자 익왕(益王)을 받들었다. 다음 해 항원장군(抗元將軍) 장홍범(張弘範)이 투항하자고 유혹하자 시「과령정양(過零丁洋)」을 지어 의지를 분명히 밝혔다. 결국 포로로 잡혀 독약을 먹고 자살을 기도했지만 실패하고, 대도(大都, 北京)로 송치되어 3년 간 감옥에 갇혔다. 원나라의 세조가 벼슬을 간절히 권했지만 끝내 거절하고 사형되었다. 시에도 능해 처형되기 직전 옥중(獄中)에서「정기가(正氣歌)」를 지었다. 시호는 충렬(忠烈)이고, 저서에『문산집(文山集)』이 있다.

21 **전횡(?~기원전 202)** : 진(秦)나라 말기 적(狄) 사람. 제나라 임금 전영(田榮)의 동생이다. 진나라 말 전담(田儋)을 따라 병사를 일으켜 진나라에 반기를 들었다. 전담과 전영이 죽자 제나라의 흩어진 병사를 수습하여 회복하고 전영의 아들 전광(田廣)을 제나라 임금으로 삼고 자신은 상(相)이 되었다. 나중에 한신(韓信)이 전광을 사로잡아 죽이자 자립(自立)하여 임금이 되었다. 얼마 뒤 한나라 군대에

패했다. 고제(高帝, 劉邦)가 즉위하자 부하 5백여 명과 함께 섬으로 피해 살았다. 나중에 고조의 부름에 응하여 이객(二客)과 함께 낙양(洛陽)까지 왔다가 도중에 자살했다. 고조가 왕례(王禮)로 장사지내 주었다. 섬에 남아 있던 5백 명의 부하들도 소식을 듣고는 모두 순사(殉死)했다.

22 有明太祖洪武二十五年壬申秋七月哉生魄丙申 卽麗朝運訖 本朝受命之際也 忠臣烈士罔有臣僕之志 自靖其義之所當盡 於是焉齊登松都市東南峴 戴蔽陽之笠 掛朝天之冠 因登不朝峴 各言其志 李崇仁曰 陶河之世 嗟已遠矣 柳珣曰 磻溪直鉤 釣周何意 禹玄寶曰 去國季札 終身可效 田祖生曰 欲爲耕者 何山可往 李孟芸曰 願灑淸風於雷首 曺義生曰 甘心杜門洞 死而後已 田貴生曰 深入於山 耕者誰知 林先味, 高天祥咸曰 惟當從其義 趙琚曰 吾當觀變 死而後已 蔡貴河曰 東瞻松京 非復我土 西望首陽 忍忘一心 徐輔曰 願不北面於朝 愧二心之人 朴諶曰 願尋高麗山 申晏曰 新王非我王 忍作二王臣 邊肅曰 樓宋誰家子 其操可慕也 朴寧曰 橫島安在 欲往茫然 金沖漢曰 願從伯夷 採薇西山 高天祐曰 願歸田里 徐仲輔曰 國破君亡 余將焉往 趙安卿曰 時已非矣 不去何求 閔安富曰 混跡農夫 是吾志也 金明理曰 國破君亡 吾將何去 朴門壽曰 天命有歸 國事已非 成思齋曰 寧爲王氏鬼 不作李家臣 言訖 咸望松岳曰 夷齊彼何人 曾守西山餓 流涕而已 皆曰可去矣 時鄭夢周已殉國於善竹橋 李穡見放韓山 金九容卒于江門 吉再先去金烏山 田貴生逃入絶島 朴門壽歸排祿洞 趙琚先隱雲藏山 李孟芸隱東鼈川 李承肅歸德谷山 曺義生 林先味 高天祥皆入杜門洞 趙狷隱松山 李守仁 鄭熙 金震陽 李種學并流遠地 柳珣隱五鳳山 金澍 禹玄寶入中國 崔瀁退猊山 元天錫隱松嶽 徐仲輔入杜門洞 全五倫歸瑞雲 崔濚入中臺山 朴宜中退碧骨 趙洪邁栗原山 金自粹隱秋嶺 李思敬入肅薪里 李逢生隱栗里 金若時入金光里 蔡貴河退多義峴 趙安鄕隱泉山 南乙珍入古沙川 朴諶隱立巖 邊肅入居鴨山 朴寧逃法峴 徐輔邁積巖 李行退醴泉洞 申晏歸黃衣山 李瀹邁桃灘 李濚中隱廣陵 徐甄隱孫陽 林卓歸錦城 金英退古石山 邊貴壽 安從約 高天祐 金埈 尹珪 朴忱 許錦 裴尙志 具鴻 李唯仁 成思齊 閔普文 車原頼 嚴泰憲 金沖漢 李 失名 金璔 閔安富 申德隣 申包翅 田祖生 張安世 宋桂之徒 遠遁于頭流山下排祿洞 而皆抗不二之節 取其義成其仁焉 當時士大夫皆高尙其道 希之者惟恐不及 更將標榜 爲之稱號 儒臣李大建撰.

23 「公冶長篇」子曰 伯夷叔齊不念舊惡, 怨是用希.

24 「述而篇」古之賢人也,

25 개자추(?~?) : 춘추시대 진(晉)나라 사람. 은사(隱士). 개지추(介之推)로도 불린다. 진문공(晉文公)이 공자(公子)로서 망명 생활을 할 때 19년 동안 모셨는데, 문공에게 자기의 다리 살을 베어서 먹일 정도로 충성스럽게 섬겼다. 문공이 귀국한 뒤 봉록(封祿)을 주지 않자 어머니와 함께 면산(綿山)에 숨었는데, 문공이 잘

못을 뉘우치고 불렀지만 나오지 않았다. 그를 나오게 하려고 산에 불을 질렀는데, 기어이 나오지 않고 타 죽었다고 한다. 한식(寒食)은 개자추가 타 죽은 날을 추념하기 위해 불을 피우지 못하게 한 데서 유래했다고 한다.

26 『운곡행록』은 1858년에야 활자본(活字本) 행록(行錄) 5권, 사적(事蹟) 포함 합 3책으로 간행되었다.

제3장
지조 있는 선비의 삶으로 일관한 산청 은거

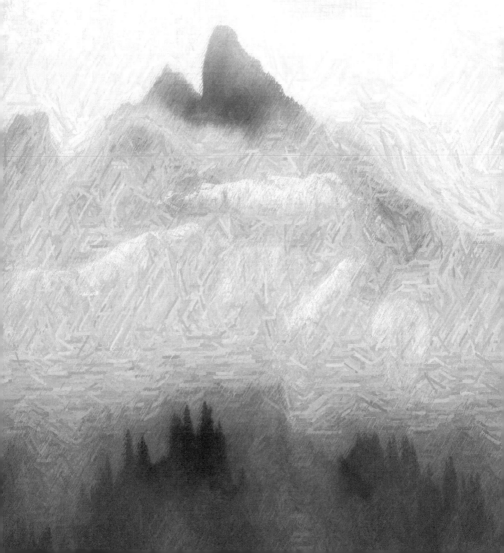

망국의 첫 해를 보내고 새 봄이 돌아오자 민안부 선생은 최후의 은거지 산음현(山陰縣) 대포(大浦)로 무거운 발걸음을 옮기게 된다. 세상은 꽃이 언덕마다 만발했고, 새소리가 흥겹게 울려 퍼지고 있었지만, 그의 눈과 귀에는 자연의 당연한 변화가 남의 일만 같았을 것이다. 지난봄에 봤던 세상과 지금 걷고 있는 세상은 상전벽해(桑田碧海)라 할 만큼 어지럽게 변해 있었다. 선생은 죄인처럼 고개를 떨어뜨리고 어깨가 처진 채 힘없는 발걸음을 걸었다.

이때 경로에는 변혁사 제향부터 배록동까지 행동을 같이했던 김준(金浚, 金後, 1365~1397, 이후부터는 김후로 통일해 부른다.)이 동행했을 것으로 보인다. 김후는 처음부터 끝까지 민안부 선생과 행동을 같이하다 역시 함께 산음현으로 와 단성현(丹城縣)[1] 법물(法勿)에 은둔했는데, 안타깝게도 이른 나이에 요절했다. 두 사람은 20년 이상 나이 차이가 났지만, 서로 의기투합했던 것으로 보인다.

산청에 도착한 민안부 선생은 그곳에 정착해 여생을 보내게 된다. 배록동이 남원 방면 지리산 상록(上麓)에 있었다면 산음현 대포까지는 동쪽으로 백 리 정도 떨어져 있었다. 산음현(역시 이제부터는 산청군으로 통일하겠다.)은 산지가 많은 지형이지만 농토로 개발이 부적합할 만큼 험한 지세를 가진 고을은 아니었다. 이곳에서 선생은 부인과 아들과 함께 농사를 지으면서 고려 왕조를 추모하고 제향하는 삶을 살아갔다.

민안부 선생 삶의 마지막 시기, 이때 선생의 마음가짐이나 행동은 어땠을까? 그리고 지금도 선생의 후손들이 많이 거주하고 있는 이곳에서 그 후손이나 주변 사람들의 삶은 어떻게 전개되었을까? 그 일상들을 추적해 보기로 하겠다.

두문동에서 산청으로의 은거

민안부 선생은 왜 굳이 아득히 먼 남쪽 땅 산청을 자신의 은거지로 선택했던 것일까? 일견 보았을 때 산청은 선생과 아무런 연고가 없는 땅으로 보인다. 본인이 원했던 농부로서 은둔하는 삶을 지향하기에 알맞은 공간이었을지는 모르겠지만, 그런 곳이 산청만 있는 것은 아니었다.

마침 머물고 있던 배록동에서 산청이 인근에 있었던 탓에 우연한 결정으로 이뤄졌을 수도 있다. 그러나 선생의 성품으로 볼 때 그렇게 즉흥적인 결심이 선생을 산청으로 이끌었을 것 같지는 않다.

필자 개인으로도 그런 궁금증이 없지 않았는데, 우연히 그 답을 찾게 되었다.

산청군 금서면에서 살고 있는 선생의 후예인 민남식 선생으로부터 「고려합문기후청송심씨유허비(高麗閤門祇候靑松沈氏遺墟碑)」라 불리는 비석을 발견했다는 소식을 들었고, 비문(碑文)을 촬영한 사진도 함께 전송되어 왔다. 내용을 읽어본 뒤 필자는 그간의 의문을 풀 수 있었다.

이 비문에는 농은 민안부 선생이 산청으로 낙향해 은거하게 된 까닭이 잘 설명되어 있다. 『청송심씨족보』에 따르면 민안부 선생의 장인 되는 심연(沈淵, ?~?)은 산청현감²을 지내고, 은퇴하여 석답촌 자연동에서 살고 있었다고 한다. 산청에서 현감을 지낸 연고로 산청을 택해 내려왔다는 기록이 있는데, 근래 문중 사람들에 의해 그 옛 지명이 지금의 산청군 금서면 덕촌마을이라는 사실을 확인하게 되었다. 그곳은 현재 심씨는 아무도 없고 스물대여섯 가구가 대부분 민씨인데, 민씨들이 심연의 유허비를 세우고 관리를 한다고 그곳 주민들이 증언하고 있다는 것이다. 대포서원이 있는 대포마을에서는 차로 3분 거리에 있는 아주 가까운 곳에 유허비는 있었다. 비석에는 민안부 선생 외에도 외아들이자 심연의 외손자인 민수(閔綏, 호 雪川)가 외할아버지 심연을 기리며 한 말도 있는데, 처음으로 나온 자료라 가치가 크다. 비석이 세워진 연대는 확인이 안되지만, 외형으로 보면 제법 시간이 지난 것으로 보인다고 한다.

그 전문을 번역해 읽어보도록 하겠다.

공의 이름은 연이며 청송 사람인데, 고려 때 문림랑을 지낸 이름 홍부의 아들이다. 고려 때 합문기후를 지냈는데, 세태가 날로 그르쳐지는 것을 보고 외직으로 나가 산음현감이 되었다. 이어 산음현의 석답촌 자연동에 살면서 명예나 이익에서 벗어나 여생을 자연에서 마쳤다. 대를 쌓아 경사(개성)를 바라보았으니, 후세 사람들이 이름하여 '망경대'라 했다. 시가 있어 세상에 전해지는데, 「안분음」이라 한다.

평생의 성격이 일 꾸미기를 싫어해	平生性癖少營爲
하늘의 마땅한 처분에 늘 맡겼지.	一任天公處分宜
고사리가 산에 가득하니 차라리 밭 갈기를 배웠고	薇蕨滿山寧學圃
등나무 넌출이 집을 두르니 절로 울타리가 되었네.	藤蘿繞屋自成籬
바람이 옛 약속을 담아 때때로 불어오고	風夿宿約時時到
달빛은 기약 없어도 밤마다 따라오네.	月不相期夜夜隨
바깥손님은 세상의 일을 전하지 마소	外客休傳塵世事
북창에 높이 누워 황희씨(복희씨)를 꿈꾸노라.	北窓高臥夢皇羲

이 시를 외손자인 민수에게 주었더니 이렇게 화답했다.

어찌 유독 어짊을 이룸이 살신에만 있으리오	何獨成仁在殺身
서산에 고사리 있으니 다시 봄이 오겠네.	西山薇蕨復回春
(시구 없어짐)	缺
앞강에 가서 다시 나루터를 묻지 않는가?[3]	不向前江更問津

　　묘소는 전북 함열군[4] 남장산 진좌에 있다. 아들 심용은 청화부원군
이고, 딸은 여흥으로 시집을 갔다. 사위인 민안부 선생은 호가 농은이
고, 예의판서를 지냈다. 장손 심덕부는 우리 왕조의 원훈으로 청성백
에 봉해졌고 시호는 정안이다. 차남 심원부는 호가 악은인데, 전리판
서를 지냈다. 고려가 망하자 두문동에 들어가 자신을 맑게 했다. 이후
고관을 지내고 업적을 빛냈으며, 문장과 충절이 대대로 이어졌는데,
동방의 큰 벌열이 된 것은 공께서 실로 열었다고 하겠다.[5]

　　유허비의 내용을 바탕으로 살펴보면 고려 말에 산음감무를 지
냈던 심연은, 나라의 형세가 점점 어지러워지는 것을 보고 사진(仕

進)의 뜻을 접고 산음현으로 낙향해 살았다. 그 시기가 언제인지는 분명하지 않지만, 사위인 민안부 선생이 솔가(率家)해 올 만큼 기반을 충분히 닦았으니, 짧은 시간은 아니었을 것이다.

민안부 선생이 산청에 내려와 정착한 곳은 지금의 생초면 대포리(大浦里)였다. 장인 심연이 살던 금서면 덕촌마을이 남쪽으로 인접해 있었다. 지금 선생이 터를 잡고 살던 그곳에서는 선생의 유덕(遺德)을 기리는 대포서원(大浦書院)이 세워져 있다.

굽이치며 흐르는 경호강이 바라다 보이는 대포리 거처는 제법 넓은 전답이 펼쳐지고 서남쪽에는 봉화산(烽火山, 527m)의 산줄기가 이어져 있다. 강과 산, 그리고 전답이 들어앉은 아늑하면서도 산수풍광이 좋은 곳이었다.

대포리 거처는 선생이 평생 살던 개경(開京)과는 여러 점에서 차이가 있었다. 두문동에서 선생은 충절의 뜨거운 열정을 지닌 이들과 호흡을 함께 했지만, 권력의 입김에서 자유로운 해방구는 아니었다. 이들을 해산시키기 위해 심지어 주변에 불을 질렀다는 전해지는 말까지 있는 것을 보면 새 왕조의 입장에서는 눈엣가시였음이 분명해 보인다. 이런 상황에서 두문동이 안전한 지역이었을 리 없다. 그들은 위협을 통해 훼절(毁節)시키는 방법만이 아니라 권력과 금력으로도 유혹했을 것이다.

그리고 변혁사가 있는 원주나 배록동이 있는 지리산은 동지들과 유대감을 간직할 수 있는 장소이기는 했지만, 이미 농은(農隱)의 뜻을 굳힌 선생에게 마음이 아주 흡족한 정착지가 되기에는 한계가 있었다. 선생은 말 그대로 은거(隱居)와 은일(隱逸)의 삶을 원했고, 항절(抗節)의 동지들은 위안과 격려는 되었지만 망국의 아픔을 되새기게 만들었다. 그런 선생에게 가족과 인척들을 마주하면서 낮에는 농사를 짓고 밤이면 경전과 사서(史書)를 읽으며 세사와 역사를 관조하는 산청에서의 삶은 또 다른 의미의 위안과 평온을 제공했다. 진인사대천명(盡人事待天命)의 겸허한 자세를 지키기에 더없이 적합한 장소였을 것이다.

민안부 선생이 개성에서 관료로 살고 왕조가 망하자 두문동에 모여 저항했다가 변혁사와 배록동을 거쳐 산음으로 둔거(遁居)하는 과정에서 적지 않은 시문(詩文)을 남겼을 것으로 추정된다. 적극적인 행동보다는 내면의 성찰을 중시했던 성격이고 보면 시문에 대한 천착이 남달랐을 것이다. 그러나 아쉽게도 그 모든 작품들은 다 사라져버렸다. 선생 자신이 나라 잃은 유민(遺民)으로서 글을 남기는 일이 무의미하게 느껴져 없앴거나 시간이 흐르면서 산일(散逸)된 탓일 것이다.

그러나 다행스럽게도 유일하게 한 편의 시가 남아 있는데, 산청 은거 시절 선생의 심회(心懷)를 잘 보여준다. 「술회(述懷)」라는 제목을 가진 오언절구는 다음과 같다.

옳지 못한 부귀란　　　　　　　　　不義之富貴
내게는 뜬구름과 같다네.　　　　　　於我如浮雲
돌밭에 왕씨의 봄이 있으니　　　　　石田王春在
호미 메고 아침저녁으로 김매리라.　携鋤朝暮耘

담박하면서도 속내를 잘 드러낸 작품이다. 복잡한 비유나 암시 없이 자신의 심정을 정확하게 그려냈다. 그릇된 방법으로 얻은 부귀가 무슨 소용인가? 뜬구름처럼 허망할 뿐이라고 강변한다. 앞의 두 구절은 『논어(論語)』에서 공자가 한 말을 그대로 빌린 것이다.

스승께서 말씀하셨다. "거친 밥을 먹고 맹물을 마시며 팔을 굽혀 베고 눕더라도, 즐거움이 또한 그 가운데 있구나. 옳지 못한 일을 하고서 부유해지거나 고귀한 자리에 오르는 일은 나에게는 하늘의 뜬구름과 같을 뿐이니라."[6]

부귀와 명예를 얻기 위해 세상과 타협하고, 곡학아세(曲學阿世)하며 혹세무민(惑世誣民)을 서슴없이 자행하는 무리도 있다. 부귀는 잠깐이고 치욕은 영원하다는 것을 모르는 소인 잡배들의 망언이다. 입으로는 의리와 정의를 뇌까리면서 교활한 흉계로 자신과 남을 속이는 파렴치한 인간에게 경종을 울리는 공자의 말이다. 바람 따라 떠돌다가 끝내 스러져 버리는 구름이 되지 말고 언제나 푸름을 잃지 않는 하늘이 되라는 공자의 간곡한 마음이 깃들여 있는 명구(名句)라고 하겠다.

민안부 선생은 이 시를 통해 위와 같은 공자의 가르침을 충실히 본받겠다는 결의를 제시했다. 그리고 그는 그 결의를 끝까지 지켰고, 이를 후세에까지 변함없는 철칙으로 제시했다.

이어지는 두 구절에는 선생의 결연한 의지가 담겨 있다. '돌밭'은 현재의 정치적 상황을 의미한다. 옥토(沃土)가 아닌 '석전(石田)'

으로 선생은 현재의 시국을 평가했던 것이다. 그러면 이 돌밭을 옥토로 바꾸려면 어떻게 해야 하는가? 간단하다. 돌을 걸러내고 김을 매면서 퇴비를 얹어주면 된다. 이런 비유는 결국 그릇된 새 왕조를 돌에 비유해, 그 돌을 솎아 내겠다는 다짐을 담았다. 그래서 선생은 아침저녁 쉴 새 없이 호미와 쟁기로 밭을 고르겠다고 했다. '봄'이란 태평성대를 비유한 말로 보인다. 그래서 '왕전(王田)'은 왕씨가 다스렸던 그 시절, 고려 왕조가 흥성했던 때를 암시하고 있는 것처럼 느껴진다. 돌밭을 일구어 돌을 걷어내 다시 올 고려의 시대를 꿈꾸겠다는 선생의 간절한 염원이 읽혀진다.

불의한 세상에서 결신(潔身)의 자세를 올곧게 지키겠다는, 그래서 성현의 가르침에 오점을 남기지 않겠다는 선생의 모습은 선비의 그것에 다름 아니다. 그러나 그런 숙연한 선비의 태도가 능사가 아님을 선생은 잊지 않았다. 그래서 세상의 '돌'을 광정(匡正)한다면 모순된 세태는 사라지고 '옥토'의 낙원이 이뤄질 것임을 천명한다. 현재를 직시하면서 미래를 개척하겠다는, 은거의 진정한 목표를 내세웠던 것이다.

이렇게 선생은 산청 은거를 담담하지만 굳센 의지를 드러내면서 시작했다.

제 2 절

산청 은거 시기 민안부의 행적

　민안부 선생이 산청 대포에서 몇 년을 살다 세상을 떠났는지는
알 수 없다. 마음의 울화를 가라앉히고자 돌을 걸러내 옥토를 만드
는 농부의 심정으로 살았을 테니, 그렇게 심경이 편안하지만은 않
았을 것이다. 하늘의 섭리를 묵묵히 따르면서 순리(順理)의 삶을 사
는 농부의 자세는 번잡한 세상을 달관의 경지로 이끈다. 그러나 이
미 사라진 왕조의 영화를 그리워하면서 그런 시대가 다시는 회복
될 수 없다는 예감에 사로잡혀 산다면 삶은 번뇌와 갈등의 연속일
것이다. 민안부 선생은 산청에서 그런 두 가지 감회를 가지고 살았
다고 볼 수 있다.

　본인이 남긴 글이나 그런 삶의 자취를 취재한 타인의 글도 없으
니, 지금 우리가 그 시절의 선생을 복원할 유일한 방법은 지금까지
남아 있는 관련 유적이나 유물을 통할 수밖에 없다.

　현재 경남 산청군 일대에는 농은 민안부 선생과 관련된 유적들이

여럿 남아 전하고 있다. 민안부 선생의 무덤은 오부면 내곡리 산9번
지에 있고, 부인 청송심씨[7]의 무덤은 생초면 대포리 산22-1번지에
자리하고 있다. 대포리에는 민안부를 제향(祭享)하는 대포서원(大浦
書院)이 있으며, 안에는 숭절사(崇節祠)가 있다. 숭절사는 이조 숙종
께서 사액(賜額)을 내리셨으며, 민안부 선생과 아들 민수를 함께 배
향(配享)하고 있다. 농은공의 신도비(神道碑)는 대포서원 앞과 오부면
양촌리 262번지 도로변에 있어 쉽게 찾을 수 있는데, 비문은 선생
의 후손 민병승(閔丙承, 1866~?)[8]이 쓴 글이다. 아래에 「농은선생신도
비명병서(農隱先生神道碑銘幷序)」를 번역해 민안부 선생에 대한 후손
들의 흠모와 추념(追念)의 마음이 어떠했는지 살펴보고자 한다.

고려 왕조가 망하니 옛 신하와 세가(世家)가 혹은 자신의 몸을 희생
하여 어짊[仁]을 이룬 사람도 있고, 혹은 의로움을 지켜 신하 노릇
하지 않은 사람도 있었다. 그러나 그 절개를 온전히 한 점은 마찬가지
다. 선생의 존함은 안부(安富)요 자는 영숙(榮叔)이다.
　우리 민씨는 여흥으로 관향을 삼았는데, 고려로부터 조선 시대에
이르기까지 명덕(名德, 뛰어난 인격자)이 서로 이어나서 동국의 대성
(大姓)이 되었다. 시조 존함 칭도(稱道)는 상의봉어를 지냈고, 아들
세형(世衡)은 검교 태자소보를 지냈으며, 또 그 아들 의(懿)는 상서좌
복야를 지냈고, 아들 영모(令謨)는 태자태사를 지냈으며, 시호는 문
경공(文景公)인데, 당시의 명신(名臣)으로 인정을 받았다. 아들 식
(湜)은 형부상서좌복야를 지냈고, 아들 존함 인걸(仁傑)은 낭장 벼슬
을 지냈으니, 이것이 선생의 4세 이상의 세계(世系)다.
　증조의 존함은 기(基)인데 이부상서를 지냈고, 할아버님의 존함은
유(孺)인데 호부원외랑을 지냈으며, 아버님의 존함은 욱(栯)인데 도

첨의사인을 지내셨다.

　선생은 고려 말기에 태어나서 벼슬이 예의판서에 이르렀는데, 일찍부터 중망(重望)이 있어서 왕실에 충성을 다하셨다. 국운이 시들어 감을 보고 포은 등 여러분들과 함께 만월대에 올라서 연구(聯句)를 읊으셨는데, 선생이 먼저 짓기를 "만월대 밤 가을바람에 차가움을 느끼노라." 하셨으니, 대개 북풍시(北風詩)⁹의 뜻을 취하여 자신을 일렀던 것이다. 조선 태조 고황제(이성계)가 국조(國祚)를 열어 등극하니 1천 사람의 마음이 돌아갔으나 선생은 몸 굽히기를 부끄러워하여 태학생과 문절공 구홍 등 71분과 함께 만수산 두문동에 들어가서 서로 더불어 뜻을 말했는데, 종적을 농부와 섞여 사는 것이 당신의 뜻이라 밝히셨다. 숨어서 나오지 않고 절개를 지키며 몸을 마치려 하셨다.

　예부가 벼슬을 하라고 독촉하니 선생이 채찍을 들고 나와서 "나는 장차 장사하러 갈 것이다." 하고 마침내 서로 이끌고 재를 넘어서 가 버리셨다. 후세 사람이 그 재를 부조현(不朝峴) 또는 괘관령(掛冠嶺)이라 불렀다. 선생이 나중에 산음현 대포리에 둔거(遁居)하여 농사에 몸을 숨기고 농은거사(農隱居士)라 자호(自號)했다.

　매달 초하루에 현 북쪽 높은 산 중턱에 올라서 개성 방향을 바라보며 임금과 고려를 생각하고 통곡하셨다. 그리고 자손들에게 경계하여 과거에 응시하지 말라고 이르시고, 술회시를 읊었는데, "옳지 못한 부귀란 / 내게는 뜬구름과 같다네. / 돌밭에 왕씨의 봄이 있으니 / 호미 메고 아침저녁으로 김매리라."고 하셨다. 아들 수(綏)의 호는 설천(雪川)인데, 동복현감을 제수했지만 나가지 않고 시로 맹세하기를 "만년에 밭을 가는 늙은이가 되었으니 / 벼슬에다 어찌 몸이 매이리오. / 소나무를 어루만지며 옛 송악을 바라보고 / 기장 씨 뿌리면서 새 봄에 눈물짓노라."고 하셨으니, 선생의 뜻을 따르기 위해서였다. 손자에 유현(惟賢)과 유의(惟義)가 있고, 증손에 선(璿)과 규(珪)와 기(璣)와 형손(亨孫)이 있었다.

영조께서 개성 만월대를 지나다가 지난 왕조 72분의 수절신(守節臣)의 의행(義行)에 돌이켜 감동해 그 후손들을 등용하라 하시고, 두문동에 비를 세워 사실을 기록하게 하고, 개성유수 서종갑에게 일러 치제(致祭)한 글에 ""고려 72현들이 신하 노릇을 않고 따르지 않으면서 그 뜻을 스스로 편하게 했네. 두문동이 어디인가, 문 있어도 닫아 두었네. 문 닫고 나오지 않고 행적을 감추었네. 그 몸은 없어져도 그 절개는 남아 있구나. 충심을 안고 수절해서 죽더라도 후회함이 없었네,"라고 하셨으니, 성조(聖朝)께서 충의를 드러내고 절개를 장려함이 이렇게 지극하셨던 것이다.

슬프다! 고려 말의 여러 군자들이 조용히 의로움에 나아가서 지키는 것을 변치 않았으니, 문천상이 말한 바 공자의 성인(成仁)과 맹자의 취의(取義)를 선생이 평소 강명(講明, 강의해 밝힘)함이 몸에 익은 것이리라. 선생이 농사에 몸을 숨겨 「맥수가(麥秀歌)」[10]를 부르시고, 언덕에 올라서는 시를 읊으셨다. 그 사연이 매우 비장했으니, 백대 뒤의 사람으로 하여금 느낌을 일게 만든다.

사람들이 대포에 사당을 세우고, 선생 부자(父子)를 함께 배향하여 숭절사(崇節祠)라 액호(額號, 편액을 걸고 이름을 지음)하고, 그 강학(講學)하시던 곳을 숭의재(崇義齋)라 했고, 또 송경 표절사에 7현을 향사(享祀)했는데, 선생도 그 중 한 분이시다.

슬프다! 임금과 신하는 대륜(大倫, 기본적인 도덕 윤리)이니 천지의 법칙이고, 고금의 도의이니, 죽을 때까지 두 마음을 갖지 않았는데, 저 이욕에만 탐내고 군부(君父)를 바둑판같이 보는 자는 예부터 얼마나 많았던가! 선생은 고관대작인데도 금옥을 티끌같이 보셨으며, 양조(兩朝, 조선 태조와 태종)의 부름을 굳이 거절하고 아들도 역시 군수를 마다했으니, 그 뜻을 빼앗지 못했다. 대개 그 가정에서 주고받음이 정대했던 것을 진실로 알 수 있다.

선생의 묘소에 마땅히 신도비가 있어야 할 터인데, 그 일을 미처 못했더니 후손 붕혁(鵬爀)과 달호(達鎬)와 몇몇 사림이 선생의 사행(事行)을 기록하여 묘소 가는 길에 게시하면서 무궁한 세월에 보이게 하려고 했다. 이에 그 글을 내게 부탁했는데, 사림 이규남(李圭南, 1874~?)[11]과 본손 영찬(泳贊)과 노식(魯植)이 중간에서 말을 전한 것이다. 비석을 맡은 이는 유림 오상태(吳相泰)와 본손 승호(承鎬)다. 가만히 생각해보니 말학(末學)에 고루한 내가 어찌 감히 쉽게 붓을 잡겠는가만, 공경하고 숭앙하는 정성에서 스스로 마지 못해서 드디어 명을 지었다.

어질구나, 선생이여, 충량(忠良)을 드러내셨네.
도의를 가르치고 닦으니 목은과 포은이었네,
무엇을 가르치고 닦았던가, 큰 법도와 큰 인륜이었지,
천지의 큰 법칙은 임금과 신하 사이의 의리로구나.
고려의 운수가 다했어도, 망복(岡僕)[12]하기를 맹세했네.
강개하고 침착하여 붉은 정성을 드러냈지.
사림이 추앙하여 사당을 짓고 제사를 지냈구나.
천 년 뒤에도 감흥하여 여정(輿情)[13]이 움직였네,
성조께서 드러내 포상하고 편액해 이름을 내리셨지.
기강을 곧게 세우니 그 공이 빛나고 빛났네.
산음의 소나무 거리에 무덤이 높았어라.
언덕은 낮고 골은 막혔어도 기운 빛이 뜨겁구나.
내 명이 없어지지 않고 천억 년 동안 빛나리라.

무인(1926년) 중하 족후손 가의대부 이조참판 동지경연 의금부 춘추관 성균관사 규장각직제학 세자시강원 검교 보덕 병승이 삼가 짓는다.
후학 통훈대부 홍문관응교 지제교 겸 경연시강 춘추관 하동 정승현

이 새기고, 후학 통훈대부 행홍문관교리 겸 경연춘추관 기주관 수찬관 팔계 정연시(1855~1916)[14]가 썼다.[15]

상당히 긴 글이기는 하지만, 고려 말에 충정을 견지하면서 은거의 바른 길을 갔던 인물이 정당한 평가를 받지 못한 사실을 담담히 기술하면서 이제라도 신도비명이 쓰여져 어울리는 평가를 받는 점에 대해 후손으로서 느끼는 긍지를 잘 담고 있다.

민안부 선생은 산청으로 낙향해 은거의 삶을 살면서도 고려 왕조에 대한 충절을 잊지 않았다. 매달 초하루가 되면 강고산(崗高山) 중턱에 올라 멀리 북녘에 있는 송경(松京)을 바라보며 탄식했는데, 지금도 그 장소에는 망경대(望京臺) 비석이 남아 있다.

민안부 선생이 달마다 한번씩 망경대에 올라 송경을 바라보면서 추념의 자리를 마련한 것은 장인되는 심연의 영향도 있었던 것으로 보인다. 심연의 행적을 정리한 글 「고려합문기후청송심씨유허비」에 보면 그 역시 산청으로 낙향해 산에 올라 송경을 바라보았고, 후세 사람들이 이곳을 '망경대'라 했다는 사실이 나오기 때문이다.

장인 심연이 먼저 산청에 정착했고, 뒤이어 민안부 선생이 왔다면 심연이 사위의 속마음을 알고 함께 자신이 찾아가던 산봉우리에 올라 의식을 갖자는 제안을 했을 가능성이 높다. 이에 민안부 선생은 흔쾌히 동의했고, 그래서 함께 산에 올랐던 것이 아닐까 여겨진다. 고려의 마지막 충신으로서 고려 왕조를 함께 그리워했던 장인과 사위의 모습이 눈에 선하게 보이는 듯하다.

민안부 선생의 산청 은거가 어떠했는지를 보여주는 자료가 아주 없는 것은 아니다. 민안부 선생과 함께 두문동 72현으로 알려진 노신(魯愼, ?~?)[16]이 선생에게 보낸 편지가 남아 전하기 때문이다. 선생이 이 편지를 받고 보낸 답서(答書)가 전하지 않아 안타깝지만, 간접적으로 선생의 당시 모습을 짐작할 수 있어 의미 있는 자료다.

남산에서 작별한 뒤로 세월이 많이 흘렀으니 간절한 생각이 많습니다. 요사이 그쪽 사람을 만나 말을 들으니, 농사 일로 스스로 날을 보낸다 하니, 왕촉이 물러가서 획야(畫野, 들판에 선을 그어 밭을 일굼)에서 밭을 가시오? 엄자릉(嚴子陵)[17]이 떠나가서 부춘(富春)[18]에서 밭을 가시오? 산에 올라 노래하니 수양(首陽)[19]의 바람소리를 들으시오? 호미를 메고 돌아가니 율리(栗里)[20]의 달을 데리고 가시는 거요? 귀하께서 장차 숨으려 하니 실로 내 마음과 같구려.
나는 여기 와서 아무 재미가 없고, 다만 눈물로 송경만 바라볼 뿐입니다. 근래 자식들에게 경계하기를 너는 새로운 왕조 섬기기를 내가 고려 왕조 섬기는 것과 같이 하여라 했는데, 들으니 그대는 벼슬하지 말라고 경계를 하셨다니, 스스로 부끄러움을 참으로 깨닫지 못하겠구려. 노신이 보내오.

고려 왕실을 충절로 지키고자 했던 동지에 대한 따뜻한 우의가 잘 드러나 있다. 그러면서 농사에 마음을 붙이고 사는 선생의 모습을 부러운 듯 묘사했다. 게다가 자신은 자식들에게 벼슬하기를 권하면서 내가 고려 왕조를 섬기듯 조선 왕조를 섬기라 했는데, 선생은 아들에게까지 충정의 마음을 지키라 했다니, 자신의 옹졸함이 부끄럽다고 솔직하게 고백했다. 대를 이어간 선생의 충절은 이미 그 당시에도 널리 알려졌음을 보여준다.

민안부 선생의 충절은 그 자신을 향한 칭송으로 끝나지 않았다. 앞의 신도비명에서도 잠깐 언급되었지만, 포은 정몽주와 야은(冶隱) 길재(吉再), 목은(牧隱) 이색(李穡), 도은(陶隱) 이숭인(李崇仁) 등과 함께 농은 민안부 선생은 송경구은(松京九隱)으로 불리고, 함께 향사(享祀)된 조의생, 임선미, 성사제, 박심 등과 더불어 표절사칠현(表節祠七賢)으로 기려진다.

또 운암(雲巖) 차원부(車原頫), 백암(白巖) 김제(金濟), 수은(樹隱) 김충한(金冲漢), 송암(松巖) 박문수(朴門壽), 뇌은(未隱) 전귀생(田貴生), 홍태원공(洪太元公), 이유인공(李惟仁公), 왕승귀공(王承貴公), 태재(泰齋) 유방선(柳方善)과 함께 십건신(十蹇臣)으로 지칭되고 있다.

그리고 목은 이색, 포은 정몽주, 도은 이숭인, 야은 길재, 수은 김충한과 함께 6은(六隱)으로도 불린다.

고려 왕조가 멸망의 화를 당할 때 절의를 지키면서 새로운 왕조를 받아들이지 않고 저항했던 인물 가운데 여흥 민씨 출신은 민안부 선생만 있었던 것은 아니다. 기록에 보이는 인물만 10대손 민유(閔愉), 11대손 민유의(閔由誼)와 민지생(閔智生), 12대손 민보문(閔普文) 등이 있다. 이분들은 민안부 선생과 함께 항절(抗節)의 삶을 같이했다. 이 네 분의 행적을 여기에 간단히 기술한다.

•민유(閔愉, ?~?) : 호는 사암(思菴)이다. 시중 민영모(閔令謨)의 후손이고, 민적(閔頔)의 증손이며, 민지생의 아버지다. 1331년(충혜왕 1년) 문과 병과에 급제했다. 벼슬이 제학(提學)에 이르렀고, 여성군(驪城君)으로 봉함을 받았다. 공민왕 때 학사 주사옹(朱士雍)과 함께 신돈(辛旽)의 난을 피해서 동성현에 터를 잡아 살았는데, 두 집 사이 거리가 10여 리였다. 지팡이와 짚신으로 서로 방문하며, 날마다 시와 술로써 즐거워했다. 일찍이 지은 시에, "가을이 가고 와서 흥이 한없고, 향긋한 벼, 살찐 고기 곳곳마다 같구나. 배 불룩한 질병에 막걸리 담고, 남촌(南村) 첨지가 북촌 첨지와 마주했네.(秋來秋去興無窮 香稻肥魚處處同 皤腹瓦瓶盛白酒 南村翁對北村翁)"하였다. 이 사실은『신증동국여시승람』권10 경기(京畿) 통진현(通津縣) 편에 나온다.

그는 사람됨이 세심하고 신중해서 사람들이 '근심해 병든 신선'이라 불렀다고 한다. 신돈의 패정을 보고 관직에서 물러나 은거했는데, 고려가 망하자 두문동에 들어갔고, 이후 행적은 알 수 없다.

조선 태종의 비(妃)로, 양녕(讓寧)과 효령(孝寧), 충녕(忠寧, 世宗), 성녕(誠寧) 4대군과 정순 등 4공주를 낳았고, 태종이 왕위에 오르는 데 공이 컸던 원경왕후(元敬王后)의 종조부(從祖父)가 된다. 민안부 선생과는 12촌 같은 항렬 손위가 된다.

어촌(漁村) 공부(孔俯), 오은(梧隱) 김사렴(金士廉), 대은(大隱) 이유(李裕), 둔촌(遁邨) 이집(李集), 윤규(尹珪), 어은(漁隱) 김준(金浚), 송은(松隱) 구홍(具鴻)과 함께 '팔청(八淸)'으로 불렸다.

두문동서원(杜門洞書院)과 장성 경현사(景賢祠)에 배향되어 있다.

•민유의(閔由誼, ?~?) : 호는 어일(漁逸) 또는 창일(滄逸)이다. 한림학사 정4품을 지냈다. 공민왕이 흉도(凶徒)들에게 시해당하자 그가 네 사람과 함께 상소해 최만생(崔萬生, ?~1374), 홍륜(洪倫, ?~1374) 등을 체포해 치죄(治罪)하게 했다.

고려가 망하자 통곡하다 관직을 버리고 평산 집에서 아주 가난하게 살았다. 여종이 시장에 나가 채소나 씨레기를 주워 죽을 쑤어 먹여 연명시켰다고 한다. 조선 조정에서 신하가 되지 않겠다고 맹세했으니 사형으로 다스려야 한다고 건의했는데, 이성계가 "이 사람은 백이 숙제와 같은 사람이니 어떻게 벌하겠는가?" 하면서 살려주었다.

고천상(高天祥), 서중보(徐仲輔), 어은(漁隱) 이수인(李守仁), 박원상(朴元象), 김저(金佇), 김전(金鈿)과 함께 '팔정(八靖)'으로 불렸다.

민안부 선생과는 큰집 11촌 조카였고, 두문동서원에 배향(配享)되었다.

• 민지생(閔智生, ?~?) : 민유의(閔由誼)의 넷째아들이다. 고려 말에 전농시소윤(典農寺少尹)을 지냈다. 문정공 신현(申賢) 문하에서 배웠다. 고려가 망하자 관직을 버리고『화해사전(華海師全)』을 동료들과 함께 다시 편집해 복간했는데, 나중에 정도전 등에 의해 소각되었다.

아들 민심언(閔審言, ?~1452)은 조선에서 관직에 나가 전라관찰사와 형조참판을 지냈다.

• 민보문(閔普文, ?~?) : 고려 말에 개성부소윤(開城府少尹)을 지냈다. 지방관으로 재직하면서 악습을 금지하고 직무를 공정하게 처리했다. 또 청렴해서 공황(龔黃), 즉 공수(龔遂, ?~?)[21]와 황패(黃覇, ?~기원전 55)[22]로 불렸다.

고려가 망한 뒤 민안부 선생과 함께 두문동에 들었고, 원주 변혁사에도 함께 갔으며, 배록동까지 동행했다. 이후 은둔하며 살다 생애를 마쳤다.

여흥 민씨 소윤공파(少尹公派)의 파조(派祖)고, 민안부 선생과는 5촌 조카인 공조전서 민중훤(閔仲萱)의 둘째아들이다.

고산(孤山) 공은(孔隱), 박침(朴忱), 김영비(金英庇), 태재(泰齋) 유방

선(柳方善), 처사(處士) 이맹(李孟), 최안택(崔安澤), 차인부(車仁頫)와 함께 '9일민(逸民)'으로 불렸다.

두문동서원과 장성 경현사에 배향되었고, 두문동 72현 가운데 한 사람이다.

어쩌면 가장 괴롭고 긴 밤을 보냈을 산청에서의 말년을 재현할 수 있는 자료가 부족한 현실은, 민안부 선생의 참 모습을 담아내고자 하는 사람의 입장에서는 곤혹스러운 일일 수밖에 없다. 이미 선생의 진면모는 개성 두문동과 원주 변혁사, 지리산 배록동의 행적만 보아도 충분히 그려졌다. 또 정말 부족하기 짝이 없지만, 「만월대연구」와 「언지」, 「술회」와 같은 시문에서 넉넉히 읽혀졌다. 정말 간절한 기대지만 이후 어디선가 선생의 시문이 발견되어 그의 사상과 문학이 좀 더 선명하게 드러날 날이 오기를 바란다.

민안부 후손들의 추숭

선생이 개인적으로 남긴 글과 행적의 실마리는 대단히 부족하지만, 선생 사후 선생을 기리면서 쓰여진 글들은 비교적 많은 편이다. 그리고 관련 유적들은 세월이 흘러도 그대로 보존되어 자료의 아쉬움을 보충해준다.

개성에 있을 유적들을 답사할 수 없는 현재 선생의 입김이 남아 있는 유적으로 대표적인 것은 대포서원(大浦書院)이다. 경남 산청군 생초면 대포리에 있는 이 서원은 민안부 선생의 절의(節義)를 기리기 위해 1693년(숙종 19) 전국의 유림들이 뜻을 모아 세웠다. 선생이 생전에 거처하던 그 장소에 건립되었다고 한다. 흥선대원군의 서원철폐령으로 훼철되었다가 1874년(고종 11) 유림과 후손들에 의해 숭절사(崇節祠), 숭의재(崇義齋), 동재, 서재 등이 중건되었다. 해마다 음력 3월 15일에는 숭절사에서 산청의 유림 주관으로 봄 향사(享祀)를, 음력 10월 10일에는 묘소 앞 송계재에서 후손들이 가을

향사를 각각 올린다. 대포서원은 1993년 12월 27일 경상남도문화
재자료 제198호로 지정되었으며, 송계재는 같은날에 199호로 지
정되었다.

서원 안에 있는 숭의재는 선생의 숭고한 의로움을 숭앙(崇仰)하
기 위해 세워진 건물이다. 후손 민백필(閔百弼, ?~?)[23]이 숭의재의 의
미를 기리는 글 「숭의재기(崇義齋記)」를 썼는데, 이를 통해 대포서원
의 존립 의의를 읽어보기로 하자.

사람이 하늘과 땅 사이에서 삼재(三才)[24]에 참여하게 된 것은 인의
(仁義)의 마음을 지닌 까닭이다. 이 마음이 있으면서 이를 잃어버린
다면 사람이라 할 수 있겠는가? 인(仁)은 본래 사덕(四德, 仁義禮智)
을 통합한 것이지만, 일을 당해서는 의(義)는 결단하는 뜻이 있고,
정직과 방정한 뜻이 있으며, 엄하고 끊는 뜻이 있다.

사람이 격발(激發)되기 쉬우니 이를 숭상하고 함양(涵養)할 줄 모
르면 반드시 일마다 위축되고 인도 역시 보존되지 못해서 그 폐단이
아들로서 아비를 거역하고 신하로서 군주를 배반하는 데에 이른다.
그러므로 군자의 학문은 반드시 먼저 의와 이(利)를 판단하는 데에
있다.

만약 이 의가 마땅히 할 일을 하면 물이 만학(萬壑)을 흘러내리는
것과 같고, 마땅히 하지 말아야 할 일을 하지 않음은 쇠를 자르고 못
을 끊는 것과 같아서 사람들이 번개와 우레같이 보고, 가을 서리와
뜨거운 햇살같이 보나니, 이것이 재(齋)의 이름을 '숭의재'라고 붙인
까닭이다.

슬프다! 우리 선조 농은 선생이 고려의 세신(世臣)으로 불행한 시
대를 만나 세상에 바람직한 할 일이 없어서 곧 동지 71현(賢)과 더불

어 물러나 문을 닫아걸고 세상사를 잊으며 살다가 남쪽으로 천릿길을 와서 산음의 대포에 숨어살고 있으니, 조선 조정에서 여러 차례 불러도 나가지 않았는데, 이곳이 그 땅이다.

아들 설천공도 동복현감을 제수 받았지만 역시 나가지 않았는데, 일찍이 시로 심정을 토로했으니, "대부가 무슨 벼슬을 했냐고 묻는다면 / 부자의 은혜와 군신의 의리뿐이라 하리라.(大夫問何官 父子而君臣)"고 하셨다. 의(義)로서 의를 전했으니, 그 엄정함이 늠연(凜然)하구나. 이른 바 처마 끝에서 떨어지는 물방울이 그 이치가 어기지 않음이 이런 것이 아니겠는가?

나중에 향중(鄕中) 인사들이 여기에 원우(院宇)를 세워 선생 부자를 향사(享祀)한 지가 자못 2백 년이 되었는데, 서원이 훼철되니 팔도 인사들이 함께 울었다. 당시의 일을 이루 다 말할 수 있겠는가? 서원은 비록 훼철되었지만 장수(藏修)하고 강독하는 집이 없을 수 없어 강당이 있던 옛 터에 재사(齋舍)를 세웠다. 역시 순탄하지만은 않아서 세 번 허물어진 것을 세 번 다시 세웠으니, 아아! 괴로웠다.

생각건대 지금과 후세에 이 서재에 오르는 사람은 반드시 선생의 의(義)를 강하고 선생의 의를 숭상하면 집안에서 스스로를 지킬 수 있을 터이고, 세상에서 유능한 일을 할 수 있을 것이다. 그렇지 않으면 비록 서재가 있어도 도리어 이 서재에 대해 부끄러움이 있을 것이다. 원컨대 서로 더불어 힘쓰기를 바란다. 『서전(書傳, 書經)』에 "하늘이 하민(下民)을 감시하되 그 의를 본받는다," 했으니 세상의 사람들이여, 어떤 일이나 어떤 때를 막론하고 그 의가 아닌 것이 없느니라.

세 갑술 늦봄 후손 백필이 삼가 쓰노라.[25]

민백필은 민안부 선생의 14세손이다. 선조인 민안부 선생이 고

려 말 불행한 때를 만나 노심초사(勞心焦思)했던 심정과 옛 왕조를
향한 절의를 지켰던 충심을 잘 담아 냈다. 선생의 인의(仁義)를 실
천했던 유지를 잘 받들어 이곳 대포서원 숭의재에서 학문을 갈고
닦아 선조의 결연했던 의지에 어긋남이 없기를 간절히 부탁하고
있다.

이처럼 민안부 선생의 절의 정신을 흠모하고 이어받으려는 후
손들의 정성은 수백 년의 시간이 흘렀어도 변함이 없었던 것이다.

한편 가장 가까운 곳에서 아버지의 절의 정신을 지켜보았고, 이
를 올곧게 계승한 설천(雪川) 민수(閔綏)도 자신의 생각을 담은 시
「지감(志感)」 세 수를 지어 결신(潔身)의 자세를 분명하게 천명했다.

송악산 아래 서 있는	松岳山之下
높은 나무[26]는 몇 번이나 봄을 지냈는가?	喬木過幾春
대부가 무슨 벼슬을 했냐고 묻는다면	大夫問何官
부자의 은혜와 군신의 의리뿐이라 하리라.	父子而君臣
마침 와 보니 절로 살 곳이 있으니	適來自有地
어디를 간들 가난을 얻지 않으랴?	安往不得貧
두문동이 어디에 있는가?	杜門何處在
때때로 망경대에 오르노라.	時上望京臺
낚싯대 메고 물 따라 가기도 하고	荷竿隨水去
쟁기 지고 달빛 맞으며 돌아온다네.	把耒帶月回
돌아와 찬 방안에 누웠으니	歸臥寒齋上
문 열고 찾는 이 없구나.	無人竹扉開

만년에 밭을 가는 늙은이 되었으니   晩作歸田老
벼슬에다 어찌 몸이 매이리오.   簪纓豈絆身
소나무를 어루만지며 옛 송악을 바라보고   撫松瞻古岳
기장 씨 뿌리면서 새 봄에 눈물짓노라.   播黍泣新春

아버지의 「술회」를 부연하거나 오마주[27]한 느낌마저 들 정도로 작품 속에 담긴 정서가 많이 닮았다. 아버지가 고려 왕실을 위해 충성을 다하다 얻는 가난은 염려할 게 없다면서, 불의하게 얻은 부귀영화보다는 당당한 가난이 낫다고 주장한다. 그만큼 아들은 아버지의 가르침에 충실했는데, 이는 단순한 효성의 실천이 아닌 의리(義理)에 대한 공감이 영향을 준 것이었다.

조선 초에 조정에서 민수에게 동복현감(同福縣監)을 제수했는데, 그 역시 아버지의 유지를 받들어 거절하고 부임하지 않았다.

아들 민수의 아버지 민안부 선생의 행적과 의지에 대한 전적인 동의는 개인만의 생각이 아니고 같은 집안 내에서도 전폭적인 지지를 얻어낸 것이었다. 후손인 민재남(閔在南, 1802~1873)[28]은 민수의 시에 이렇게 차운(次韻)했다.

남쪽으로 내려와 대포에 숨어사니   移家南遯浦
소나무 심고 길러 왕씨의 봄을 꽃피웠네.   栽松葆王春
『좌전(左傳)』과 『사기(史記)』를 큰 소리로 읽으니 大讀魯史記
높이 누운 진나라 때 신하[29]가 되었다네.   高臥晋代臣
선인의 가르침을 울며 배우노니   泣受先人訓
돌밭이라 한들 가난에 이바지할 순 있다네.   石田可供貧

밤마다 북두성을 바라보노니	每夜瞻北斗
그 아래 만월대가 있기 때문이지.	其下滿月臺
옛 궁궐 터엔 벼와 기장[30]이 우거졌고	故宮禾黍沒
텅 빈 산에는 새와 참새들만 돌아오네.	窮山鳥雀回
문을 닫아걸고 손님마저 사절했으니	杜門乃謝客
오직 술잔을 열어 마음을 달래노라.	惟喜秋樽開

죽지 못한 외로운 신하 예 있으니	未死孤臣在
한가롭게 지내면서 내 몸은 잊었네.	偸閑卻喪身
뜰 가득히 꽃 피어도 쓸어내지 않고	滿庭花不掃
일 많아도 산천의 봄을 거느리고 있지.	多事領山春

민안부 선생과 민수의 두 시를 함께 아울러 칭송한 작품이다. 옛 역사책을 읽으며 선조의 행적이 참으로 떳떳했음을 다시 느꼈고, 도잠(도연명)의 당당한 풍취를 선조의 태도에서 다시 발견하는 것이다. 그 가르침을 길이 간직해 가난 속에서도 올바른 길을 택하겠다는 것이다.

두 번째 시는 민안부 선생의 의로운 행동에 자신을 의탁해 그 절개를 노래한 것이다. 이미 망한 나라라도 나를 길러주고 의지했던 왕조니 가난을 빌미 삼아 배신할 수 없는 당연한 이치를 구가(謳歌)했다. 은거한 가운데서도 얻을 수 있는 즐거움도 함께 말했다.

마지막 시는 망국의 신하가 되어 쓸쓸하기 그지없지만 자연의 변함없는 모습을 보면서 거기에서 삶의 보람을 찾겠다는 것이다. 두 선조의 아름다운 행적을 길이길이 기억해 내 처신의 귀감으로 삼겠다고 말했다. 조선 말기의 풍운의 시대를 산 작가였으니, 더욱 선조의 의로움이 마음에 새겨졌던 것이다.

이런 심정의 공감은 후손 들 만의 몫은 아니었다. 이득렬(李得烈, 1176~1845)[31]은 민수의 세 편 시를 읽고 느낀 감회를 이렇게 글로 표현했다.

오른쪽 세 편의 옛 절구(絕句)는 바로 설천 민수 선생의 작품이다. 선생이 농은공의 아드님으로서 일찍부터 경계를 받고 벼슬길에 나가지 않았는데 동복 현감에 특별히 제수하는 일이 어찌 이르렀단 말인가? 생각하니 조선조에서 그 아버지의 뜻을 빼앗을 수 없게 되자 숨은 선비를 뽑는 은전을 그 아들에게 뻗치게 하여 충성을 권장하고 세록(世祿)을 잇게 하려는 의도가 아니었을까? 그 아들에 있어서는 시대가 다르니 출처(出處)[32]를 달리하여 번연히 고쳐서 제 몸을 돌보지 않고 허락해도 괜찮았을 것이다.

그러나 굽히지 않는 의리와 착한 일을 하라는 권면은 집안에서 많이 받았을 뿐만 아니라 아버지가 이미 충성을 다했으니 아들이 그 뜻을 거역하면서 효성의 길을 저버리겠는가? 드디어 벼슬도 마다하고 종적을 전원에 감추었던 것이다. 그 시를 읽어보면 비록 천 년 뒤여도 역시 그 분의 심사를 상상할 수 있다.

후세에 시를 평론하는 사람으로서 '부자와 군신의 의리'를 능히 알 사람이 있겠는가? 사람들이 풍송(諷誦, 낭랑하게 읽으며 그 뜻을 헤아림)하여 한 번 읊으면 세 번 탄식하게 하면서 자신도 모르게 충의의 심정이 절로 생기니 참으로 다함이 없는 뜻이 담겨 있다. 금옥같은 문자가 이처럼 적막하게 몇 개 어구로만 남았을 뿐이니, 아까울 뿐이다.

그런데 큰 솥 하나의 국 맛은 한 점 고기만 먹어 맛보아도 알 수 있지 않은가? 그런즉 그 뜻을 알고 오래 전해가는 데는 이 세 편의

시만으로도 충분하니, 또 무엇 하러 더 많은 것을 취하겠는가? 생각
하건대 내가 먼 뒷날에 나서 한갓 경앙(景仰, 햇빛을 보듯 공경하고
우러러봄)하는 마음이 간절했는데, 뜻밖에 선생의 후손인 민재남이
그 없어지고 남은 것을 모아 와 보이면서 발문을 청했다. 스스로 생각
하니 내 이름을 뒤에 붙이는 일은 분수에 넘치는 영광이 되지만, 사람
과 글이 졸렬하니 이를 어쩌겠는가? 그래서 사양했지만 얻지 못해
농은집 뒤에 붙이고자 이렇게 쓴다.

전 정언 성주 이득렬이 삼가 쓰노라.[33]

민수와 후손 민재남 두 사람이 쓴 시에 대한 느낌을 솔직하게
그려낸 발문(跋文)이다. 글을 쓴 이득렬은 조선의 신하이니, 무조건
민안부 선생과 민수 두 분의 의열(義烈)을 칭송만 할 수는 없었다.
그래서 아들인 민수에게 동복현감을 제수한 것은 충성을 권장하고
생활을 잇게 하려는 의도였다고 변명한다. 그러면서 이조차도 뿌
리친 민수의 단호함은 그만큼 민안부 선생의 가르침에서 받은 영
향이 컸기 때문이라고 설명한다.

사람이란 원래 행복과 안정을 추구하기 마련인데, 이 두 분은
제 몸의 어려움과 고통은 돌보지 않고 대의(大義)를 위해 희생을 감
수했다. 당연히 읽을수록 감동과 탄식을 자아낼 터인데, 자신 역시
그런 사람이라면서 두 분의 행동에 동조한다. 이런 발문을 통해 민
안부 선생과 민수의 충절이 후대에 길이길이 전해져 많은 이들에
게 귀감이 되었음을 알게 만든다.

민안부 사후 남은 기록들

민안부를 비롯해 고려 왕조에 충절을 지킨 유신(遺臣)들의 업적은 시간이 흐를수록 바래지기는커녕 더욱 빛을 발했다. 민안부 선생이 세상을 떠난 이후에도 그와 관련된 현창(顯彰) 사업과 업적을 기리는 글들은, 많지는 않아도 꾸준히 이어졌다.

먼저 주목해야 할 일은 두문동 72현의 유덕(遺德)을 기리기 위해 세워진 두문동서원(杜門洞書院)에 민안부 선생의 위패가 봉안(奉安)된 것을 기념해 쓴 글이다.

두문동서원은 고려 왕조가 망하고 조선이 건국되자 끝까지 출사(出仕)하지 않고 고려에 대한 충절을 지킨 유신(遺臣)인 두문동 72현과 고려 말기 충신들의 위패를 모신 서원이다. 1740년(영조 16)에 영조가 개성에 행차했다가 두문동 72현의 행적을 듣고 감동해 비를 세웠고, 이후 1783년(정조 7) 정조의 특명으로 개성의 성균관에 표절사(表節祠)가 세워지면서 유래되었다. 임선미의 후손인 임하영

(林河永)이 주동이 되어 1934년 정식으로 세워졌다. 이곳에는 민안부 선생과 임선미를 비롯한 두문동 72현과 이색과 정몽주 등 고려 말의 충신 119위(位)가 모셔져 있다.

작자 미상의 글「농은민선생두문동서원봉안문 병실적(農隱閔先生杜門洞書院奉安文 幷實蹟)」을 읽어보자.

선생의 존함은 안부고, 자는 영숙인데, 여흥 사람이며, 예의판서를 지냈다. 고려 말에 나라가 바뀔 무렵 만수산 두문동에 들어갔는데, 태조가 여러 번 불러도 나오지 않고 70제현(諸賢)과 더불어 부조현에 올라 뜻을 밝히기를 "자취를 농부와 함께하는 것이 나의 뜻이다." 하면서 드디어 남쪽으로 내려와 산음의 대포에 둔거(遯居)하고, 스스로 호를 농은이라 불렀다.

이로 인해 시를 지어 "옳지 못한 부귀란 / 내게는 뜬구름과 같다네. / 돌밭에 왕씨의 봄이 있으니 / 호미 메고 아침저녁으로 김매리라."고 읊었다. 매월 초하루와 보름이면 집 뒷산에 올라가 북쪽 송경을 바라보며 추념했으니, 후세 사람들이 그 산을 망경대라 불렀다. 후손에게 경계하여 과거에 나가지 말라 일렀다. 선생은 일찍이 포은 정몽주 등 제현들과 함께 「만월대연구」를 짓기도 했다.

숙종 계유년(1693)에 대포에 서원을 세워 숭절사(崇節祠)라 사액(賜額)[34]하고, 순조 계미년(1823)에 송경 표절사(表節祠)에 추향(追享)했다. 이상 두 분(농은 민안부와 수은 김충한) 역시 표절사 위차(位次)에 따랐으므로 관품(官品)에 구애받지 않았다.

아아! 선생은
뜻을 굽히지 않고 스스로 편히 하시니
누가 내 마음을 빼앗을 것인가?

만수산은 푸르고 두문동은 깊기만 하구나.

고개 이름은 부조현이니, 시를 읊어 그 뜻을 밝히셨네.

여러 번 불러도 나가지 않고 산음 땅으로 은둔하셨지.

스스로 농은이라 이름하고 자연에서 소요하셨네.

돌밭에 옛 봄이 있으니 임금 그리는 마음 간절해라.

대에 올라 송경을 바라보니 눈물이 옷깃을 적셔라.

자손에게 경계하여 부귀를 탐내지 말라 하셨으니,

두문동 여러 동지가 모두 나의 친지인 것을.

그 누가 오늘날에 옛 인연을 다시 찾을 줄 알았으리오,

황홀하게 화창한 옛날이 환하게 비춰오도다.

맑은 술이 잔에 가득 찼으니, 영혼께서 흠향하소서.³⁵

    선생이 수은 김충한과 함께 두문동서원에 위패가 봉안된 사실을 경하하면서 선생의 생전 의로운 행적을 찬시(讚詩)와 함께 적어 기렸다.

    또 특기할 만한 일은 고려가 망한 지 348년이 지난 1740년(영조 16) 영조가 송경을 순행(巡幸)하다 부조현에 이르러 그 내력을 알고 감동해 「어제부조현비(御製不朝峴碑)」를 남긴 일일 것이다. 이 비석의 앞면에는 비가 세워진 내력이 이렇게 기록되어 있다.

    부조현비 고려충신부조현

    영조께서 경신년(1740)에 송경을 순행할 때 연(輦)으로 부조현을 지나시다가 수행하는 신하를 돌아보시고 고개 이름이 '부조'라고 일컫는 까닭을 물어보시니, 대답하기를 "태조께서 본도에서 과거를 보이셨는데, 전 왕조의 대족(大族) 50여 가(家)가 과거에 나오지 않고 이 고개를 넘어 가 버렸기에 이름한 것입니다."고 했다. 임금이 "말세

에 군신의 의리가 땅에 떨어졌는데, 이제 조회하지 않았다는 이름을 들으니 백세 뒤에도 오히려 사람으로 하여금 늠연히 직접 보는 것과 같구나." 하시고, 드디어 그 빈터에 비를 세우라고 명하시고 친히 부조현 석 자를 쓰시고, 또 '고려충신부조현'이란 한 구(句)를 지으시고, 유수에게 명하여 비음기를 짓게 하셨다.[36]

이어 비의 후면에는 당시 개성유수로 재임하던 김약로(金若魯, 1694~1753)의 「비음기」가 새겨져 있다.

비음기

우리 성상께서 즉위한 지 16년 되던 해 가을 구월에 난여를 타고 후릉(厚陵)을 배알하고 지나는 길에 송도에 행차하사 옛 일을 물으셨는데, 부로(父老)가 대답하기를, 경덕궁 앞 기슭은 곧 부조현인데, 옛날에 우리 태조대왕께서 즉위하여 도읍을 정하고 이 궁에 오셔서 여러 신하를 시험할 때 고려 신하가 오지 않고 고개를 넘어 달아났기에 고개를 이것으로 이름했고, 그 상세한 것은 부지(府志)에 실려 있다고 했다.

금상이 어가를 길가에 멈추게 한 뒤 돌아보고 우러러 한숨을 쉬며 말씀하시기를, "표석이 있느냐?" 하시니, 모두가 없다 하니, 임금이 "이곳은 충신의 유적이라 마땅히 정포(旌褒)를 해야 하니 수신(守臣)은 '고려충신부조현'이란 일곱 자를 고개에 새겨 세우라." 하셨다. 신 약로가 왕명을 받고나서 엎드려 생각하니 우리 성상께서 선조(先朝)의 옛 일을 좇아 옛 도읍에 오셔서 흥망의 자취를 어루만지고 왕씨 자손을 벼슬 주고 문충공의 절의를 권장하여 선죽교에 비를 세웠으며, 고려에 충성한 것을 듣고 또 깊이 풍성(風聲) 세우기를 생각하시니, 이는 실로 역대 제왕이 갖지 못한 바인데 우리 성상께서는 가지셨

으니, 천백대 후에 아름다움을 포장하고 세교(世敎)를 부지하는 바이
다. 아! 아름답도다. 신이 이 지방을 지키면서 성한 일을 목도하고
흠송함을 이기지 못했다. 비가 이미 되었으니 삼가 소지(小誌)를 후
면에 붙인다.

　가선대부 개성유수 겸 관리사 신 김약로 왕명을 받들어 삼가 짓
노라.[37]

　영조가 개성에 들렀다가 부조현을 지나게 되었는데, 그 이름의
유래를 듣고 이런 충신들의 행동은 후세를 위해서라도 알려야 한
다면서 비석을 세우도록 한 과정을 정리한 글이다. 풍성(風聲)을 세
우고 세교(世敎)에 도움이 되기 위해 군주의 뜻을 받들어 비석을 세
웠다는 것이다. 이 비석의 건립이 민안부 선생의 충행(忠行)을 직접
지목한 것은 아니지만, 두문동 72현의 핵심 인물로서 누구보다 고
려 왕조의 몰락을 애통해 했던 그나 후손으로서는 큰 위로가 되는
일이었을 것이다.

　그밖에도 고려 유신, 특히 두문동 72현을 기리는 현창 사업은
적지 않게 이뤄졌는데, 여기서는 이 정도에서 마감하고 조선조 조
정이나 학자, 문인들의 글에 남겨진 농은 민안부에 대한 기억과 기
록을 살펴보도록 하겠다.

　먼저 관찬 문헌에 실린 글부터 살펴보자. 『일성록(日省錄)』 정조
21년 정사(1797년) 10월 4일(기해)에 다음과 같은 기록이 있는데, 민
안부를 포함한 두문동 72현의 사적을 기려 배향하자는 논의가 실
려 있다.

　예조판서 이시수(李時秀)가 아뢰기를, "근래 유생(儒生) 유홍휴(柳

鴻休) 등의 상언(上言)으로 인하여 성사제와 박문수 두 사람을 표절사에 추가로 배향하는 일에 대해, 개성유수(開城留守)를 시켜 실적(實跡)을 상세히 탐문하여 이치를 따져 장계로 보고하게 하고 보고가올라온 뒤에 상에게 여쭈어 처리하라고 명하셨습니다. 개성유수 황승원(黃昇源)의 장계를 보니, '성사제와 박문수 두 사람이 은둔하여절개를 지킨 일에 대해서는 모두 근거할 만한 문서가 있습니다.' 하였습니다. 애당초 표절사를 창건하라고 명했던 것은 풍교(風敎)를 수립하고 절개를 장려하려는 훌륭한 생각에서 나온 것이었습니다. 지금이 두 사람도 뜻을 함께한 72인 중의 한 선비였다는 것을 명백히 안이상 모두 함께 배향하는 것이 실로 사리에 합당하겠습니다. 대신에게 물어본 뒤 상에게 여쭈어 처리하는 것이 어떻겠습니까?" 하여, 그대로 따랐다.[38]

『국조보감(國朝寶鑑)』 권80 순조조(純祖朝) 5년(1805년) 12월조에는다음과 같은 기록이 간략하게 나온다. 고려 말의 충신들을 배향한표절사에 민안부 선생과 김충한을 추배한 사실을 기록한 것이다.

고려 때의 예의판서 민안부 선생과 김충한(金沖漢)을 표절사(表節祠)에 추배(追配)할 것을 명했다. 이곳은 바로 고려 충신 조의생(趙義生) 등 5인을 함께 배향한 곳인데, 개성유수 오한원(吳翰源)이 요청한 것이다.

『조선왕조실록』『순조실록(純祖實錄)』 순조 22년 임오(1822) 12월26일(병인)조에는 이렇게 실려 있다. 앞의 기록에도 표절사 추배가나왔는데, 17년이 지나서도 비슷한 문제가 나오는 것은 이상하다.

어쩌면 그동안 지체되었거나 다른 지역에 있는 표절사 배향인지도 모르겠다.

> 고려조의 예의판서 민안부·김충한 두 사람을 송경(松京)의 두문 동 표절사에 추가로 배향했는데, 이는 유생들이 상소를 올려 두 사람 이 고려 말엽에 지조를 온전히 지킨 실상을 아뢰자, 대신에게 수의(收 議)하여 시행하라고 윤허한 것이다.[39]

『신증동국여지승람(新增東國輿地勝覽)』 권5 개성부 하(下)편에는 이 런 기록이 있다. 정조 7년에 한양 성균관 안에 있는 표절사에 민안부 선생을 포함한 네 사람을 추향(追享)한 사실을 기록하고 있다.

> ○ 표절사(表節祠) 성균관 서쪽에 있다. 정종 계묘년(1783)에 세우 고 그해에 사액하였다. 임선미(林先味) 고려의 태학사(太學士)인데 본조에 벼슬하지 않고 두문동으로 들어갔다. 조의생(曺義生) 태학생 인데 본조에 벼슬하지 않고 맹(孟)씨 성을 가진 사람과 더불어 두문동 으로 들어갔다. 성사제(成思齊) 벼슬은 직제학이었다. 박문수(朴門 壽) 벼슬은 찬성사였다. 본관은 죽산(竹山)이다. 민안부 벼슬은 예의 판서이다. 김충한 벼슬은 예의판서이다. ○ 위의 4현(賢)을 추향(追 享)한 것이다.

이지수(李趾秀, 1779~1842)[40]의 『중산재집(重山齋集)』 권4 「복룡사기 (伏龍祠記)」에는 광주(光州) 복룡사에 모셔진 범선생(范先生)은 고려말 의 충신인데, 개성 표절사에 아직 배향되지 못했다면서 빨리 배향할 것을 강조하면서 아래와 같이 민안부 선생에 대해 언급했다.

세월이 많이 지나 우리 순종(순조)대왕께서 또 명하여 성사제와 박문수, 민안부, 김충한 네 사람이 연이어 배향(配享)되었다.[41]

박성양(朴性陽, 1809~1890)[42]의 『운창집(芸窓集)』 권9 「운창쇄록(芸窓瑣錄)」에는 다음과 같은 글이 실려 있다. 고려 말의 충신 범세동[43]의 충렬과 두문동 72현 관련 내용을 다루면서 민안부 선생에 관한 내용을 첨부했다.

세상에서 전하기를 고려가 망한 뒤 72현이 두문동에 은거하면서 우리 왕조에는 벼슬하지 않았는데, 이름이 전해지는 사람이 단지 여섯 일곱 사람 있지만 생애에 대해서는 살펴볼 길이 없다. 『중산재집』에 「복룡사기」가 있는데, 그 대략이 "예전 우리 영종(영조)대왕께서 어재와 어필로 두문동에 비를 세우고, 다시 송도유수에게 명해 부조현에 비를 세우라 했다. 이어 다시 단을 세워 제사를 지냈다. 우리 정종(정조)대왕께서는 전하는 일들을 찾아 사당을 세워 사액(賜額)하면서 '표절'이라 부르고, 먼저 조의생과 임선미, 맹씨 성을 가진 이 세 사람을 배향하도록 했다. 시간이 지나 우리 순조대왕께서 또 명하여 성사제와 박문수, 민안부, 김충한 네 사람을 연이어 배향하도록 했다."고 했다. 또 말하기를, "『나주읍지』에서 복룡면에 복암이 있는데, 바로 복애 범세동이 엎드려 숨은 땅이다. 『해동명현록』에서는 덕녕부윤 범 아무개(범세동)가 동지 71명과 두문동에 들어갔다가 2년 뒤 나주로 돌아와 다시는 벼슬하지 않았다고 운운한 말이 있다. 잠곡이 지은 『해동명현록』에는 두문동의 일이 나오지 않으니, 이른바 '명현록'이란 것은 과연 어떤 책인가?"고 했다.[44]

김의순(金義淳, ?~?)의 『오석집(梧石集)』상권에는 「두문동사적서 (杜門洞事跡序)」가 실려 있는데, 거의 모든 내용이 민안부 선생과 관련되어 있다. 고려 말엽 충렬을 다한 사람들을 말하면서 민안부 선생에 대해서 언급하고 있다. 그러면서 두문동 72현에 관한 문헌 자료가 적다는 이유로 소홀히 다루는 것은, 백이숙제에 대한 문헌이 「채미가」밖에 없어도 그들의 절의가 바래지지 않는다는 점을 들어 반론하고 있다.

내가 일찍이 사비를 건너 월성에 올라 신라와 백제의 옛 터인 강산을 두루 살펴보았는데, 노래와 풍속이 아득하여 다시 흥하고 망한 일에 대한 감흥이 일지 않았으니, 이것이 진실로 물리와 인정의 당연한 일이었다.

그러나 송경(개성)은 그렇지 않으니, 그 지경에 들어가 폐허를 살펴보면 저절로 슬프고 괴로운 회포가 일어나 방황하면서 떠날 수 없는 것은 누가 그렇게 시켜서인가? 나라를 유지한 것이 오래고 긴 것은 신라에 미치지 못하고, 덕화가 사람에게 깊이 이른 것은 또 족히 백제를 넘어설 수 없다. 나라가 밝게 천명을 받아 태어나 새로운 교화를 베풀어 따뜻하고 두텁게 육성한 시간이 사백년이 지났다. 민속이 은(殷)나라에 가깝고 완고한 자들의 실재가 왕왕 노래 속에서는 다른 것이 있으니, 이것은 누가 그렇게 하도록 한 것인가! 내가 여기서 절의가 사람을 깊이 감동시키는 것을 알았다.

아아! 신라와 백제의 말기를 두루 살펴보면 절의의 풍성함이 있지만, 어디서 고려 말과 닮은 것이 있는가? 무릇 장군과 재상은 나라에서 명을 받은 사람들이니, 재상에는 포은 정몽주가 있고, 장군에는 무민공 최영이 있다. 그들이 흘린 푸른 피가 지금까지도 지워지지 않으니, 영령이 빛남은 살아있는 것과 같다. 이것은 진실로 밝음은 해와 달과 다투고 그윽하게 음양과 감응해서 마침내 만고 세월에도 갈아 없어지지 않을 것이다.

같은 시기에 의를 흠모하고 풍문을 들어 일어난 사람이 있으니, 두 문동 71인과 같은 사람인데, 모두 깊이 깨끗하게 몸을 마쳤다. 비록 그 이름이 세상에 전해지는 이가 송산 조견(趙狷)과 야은 길재만하지는 못하지만, 여러분들이 아주 밝게 빛나는 것이라면 귀결은 같다. 그러나 서리가 내리고 물이 떨어진 뒤에 조금씩 이름이 드러난 이가 또 여덟 아홉 사람이 있으니, 농은 민안부 선생이 그 중 한 사람이다.

어떤 이는 말하기를, 문헌으로 확인할 수 없으니 확실히 믿을 수 없다고 한다. 아아! 어찌 사실을 모으는 것에는 그렇게 가혹하면서 세상의 의론에는 어둡기만 한가? 우리 왕조가 혁명하는 처음에는 용감하게 명절을 지키는 이가 바야흐로 절의를 내세우지만 이름을 숨겼으니, 표장(表章)에 뜻을 둔 것이겠는가! 절의를 좇는 이가 바야흐로 산에 들어가고 바다에 숨는 이라면 오직 흔적이 드러날까 두려워할 것이니 누가 이름이나 명예를 팔고자 할 것인가! 이것이 바로 그때에는 문헌에 없는 까닭이니, 마치 모래에 묻힌 칼이 오래 지나서야 그 빛이 드러나는 까닭인 것이다.

무릇 절의의 이름은 백이가 그 시조인데, 그 증거는 오직 「채미가」가 있을 뿐이다. 그러니 공이 남긴 시 한 편은 확인할 수 있으니, 이것이 적다고 할 수 있겠는가? 공의 후손 백언이 일찍이 그 전해진 문자 가운데 세상에 드러난 것을 모아 책으로 새기려고 했지만 이루지 못하고 죽었다. 이에 그 족자(族子) 치영이 뒤를 이어 그 뜻을 이루려고 하는데, 나에게 책을 붙일 글을 요청하니, 대개 집안이 절의를 숭상함을 잇고자 하기 때문이다.[45]

이여정(李如珵, 1716~1793)[46]의 『채헌공유고(債軒公遺稿)』에는 「농은

민선생행장(農隱閔先生行狀)」이 실려 있는데, 기존에 알려진 행장과는 내용이 달라 여기서는 글 전체를 번역해 소개한다. 이 글에는 다른 문헌에서는 볼 수 없는 자료들이 있어 흥미를 끈다. 즉 공민왕 경자년(1360) 별시문과에서 장원급제했다는 사실이나, 여러 차례 문형을 맡아 인재를 뽑았다는 일은 이곳에만 나온다. 또 시세가 침체한 것을 보고 은퇴해 여흥에서 은거하다가 정몽주의 권유로 다시 정계에 진출해 충심을 다하다가 결국 산음(산청)으로 낙향했다는 사실도 새롭다.

선생의 이름은 안부고, 자는 영숙이며, 성씨는 민씨고, 가계는 여흥이다. 고려 때 상의봉어를 지낸 칭도가 바로 공의 9대조이다. 세번 흘러 이른 이가 이름이 영모인데, 문하평장사 집현전대학사 감수국사 상주국 태자태사를 지냈고 시호는 문경이다. 이 분이 낳은 아들이 이름이 식인데, 형부상서 보문각직학사를 지냈다. 이 분이 아들을 낳으니, 낭장을 지낸 분으로 이름이 인걸인데, 여기까지가 고조 이상의 가계다. 증조는 문하시랑평장사를 지낸 분으로 이름이 기이고, 조부는 호부원외랑을 지낸 분으로 이름이 유며, 아버지는 영동정을 지낸 욱이다.

공(농은 민안부)은 나면서부터 남다른 자질을 보였다. 아주 어릴 때부터 어른과 같은 모습을 보였더니, 사람들이 나라를 보필할 그릇을 기약할 수 있겠다고 평했다. 성장하니 문장과 덕업이 모두 증진되어, 공민왕 경자년(1360) 별시문과에서 장원으로 급제했다. 이후 여러 차례 문형을 맡아 인재를 뽑아 어진 이를 얻었으니, 공의 도가 널리 알려지고 후학을 권장하는 공력이 점점 많아졌다. 처음 관직에 나갔을 때 사림에서 모두 우러러보았다.

공이 우왕이 즉위하는 때가 되었을 때 관직이 지키고 보호하는 반열에 있었는데, 모두 옳다고 말하는 중에도 홀로 불가함을 말해 그 기세가 우뚝해 큰물이 흐를 때 선 지주[47]와 같았으니, 문충공 정몽주가 공에게는 삼군으로도 빼앗지 못할 의지가 있다고 칭송했다. 이어 시를 지어 "오직 민공이 있어 오히려 강할 수 있어라.(惟有閔生差可強)"고 찬미했다. 공의 실천이 독실하고 절조를 지킴이 확고한 것을 이것으로도 빛날 수 있을 것이다. 그러나 세도가 큰일을 할 수 없음을 알고 여흥으로 물러나 지내면서 몸소 농사짓고 글을 읽어 평생을 마칠 듯 보였다. 공양왕 때에 정몽주가 부르자 공이 오로지 성실하게 나가 마침내 정몽주와 함께 왕실을 위해 정성을 다해 예의판서까지 올랐다.

그러나 고려의 운명이 이미 다해 혼자 힘으로 구원할 수 없음을 알고, 의지를 결단해 용맹하게 물러나 영남 밖 산음의 대포동에 은거하면서 몸소 밭갈고 김매며 살면서 자호를 농은이라 했다. 자손에게도 과거에 나가지 말라 경계하고, 집 뒷산에 망경대를 쌓아 아침저녁으로 올라가 스스로 애상에 젖었으니, 이것이 공이 뜻하고 행한 바의 대강이다.

아아! 옛날의 은자에 '변무소허'가 있어 몸을 깨끗이 하고 행정을 조신하게 가졌으니 높다면 높을 것이지만, 윤리를 어지럽혔다는 비난을 면하지 못했다. 우리 고려 말 때의 명절은 이것과는 다르니, 그 충의로움은 천고 세월 동안 당당하여 정신은 수양산의 은거에 모였으니, 때로는 포와 야와 목과 초에 은거하고 때로는 도와 순과 오와 수에 은거했으니, 농은도 그 중 하나다. 여러분들의 은거는 그 처지가 비록 같지 않지만 굴종하지 않겠다는 절조와 스스로를 맑게 하는 의리라면 모두 지극한 정성과 안타까워하는 마음에서 나왔으니, 가히 어진 이들이라 말하지 않을 수 있겠는가!

공의 행신은 『해동충의록』에 실려 있는데, 한양의 조씨 집안에 소장되어 있었다. 수은 김선생의 후손 상협이 수은의 행적을 찾아 받들고자 임인년(1782년) 가을에 와서 선생의 후손 종수에게 보여 주었다. 종수가 보고 마음 아파하다가 김군의 의로움을 아름답게 여기고, 또 선조의 일에 감동하여 이것을 소매에 넣고 나에게 와서 부탁하기를, "선조의 행적이 국승(國乘, 역사책)에 이렇게 실려 있었는데, 저희들은 처음 보았습니다. 그러니 어찌 그 일의 전말을 기록해 후손들이 알게 해 흠모함을 담게 하지 않겠습니까?" 하였다.

내가 감히 글을 부족하다는 이유로 사양하지 못하고, 마침내 아래와 같이 글을 썼다. 내외의 자손들이 멀리 퍼뜨리고 보첩(譜牒)에 싣는다면, 이제부터 다시 드러나지 않겠는가. 숭정 기원후 3주기 임인년 양월(음력 10월) 상한(상순)에 후학 이여정이 쓴다.[48]

농은 민안부 선생에 대한 조선시대의 자료는 앞으로 더 나올 가능성이 많다. 그 동안 문중에서 전심전력으로 찾아 나온 자료도 많고, 관심을 가지고 살펴보면 새로운 사실들을 얻어낼 수도 있을 것이다. 지금까지 열거한 자료들은 두문동과 관련해서 표절사(表節祠) 배향에 관한 내용이 많았다. 이어 민안부 선생의 개인적인 충절의 기록들이 제법 나왔는데, 자료의 수에 비해 내용이 풍부하지 못한 점은 아쉽다. 이 부분은 이후의 과제로 남겨 둔다.

1 현재는 산청군 단성면이 되어 있다.

2 현감이란 관직 이름은 조선시대에 쓰였다. 현감은 작은 현(縣)에 둔 지방장관인
데, 고려 때의 명칭은 감무(監務)였다. 감무를 개칭해 현감이라 했는데, 감무보다
는 권한이 강했다. 조선시대의 현감은 지방 수령으로서는 가장 낮은 관직이었는
데, 현감의 정원은 1백 38인에 이르렀으며 품계는 종6품이었다. 이로 볼 때 심연
의 관명(官名)은 산음감무라 해야 정확할 것이다.

3 설천 민수에게는 「지감(志感)」이란 제목이 붙은 시 세 수가 전하는데, 이 작품까
지 더하면 네 수가 된다.

4 함열군은 전북 익산시 함라면을 중심으로 익산 서북 1읍 5개면에 있었던 옛 행정
구역이다. 1895년 23부(府)제로 행정구역이 재편되면서 군으로 승격되어 전주부
의 함열군과 용안군이 되었다. 이것으로 볼 때 이 비석이 세워진 연대는 1895년
이후일 것으로 보인다.

5 公諱淵靑松人 高麗文林郞 諱洪孚之子也 麗朝官閣門祗候 見時事日非 出補山陰
仍居縣西沓村紫煙洞 脫屣名利 終老林泉 築臺以望京師 後人名之曰望京臺 有詩
傳於世 其安分吟曰 生生性癖少營爲 一任天公處分宜 薇蕨滿山寧學圃 藤蘿繞屋
自成籬 風飱宿約時時到 月不相期夜夜隨 外客休傳塵世事 北窓高臥夢皇羲 贈外
孫閔綏曰 何獨成仁在殺身 西山薇蕨復回春 缺 不向前江更問津 墓在全北咸悅郡
南堂山辰坐 男龍靑華府院君 女驪興 閔安富號農隱 官禮儀判書 孫長德符 以國
朝元勳封靑城伯 謚定安 次元符號岳隱 官典理判書 麗亡入杜門洞自靖 自後簪纓
勳業 文章忠節 世世延綿 爲東方鉅閥 公實啓之云.

6 『논어』술이편(述而篇) : 子曰 飯疏食飮水 曲肱而枕之 樂亦在其中矣 不義而富
且貴 於我如浮雲.

7 배위(配位)는 청송심씨 합문기후(閣門祗候) 심연(沈淵)의 따님이다. 심연은 민안
부 선생과 아들 민수를 기리는 시를 남기기도 했다.

8 민병승 : 조선 말기의 문신. 본관은 여흥(驪興)이고, 아버지는 민응식(閔應植)이
다. 1884년(고종 21) 1월 외국어학교 부교관(副敎官), 1885년 1월 탁지부(度支部)
주사를 지냈다. 같은 해 3월에 실시된 과거에 응시하여 병과(兵科)로 합격하여,
6월에 탁지부 서기로 승진했다. 1886년 4월에 이조정랑(吏曹正郞)이 되었고, 시
강원겸문학과 시강원겸필선, 승정원 동부승지, 성균관대사성에 차례로 임명되었
다. 1887년에는 내무부참의(內務部參議)가 되었고, 1888년에는 홍문관부제학,
이조참의, 시강원겸보덕을 지냈다. 1890년에는 이조참판이 되었고, 1893년에는

규장각직제학이 되었다. 1896년 8월에는 궁내부특진관(宮內府特進官)에 임명되
었으며, 1897년에는 중추원 1등의관이 되었다. 1899년에는 종궁내부특진관 칙임
4등관이 되고, 1905년에는 칙임3등관이 되었다.

9 북풍 : ①북쪽에서 불어오는 바람. 또는 찬바람. 삭풍(朔風). ②『시경』 패풍(邶
風)의 편명. 국가에 위험이 닥쳐옴을 근심하여 사랑하는 사람과 함께 피난하려는
내용이다. 여기서는 ②의 뜻으로 쓰였다.

10 맥수가 : 기자(箕子)가 고국 은(殷)나라가 망한 뒤 황폐해진 궁궐에 보리와 기장
만 무성한 것을 보고 한탄하며 불렀다는 노래로, 나라가 망함을 한탄한 노래의
의미로 쓰인다. 맥수지가(麥秀之歌).

11 이규남 : 조선 말기의 문신. 본관은 경주고, 자는 장화(章華)다. 1894년 식년시(式
年試)에 합격했다.

12 망복지신(罔僕之臣) : 나라가 망하면 자기는 신복(臣僕)이 되어 임금에게 충성
(忠誠)할 수 없으므로 숨어산다는 뜻.

13 여정 : 군정(群情). 민정(民情). 대중(大衆)의 감정. 민중(民衆)의 마음.

14 정연시 : 조선 말기의 문신. 본관은 초계(草溪=팔계)다. 1891년 11월 11일에 시행
한 문과 전시 병과에 급제해 홍문관 교리를 지냈다. 동계(桐溪) 정온(鄭蘊,
1569~1641)의 11세손이다.

15 農隱先生神道碑銘 幷序 : 麗史旣屋 舊臣世家 或有殺身成仁 或有守節罔僕 其全
節一也 先生諱安富 字榮叔 我閔 驪興爲貫 自麗至本朝 名德相承 爲東國大姓 始
祖諱稱道 尙衣奉御 生諱世衡 檢校太子少保 生諱懿 尙書左僕射 生諱令謨 太子
太師 諡文景 爲時名臣 生諱湜 刑部尙書 生諱仁傑 官至郎將 寔先生四世以上系
也 曾祖諱基 吏部尙書 生諱孺 戶部員外郎 考諱楠 都僉議舍人 先生生于麗末 官
至禮儀判書 早負重名 盡忠王室 見國步迍邅 與圃隱諸公登滿月臺賦聯句 先生首
占日 臺夜秋風漸覺寒 蓋取北風之詩而自也 及我太祖高皇帝啓祚建極 天人歸心
先生恥夫屈身 與太學生及文節公具鴻等七十一人 入萬壽山杜門洞 相與言志日
混跡農夫是吾志 隱而不出 爲終身靖獻之計 о禮部督迫出仕 先生輒執鞭而出日
吾將行商矣 遂相率踰峴而去後人名其峴日不朝 又日掛冠 先生後乃遜于山陰縣
大浦 隱於耕稼 自號日農隱居士 每月朔 登縣北高邱 瞻望舊都而痛哭 遂誡子孫
而赴擧 其述懷詩日 不義之富貴 於我如浮雲 石田王春在 携鋤朝暮耘 有一男綏
號雪川 除同福不就 以詩自誓 田晚作歸田老 簪纓豈絆身 撫松瞻古岳 播黍立新
春 寔遵先生之志也 孫惟賢惟義 曾孫璿珪璣亨孫 英廟嘗幸開城滿月臺 追憶勝國
七十二守節之臣 命錄用其後孫 立石紀蹟于杜門洞 又命居留臣徐宗伋 致侑文略
日 妥有領氏七十有二 罔臣罔僕 自靖其志 有洞日何 有門斯局 閉吏不出 晦蹟匿

形 其身雖廢 其節未沫 抱忠守貞 之死靡悔 聖祖襃忠奬節 於斯至矣 嗚呼 麗末諸
君子 從容就義 不變所以守 文山所謂孔日成仁 孟日取義 維其盡義 所以仁至者
平日講之熟矣乎 先生隱於農而歌麥秀 登高賦詩 辭甚悲壯 百世之下 令人興感
士林立祠浦上 拜亨先生父子 額曰崇節 其講學之所崇義 又祀於松京表節祠 凡七
賢 先生其一也 噫 君臣大倫 天經地義 當然終身不貳 而彼貪利欲 而視君父如奕
碁者 日自古何限 先生乃銖軒冕而塵金玉 固拒兩朝心致命 子亦辭郡綬 而有不可
奪之志 蓋其家庭授受之正大 固可見矣 先生履之藏 禮當有神道之銘 而未遑厥儀
後孫鵬燁達鎬 曁士林紀述先生事行 揭墓道而昭示無窮 屬銘文於炳承 士林李圭
南本孫泳贊魯植將命焉 治貞珉 儒林吳相泰本孫承鎬 竊念末學弇陋 何敢容易採
筆 而高景之忱 不自已 遂爲之銘曰 允矣先生 遂良顯忠 道義相磨 牧老圃翁 所磨
維何 大法大倫 天經地義 日有君臣 麗運旣訖 矢心罔僕 慷慨從容 丹誠自暴 士民
景仰 禋亨芬苾 千載曠感 興情惕怵 聖朝褒表 賜有宣額 扶植人紀 功乃赫赫 山陰
松衢 堂斧巉嵼 陵夷谷才堙 光氣猶烈 我銘不泓 用賁千億

著雍攝提格(1926年) 仲夏 族孫 嘉義大夫 吏曹參判兼同知經筵 義禁府 春秋館
成均館事 奎章閣直提學 世子侍講院 檢校 輔德 丙承 謹撰 後學 通訓大夫 弘文館
應教 知製教兼經筵侍講 春秋館 河東 鄭承鉉 篆 後學 通訓大夫 行弘文館校理兼
經筵春秋館 記注官 修撰官 八溪 鄭然時 書.

16 노신 : 고려 말기의 문신. 호는 악은(嶽隱)이고, 개성에서 태어났다. 공민왕 초에
   음사(蔭仕)로 관직에 나갔다. 상호군(上護軍)을 습봉(襲封)했고, 홍건적의 침입
   때 이를 격퇴한 공으로 일등 공신이 되었다. 1363년(공민왕 12년) 김용의 난을
   평정해 상장군에 오른 뒤 함풍군(咸豊君)에 봉해졌다. 문하시중(門下侍中)을 지
   냈다. 조선이 개국한 뒤 동지 40여 명과 함께 두문동에 들어갔다. 나중에 고향
   전남 함평으로 내려가 은거했다. 시호는 무열(武烈)이다.

17 엄광(嚴光, 기원전 37~43) : 후한 회계(會稽) 여요(餘姚) 사람. 자는 자릉(子陵)
   이고, 일명 준(遵)이다. 젊어서부터 명성이 높았고, 후한의 광무제(光武帝) 유수
   (劉秀)와 함께 공부했다. 광무제가 즉위하자 성명을 바꾸고 은거했다. 광무제가
   불러 경사(京師)에 왔는데, 옛 친구처럼 스스럼없이 지냈다. 간의대부(諫議大夫)
   를 제수하려고 했지만 사양하고 부춘산(富春山)에 은거했다. 후세 사람들이 그가
   낚시하던 곳을 엄릉뢰(嚴陵瀨)라 불렀다.

18 부춘 : 중국 절강성(浙江省) 동노현(桐盧縣)에 있는 산. 후한 때 은사(隱士)인
   엄광(嚴光, 자는 子陵)이 살던 곳으로 유명하다.

19 수양 : 수양산(首陽山). 산 이름. 백이(伯夷)와 숙제(叔齊)가 절의를 지키기 위하
   여 은거(隱居)하다 굶어 죽었다는 산인데, 중국 산서성(山西省)에 있다.

20 율리 : 지명(地名). 팽택현(彭澤縣)에 속한 땅이었고, 지금은 강서성(江西省) 구

강현(九江縣) 서남쪽에 있다. 동진(東晉) 때의 고사(高士) 도잠(陶潛, 365~427)의 고향이다. 그리하여 율리는 도잠 혹은 은자(隱者)의 별칭으로 쓰이게 되었다.

21 공수 : 전한 낭야(琅邪) 사람. 자는 소경(少卿)이다. 경서에 밝았다. 성제(成帝) 때 기로대유(耆老大儒)가 되어 수백 명을 가르쳤다. 당시 주박(朱博)이 낭야태수가 되었는데, 하속(下屬)으로 알현하여 기서지(起舒遲)에 올랐다. 주박이 그가 이례(吏禮)에 익숙하지 않을 것이라 여겨 주부(主簿)에게 가르치게 했는데, 익숙하게 되자 그만두게 했다. 재직할 때 행동거지가 강의(剛毅)하여 대절(大節)이 있었고, 충성이 극진했으며 백성을 잘 다스려 관리의 모범으로 일컬어졌다.

22 황패 : 전한 회양(淮陽) 양하(陽夏, 하남성 太康) 사람. 자는 차공(次公)이고, 시호는 정후(定侯)다. 젊어서 율령(律令)을 배웠고, 무제(武帝) 말에 재물을 내고 시랑알자(侍郎謁者)가 되었다. 선제(宣帝) 때 정위정(廷尉正)이 되어 의옥(疑獄)을 공정하게 해결했다는 평을 받았다. 본시(本始) 2년(기원전 72) 승상장사(丞相長史) 때 하후승(夏侯勝)이 조서(詔書)를 상의하지 않은 것을 탄핵하지 않았다가 함께 투옥되었다. 옥에서 하후승에게 『상서(尙書)』를 배웠다. 출옥한 뒤 하후승의 천거로 양주자사(揚州刺史)에 발탁되고, 영천태수(潁川太守)로 옮겼다. 당시 관리들이 엄혹(嚴酷)한 것을 유능하다고 여겼는데, 그는 항상 관대하면서도 명료하게 일을 처리하고, 교화에 힘쓰면서 처벌은 나중으로 미루었다. 신작(神爵) 4년(기원전 58) 고을을 잘 다스려 관내후(關內侯)에 봉작되었다. 오봉(五鳳) 3년(기원전 55) 승상이 되고, 건성후(建成侯)에 봉해졌다. 공수(龔遂)와 함께 순리(循吏)로 손꼽혀 '공황(龔黃)'이라 일컬어졌다. 한나라의 목민관(牧民官) 가운데 으뜸으로 추앙받았다.

23 민백필은 오의정(五宜亭)을 세운 다섯 민씨 가문 인물 중 한 사람이다. 오의정은 민안부 선생의 13세손 괴헌(槐軒) 민수(閔鉄)가 88살에 임종을 앞두고 "후손을 위해 공부할 서재를 건립하고 후학양성에 힘쓰라." 한 유지를 받들어 그의 다섯 아들인 노암(老巖) 민백주(閔百冑), 명암(明巖) 민백원(閔百元), 쌍송(雙松) 민백필, 국파(菊坡) 민백충(閔百忠), 국포(菊圃) 민백승(閔百昇)이 마음을 모아 1872년 정자를 짓고 학문 연구와 후학 양성에 힘쓴 곳이다. 1909년 경남 산청군 생초면 대포리 115번지 현재 장소로 옮겨 세워졌다. 경남 문화재자료 제543호로 지정되어 있다.

24 삼재 : 천지인(天地人)을 일컫는 말. 삼극(三極). 삼의(三儀).

25 人於兩間 參爲三才 以其有仁義而已矣 有是心而失亡之 可謂之人也哉 仁固是統四德者 而著於事則義 有斷決意 有直方意 有嚴截意 人之所激發尤易 此而不知所以崇養之 必隨事萎靡 仁亦無所存 其弊 至於子可以悖父畔君 故君子之學 必先於義利之辨 若是義則其當爲而爲之 如水臨萬壑 其不當爲而不爲 如截鐵斬釘

人見之 如急電暴雷 如秋霜烈日 此齋號之所以扁也 嗚呼 我先祖農隱先生 以麗
朝世臣 遭時不倖 無以有爲於世 遂與同義七十一賢 退而杜門以自靖 及屋社 千
里南下 退遯于山陰之大浦 聖朝累徵不起 此其地也 子雪川公 除同福縣監 亦不
就 嘗有詩曰 大夫問何官 父子而君臣 以義傳義 凜乎其嚴矣 所謂簪端滴漏 其理
不差者 非耶 後鄕人士 建院宇于此 享先生父子 殆二百年矣 及院毀 八域同咻 當
時之事 可勝言哉 院雖毀矣 不可無藏修肄業之所 就講堂古址 建此齋矣 亦不得
無恙 至於三毀三建 吁亦若矣 惟今與後之登斯齋者 必其講先生之義 崇先生之義
則入而可以自守 出而可以有爲 不然 齋雖存而還有愧於齋矣 願相與勉焉 書曰天
監于民 典厥義 人乎人乎 無日事無一時 無非其義也

歲甲戌暮春 後孫百弼 謹識

26 교목(喬木) ①높고 크게 잘 자란 나무. ②오래된 나라 또는 오래된 고을에서 전해
지는 전실(典實)을 형용하는 말.

27 오마주(hommage)란 불어에서 온 말로 '경의의 표시' 또는 '경의의 표시로 바치는
것'이라는 뜻이다. 예술작품의 경우 어떤 작품이 다른 작품에 대한 존경의 표시로
일부러 모방을 하거나, 기타 다른 형태의 인용을 하는 것을 가리킬 때 쓰는 말이
다. 같은 어원의 영어 단어는 'homage'인데 이것은 철자와 발음이 다르지만 뜻과
쓰이는 용도에서는 같다. 이 오마쥬는 영화뿐만 아니라 음악 장르에도 쓰이며
특정 대상에게 존경을 표한다는 점에서 패러디나 표절과는 다르다. 즉 존경하는
마음으로 선배나 대가의 작품의 의장(意匠)을 모방하는 행위 일체를 가리킨다.

28 민재남 : 조선 후기의 학자. 본관은 여흥(驪興)이고, 자는 겸오(謙吾)며, 호는
청천(聽天) 또는 자소옹(自笑翁), 회정(晦亭)을 썼다. 함양(咸陽) 출생이다. 외삼
촌에게서 글을 배웠지만 과거에 세 번 낙방한 뒤 사진(仕進)을 포기하고, 학당을
세워 후진을 가르치는 데 힘썼다. 1867년(고종 4) 천거로 헌릉참봉(獻陵參奉)에
임명되었지만, 사양했다. 저서에 『회정집(晦亭集)』이 있다.

29 진나라 때 신하[晋代臣] : 도잠(陶潛, 365~427). 동진(東晉) 여강(廬江) 심양(潯
陽) 사람. 자는 연명(淵明) 또는 원량(元亮)이고, 문 앞에 버드나무 다섯 그루를
심어 놓고 오류선생(五柳先生)이라 자호했다. 일설에는 이름이 연명(淵明)이고,
자가 원량이라고도 한다. 도간(陶侃)의 증손이다. 고을의 좨주(祭酒)가 되었지만
관리의 직무를 감당하지 못하고 사직한 뒤 돌아왔다. 다시 생활을 위해 진군참군
(鎭軍參軍)과 건위참군(建衛參軍) 등의 관직을 지냈다. 팽택현령(彭澤縣令) 때
오두미(五斗米) 때문에 허리를 굽히는 일을 견뎌내지 못하면서 항상 전원생활에
대한 사모의 정을 달래지 못하다가 안제(安帝) 의희(義熙) 2년(406) 41살 때 누이
의 죽음을 구실 삼아 팽택현령을 사임한 뒤 다시는 관계(官界)에 나가지 않았다.
이때 쓴 글이 「귀거래사(歸去來辭)」다. 의희 말에 저작좌랑(著作佐郎)으로 불렸

지만 나가지 않았다. 스스로 증조가 진(晋)나라 때의 재보(宰輔)였으면서 후대에
몸을 굽힌 것을 부끄럽게 여겨 남조 송나라가 들어서자 다시는 벼슬에 나가지
않았다. 지은 문장에는 모두 연월(年月)을 달았는데, 의희 이전에는 진나라 연호를
썼다가 남조 송나라 이후에는 갑자(甲子)만 달았다. 직접 농사를 지어 자급했고,
술을 좋아했으며, 시문을 잘 지었다. 시풍(詩風)은 후대의 많은 시인들에게 영향을
끼쳐 문학사상 큰 업적을 남겼다. 시 외에 「오류선생전(五柳先生傳)」과 「도화원기
(桃花源記)」 등 산문에도 뛰어났고, 지괴소설집(志怪小說集) 『수신후기(搜神後
記)』의 작자로도 알려져 있다. 사시(私諡)는 정절(靖節)이다. 저서에 『도연명집(陶
淵明集)』이 있다.

30 벼와 기장[禾黍] : 화서(禾黍) ①벼와 기장. ②나라가 망하거나 명승지가 퇴락(頹
落)한 것을 비유하는 말. 『시경』 왕풍(王風) 「서리(黍離)」편의 서문에서 주(周)나
라의 대부가 옛 궁궐터에 벼와 기장이 무성하게 자란 것을 보고 차마 떠나지 못하
고 방황하면서 이 편을 지었다고 한 데서 나왔다.

31 이득렬 : 조선 후기의 문신. 본관은 성주(星州)고, 자는 심회(心會)며, 호는 묵와
(默窩)다. 1816년(순조 16년) 식년시 을과에서 급제했다.

32 출처 : 관직에 나아감과 물러나 집에 있음.

33 右古節三篇 即雪川閔先生之詩也 先生以農銀公肖子 早受遺戒 不赴科宦 噢同福
特除 胡爲而至也 意者聖朝莫能奪酒爺之志 故擧逸之典 施及於其祠 以獎其忠
俾業其世否 在其子 遭遇殊代 出處異分 固宜幡然改圖 以許匪躬 亦無不可 而罔
僕之義 式穀之勉 受於過庭者 不翅諄複 父旣盡忠 子可違孝乎 遂脫屣郡紱 遁跡
邱樊 觀於詩 雖千載之下 亦可想見其心事 後世尙論者 苟有能會其父子而君臣之
義者乎 令人諷誦 一唱三嘆 忠義之心 不覺藹然而生 眞有不盡底意 惜其金聲玉
韻 有此寂廖數句語而止也 硏而大鼎之味 不獨驗於一臠 硏則得其志而壽其傳者
此三詩足矣 又何必多爲哉 不佞晚生緬古 徒勤景仰之忱矣 不意先生之後裔在南
以其所蒐於斷爛之餘 來示而速跋 自顧託名於其末 揆分知榮 而其人微文拙何
以是辭謝而不得 則要附於農隱集後 而因書所感云爾 前正言 星州 李得烈 謹識.

34 사액 : 임금이 절이나 서원(書院), 사원(祠院), 누문(樓門) 등에 이름을 지어 편액
(扁額)을 내림.

35 先生諱安富 字榮叔 驪興人 官禮儀判書 麗季鼎革之日 入萬壽山杜門洞 太祖屢
徵不起 與七十諸賢 登不朝峴 言志曰 混跡農夫是吾志 遂南遯于山陰之大浦 自
號農隱 因作詩曰 不義之富貴 於我如浮雲 石田王春在 携鋤朝暮耘 每月朔望 登
家後山 北望松京 後人名其山曰望景臺 遺戒子孫勿赴擧 嘗與鄭圃隱諸賢有滿月
臺聯句 肅宗癸酉建院于大浦 賜額崇節 純祖癸未享松京表節祠 (以上兩賢 亦從
表節祠位次 故不拘官品)

嗚呼先生 罔僕自靖 執奪我心 萬壽山靑 杜門洞深 峴日不朝 言志之吟 累徵不起
遯于山陰 自號農隱 翺翔雲林 石田王春 葵藿餘忱 登臺萬京 涕淚沾衿 遺戒子孫
勿取花簪 杜門諸子 摠我知音 誰知今日 舊緣復尋 怳如麗日 有赫斯臨 淸酒盈罍
靈其來歆.

36 不朝峴碑 高麗忠信不朝峴 英廟庚申幸松京 輦過不朝峴 顧侍臣 問峴名不朝之義
對曰 太祖設科本都 前朝大族五十餘家 不肯赴擧 踰是峴而去 故名也 上曰末世
君臣之義掃地矣 今聞不朝之名 百世之下 猶令人凜然如覩也 遂命竪碑于其墟 親
書不朝峴三字 又製一句曰 高麗忠信不朝峴 命留守撰陰記.

37 碑陰記 : 我聖上卽阼之十六年秋九月 戒鑾輿 謁厚陵 歷幸松 訪故事 父老對曰
敬德宮之前麓 卽不朝峴 昔我太祖大王 卽位定鼎 御是宮 試諸臣麗之臣庶不朝走
踰于峴 峴以是名 其詳有府誌在 上駐駕路次 顧瞻姉咨嗟 曰有表乎 僉曰無 上曰
此忠臣遺蹟也 宜旌而褒爾 守臣其刻高麗忠信不朝峴七字于峴 臣若魯 承命訖 伏
以思之 惟我聖上 克遵先朝舊事 光臨故都 拊興亡之迹 而官王氏之裔 獎文忠之
節 而碑善竹之橋 聞勝國之忠 而又思所以永樹風聲 是誠歷代帝王之所未能有者
而我聖上有之 表懿烈 扶世敎於千百代之下 於乎休哉 臣忝守玆土 獲覩盛事不勝
欽誦 碑旣成 謹附小誌于後 嘉善大夫開城留守 兼 管理使 臣金若魯 奉敎謹撰.

38 禮曹判書李時秀 啓言頃因儒生柳鳴休等上言以成思齊 朴門壽兩人追享於表節祠
事 令守臣詳探實蹟論理狀聞後稟處事命下矣卽見開城 留守黃昇源 狀啓則成朴
兩人杜門完節俱有可據之文蹟 當初表節祠創建之命 蓋出於樹風獎節之聖意 今
此兩人明知其爲同志之士 則一體竝侑實合事宜 請問于大臣稟處從之.

39 丙寅/命麗朝禮儀判書閔安富金冲漢兩人 追腏于松京杜門洞表節祠 因儒生疏陳
兩人 麗末全節之實 收議大臣許施也.

40 이지수 : 조선 후기의 문신. 본관은 연안(延安)이고, 자는 계린(季麟)이며, 호는
중산재(重山齋)다. 19살 때 서울로 올라와 족부(族父) 이병원(李秉源)에게 배웠
다. 1809년(순조 9) 사마시에 합격하고 1813년(순조 13) 증광문과에 병과로 급제
하여 승문원부정자가 되었다. 이어 성균관전적과 사간원정언을 거쳐 병조좌랑,
시강원사서가 되고, 1825년 옥구현감으로 나갔다. 1831년 동부승지, 1840년(헌종
6) 회양부사 등을 지내고, 1842년 다시 동부승지가 되었다. 옥구현감으로 있을
때는 민폐를 없애고 백성을 구휼하는 한편 향약을 만들어 교화에 힘썼다. 동부승
지가 되어서는 여러 차례 소대(召對)에 응해 국가기본정책을 건의했다. 만년에는
향리에 돌아와 중산재를 짓고 후진교육에 힘썼다. 저서에『중산재집(重山齋集)』
8권이 있다.

41 曁我純宗大王 又命以成思齊 朴門壽 閔安富 金冲漢四人 前後陞配焉.

42 박성양 : 조선 후기의 문신. 본관은 반남(潘南)이고, 자는 계선(季善)이며, 호는 운창(芸窓)이다. 이지수(李趾秀)의 문인이다. 천자(天姿)가 청명하고 용모가 단정했다. 일찍이 외가에서 공부하다가 이지수 문하에 들어가 경의(經義)를 배웠다. 1866년 프랑스가 강화도를 침범하자, 이를 물리쳐야 한다는 내용의 「벽사명(闢邪銘)」을 지어 사람들을 깨우쳤다. 송근수(宋近洙)의 천거로 1880년(고종 17)에 선공감감역(繕工監監役)에 임명되고, 이어 사헌부지평과 호조참의, 동부승지, 호조참판, 대사헌 등을 역임했다. 저편서로는 『운창문집(芸窓文集)』 15권을 비롯해 『이학통고(理學通攷)』, 『호락원류(湖洛源流)』, 『가례증해보유(家禮增解補遺)』, 『거상잡의(居喪雜儀)』, 『속통감(續通鑑)』, 『국조기이(國朝記異)』 등이 있다. 시호는 문경(文敬)이다.

43 범세동(范世東) ?~?. 고려 후기의 학자. 본관은 금성(錦城)이고, 자는 여명(汝明)이며, 호는 복애(伏崖)다. 아버지는 통찬(通贊) 범후춘(范後春)인데, 정몽주(鄭夢周)의 제자다. 1369년(공민왕 18)에 식년문과에 급제하여 덕녕부윤(德寧府尹)과 간의대부(諫議大夫) 등을 지냈다. 성리학을 깊이 연구하여 원천석(元天錫)과 함께 『화해사전(華海師全)』을 편집하고, 『동방연원록(東方淵源錄)』을 편찬했다.

44 世傳高麗亡後 七十二賢隱於杜門洞 不仕我朝 而姓名之流傳者 只有六七人 其平生本末 無以考也 重山齋集 有伏龍祠記 其略曰 昔我英宗大王以御製御筆竪碑于杜門洞 又命松都留守碑于不朝峴 仍又設碑侑祭 我正宗大王搜訪遺事 建祠賜額曰表節 先以曹義生林先味孟姓三人享焉 曁我純宗大王 又命以成思齋, 朴門壽, 閔安富, 金冲漢四人 前後陞配焉 又曰羅州邑誌曰伏龍面有伏巖 乃伏崖范世東隱伏之地 海東名賢錄曰 德寧府尹范某與同志七十一人 入于杜門洞 越二年 還歸羅州不起云云 按潛谷所撰海東名賢錄 無杜門洞事矣 所謂名賢錄 果是何書耶.

45 余嘗涉泗沘登月城 周覽羅濟舊址江山 謠俗漠然 無復興廢之感 是固物理人情之常也 揭松京則不然 涉其境覽大墟 自然有悽愴悲懷 彷徨不能去者 是孰使之然也 其享國久長 不及於羅 其德化之深於人 又無足以踰於濟矣 國家昭受天命 誕敷新化 煦濡涵育 且四百有餘年 民俗之近於殷 頑者往往發於謠詠者有之異哉 是孰使之然也 余於是知節義之感人深也 嗟乎歷視羅濟之季 節義之盛 孰有彷髴於麗者乎 夫將相者 國之命而 相有鄭圃隱 將有崔武愍 碧血至今不沫 英靈燁然如在 此固明爭日月 幽感陰陽 終萬古不可磨渤 同時慕義聞風而作者 如杜門洞七十一人 皆深潔以終身 雖其名姓之傳於世者 不如趙松山吉冶隱 諸公之彰明著甚 而其歸一也 然於霜降水落之後 稍稍著名者 亦八九人 農隱閔公安富 卽其一也 或曰文獻無徵 殊未可信 嗟乎何其苟於綜實而闇於論世也 當聖朝革命之初 勇於切名者

方且角節義而諱之 其有志於表章者乎 節義者方且入山逃海 惟恐其跡之露 誰其有沽衒者乎 此所以當世無文獻 如埋沙之釼 舊而後光氣者也 夫節義之名 伯夷爲之祖 而其徵也 惟采薇歌而已 然則公之軼詩一篇爲可徵 可少之哉 公之孫伯彦 嘗裒輯其沿襲文字之著於世者 將剞劂之 未就而歿 其族子致永 繼而成其志 乞余以弁卷之言 蓋以承家向節義故也.

46 이여정 : 조선 중기의 유학자. 본관은 성주(星州)고, 자는 화옥(華玉)이며, 호는 채헌(債軒)이다. 경남 산청 출신이다. 어려서부터 천품이 영리했다. 이계(尼溪) 박내오(朴來吾), 이광렬(李光烈) 등과 교유하고 지내며 후학을 가르쳤다. 저서에 『채헌유고(債軒遺稿)』가 있다.

47 지주(砥柱)는 중국 하남성(河南省) 섬주(陝州) 삼문협시(三門峽市)에서 동쪽으로 40리 되는 황하(黃河)의 중류에 있는 기둥 모양의 돌. 위가 판판하여 숫돌 같으며, 격류(激流) 속에서 우뚝 솟아 꼼짝도 하지 않는다고 한다.

48 先生諱安富 字榮叔 姓閔氏 系出驪興 高麗尙衣奉御稱道 寔公九世祖也 三傳至 諱令謨 門下平章事集賢殿太學士監修國史上柱國太子太師謚文景 是生諱湜 刑部尙書寶文閣直學士 是生郎將圍仁傑 是高祖以上也 曾祖門下侍郎平章事 諱基 祖戶部員外郎 諱孺 考令同正 諱栢 公生有異質 自在孩提 有若成人 世以公輔之器期之 及長文章德業俱進 恭愍王庚子別試 登文魁 屢掌文衡 簡士得賢 公道著 聞開奬後學之功漸多 自筮仕之初 士林仰望焉 公當禍之苒祚也 宦在備衛之列 獨言其不可於咸可之中 屹然若洪流之砥柱 鄭文忠公稱公有三軍難奪之志 又詩以美之有惟有閔生差可强之句 公之踐履篤實 操存牢確 此可略綽矣 知世道之不可有爲 退居驪興 躬耕讀書 若將終身 恭讓朝 鄭圃隱召之 公黽勉一出 遂與圃隱殫心王室 官至禮儀判書 見麗運旣訖 不可以隻手扶救 則決意勇退去 隱于嶺外山陰之大浦洞 躬自耕稼 自號曰農隱 戒子孫勿赴擧 家後山築望京臺 朝夕臨之 以自傷 此公志行之大槩也 嗚呼古之隱者 如卞務巢許者 潔身操行 高則高矣 不免乎亂倫之科 若我麗季名節 異於是 其忠義之凜然千古 神會於首陽之隱 或隱於圃冶牧樵 或隱於陶醇梧樹 而農隱其一也 諸賢之隱 其處所雖不同而其罔僕之節自靖之義 則同出於至誠惻怛之中 可不謂之仁者歟 公之事行 載在海東忠義錄 而藏於京中趙氏家 樹隱金先生後孫尙協 甫欲考樹隱行蹟而奉 來於壬寅秋 以示先生後孫宗洙 宗洙見而愴傷 旣嘉金君之義 又感其先祖之事 袖以屬余曰 先祖之行蹟播載於國乘者如是 而不肖輩 今始得見 則盍記其事之顚末 使後孫知 所以寅慕耶 余不敢以不文辭 遂爲之撰次如右 內外子孫 寔蕃衍載譜牒 今不復著 崇禎三周壬寅陽月上澣 後學星州李如珵撰.

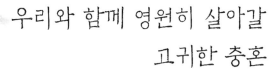

우리와 함께 영원히 살아갈 고귀한 충혼

고려 왕조가 망한 지도 올해로 627년이 지났다. 고려를 무너뜨리고 새 왕조를 연 조선도 나라를 빼앗기는 비극을 피해가지 못했고, 더구나 이민족에게 국권을 넘겨 국민을 도탄에 빠뜨렸다. 망국으로 보아도 최악의 시나리오라 아니할 수 없다.

고려의 멸망은 역사적 추이에서 어쩔 수 없이 감내해야 할 일이라 볼 수도 있지만, 일부 이욕(利慾)에 찬 무리들에 의해 무력과 폭력, 날조와 의혹이 점철되는 가운데 이뤄져 더욱 안타까움과 분노를 자아냈다. 정당하지 못한 세력이 권력을 찬탈했기에 국민들의 지지도 기대하기 어려웠고, 세신(世臣)으로 왕조의 녹을 먹은 사람들에게는 참기 어려운 치욕이었을 것이다.

이를 증명하기라도 하듯 많은 사람들이 새로운 왕조에 등을 돌렸고, 그 저항의 몸짓을 강하게 보여주었다. 이를 막고자 조선 조정은 왕족들을 회유해 몰살하는가 하면 개국에 반대했던 사람들을 무자비하게 제거하는 일을 서슴지 않았다. 무력으로 일어난 왕조기에 무력이 아니면 민심(民心)을 수습할 수 없는 악순환이 연속되었던 것이다.

그러나 아무리 무력이 무섭고 회유가 달콤하다고 해도 춘추필법(春秋筆法)의 포폄(褒貶)¹ 정신으로 단련된 의사(義士)들을 굴복시킬수는 없었다. 왕조의 회복을 위한 반란이 일어나지는 않았지만, 무력에 대항해 그들은 오히려 비폭력(非暴力)의 자세로 저들과 맞섰던 것이다. 그리고 그런 대표적인 사람들이 바로 두문동 72현이었다.

두문동 72현은 반드시 개성 인근에 있던 골짜기인 두문동에 들어갔던 사람들만 일컫는 말은 아니었다. 고려 왕조를 추념하면서 새로운 왕조의 성립에 동의할 수 없었던 일련의 인물들을 통합해 부르는 말이었다. 그러기에 이들의 불굴의 자세는 '두문동 정신' 또는 '72현 정신'으로 불릴 수 있다.

두문동 72현의 명단에는 많은 사람들이 이름을 올렸다. 그런데 그 중에서도 처음부터 마지막까지 충절의 정신으로 올곧게 살다간 인물을 들라면 우리는 주저 없이 농은(農隱) 민안부(閔安富) 선생을 추앙하지 않을 수 없다.

농은 민안부 선생은 고려 말엽에 태어나 1360년(공민왕 9) 별시문과에서 장원급제해 공양왕 때는 예의판서(禮儀判書)까지 오른 유학자이자 정치가였다. 그는 성격이 차분하고 내면적인 사색을 중시했던 것으로 보인다. 남 앞에 나서기보다는 항상 뒤에 서서 후원하면서 변화를 누구보다 먼저 예측했고, 상황이 악화되면 아낌없이 헌신의 자세를 보여주었다. 또 시세의 앞날을 먼저 내다보는 혜안(慧眼)도 갖추었다.

왕조가 망하기 10년 전인 1382년(우왕 8년) 여러 동료들과 만월대에 모여 나눈 「만월대연구(滿月臺聯句)」는 그런 용의주도했던 민안부 선생의 진면모를 잘 보여주는 예다. 나라가 망해 두문동에 유신(遺臣)들이 모였을 때 "나는 농부의 삶을 살아가겠다."고 말하면서 농은(農隱)이라는 호를 자청했다. 과거의 많은 충신들이 충절을 지키고 정의(正義)를 선양하고자 은일(隱逸)을 택했던 길을 선생도 뒤따랐던 것이다.

선생은 두문동을 거쳐 원주의 변혁사(變革祠)에도 동참했고, 이어 지리산 배록동(排祿洞)에 모였던 절의파들과도 고락을 같이했다. 그리고 마지막은 산음현(山陰縣, 지금의 산청군) 생초면 대포리에 정착하면서 죽을 때까지 고국(故國)을 그리며 충절의 삶을 다했다. 그런 자신의 의지를 「술회(述懷)」란 시를 통해 천명하기도 했다. 매달 초하루가 되면 산에 올라 멀리 송경 하늘을 바라보며 참배하는 정성도 잊지 않았고, 그래서 그곳은 '망경대(望景臺)'로 불렸다.

선생의 아드님 민수(閔綏) 역시 아버지의 충절을 본받고 유지를 받들어 조선 왕조에서는 과거에 응시하지 않았을 뿐만 아니라 특별히 내려진 동복현감(同福縣監) 자리도 분연히 거절했다. 또 자신의 결의를 북돋고자 「지감(志感)」 세 수를 써 후손들의 귀감이 되도록 했다.

이제 농은 민안부 선생이 망국의 한을 접고 이 세상을 떠난 지도 고려 왕조가 멸망한 시간만큼 아득해졌다. 사람은 떠났지만 그가 남긴 언행(言行)은 기억되듯이, 선생의 충혼(忠魂)은 이후 많은 사람들의 마음을 울렸고, 그를 기리는 현창(顯彰) 사업이 줄곧 이루어졌다.

선생이 내려와 은거했던 그 곳에는 대포서원(大浦書院)이 당당한 자태를 여전히 보여주고 있고, 후손들뿐만 아니라 많은 사람들이 선생의 유덕(遺德)을 기리며 진정한 존경의 마음을 담은 글을 쓰고 행동으로 보여주고 있다.

대개 사람의 마음이란 자신에게 이로운 일은 어떻게 하든 추수(追隨)해 몫을 챙기려 하고 해로운 일이라면, 설령 그것이 정의롭고 바르다 해도 눈감거나 피하려고 한다. 이를 누가 탓하겠는가? 그러나 그런 얄팍한 인심(人心)의 추이에 흔들리지 않고 평생 고달프고 고통스러운 길일지언정 옳은 길을 간 사람이 있다면, 우리는 자연스럽게 옷깃을 여미며 추앙과 경모(景慕)의 마음을 드러내게 된다. 농은 민안부 선생은 그런 존경을 받고 길이길이 기억되기에 충분하고도 넘치는 행적을 보여준 인물이다.

안타깝게도 선생의 생전 삶을 되새길 수 있는 자료가 많지 않아 선생의 생애를 충분히 재구할 수 없는 한계가 있지만, 그렇다고 해서 그런 분을 잊어서는 안 되는 것이 후인(後人)으로서 마땅히 취해야 할 도리일 것이다. 이 책은 그런 취지에서 쓰여졌다.

자료의 한계 때문에 어떤 부분에서는 추측을 더하기도 하고 상상의 날개를 펼치기도 했지만, 이것은 허구가 아니라 선생의 성품이라면 당연히 그랬을 것이라고 보았기 때문에 가능한 일이었다.

많은 사람들이 선생의 충의(忠義)와 희생, 그리고 절의(節義) 정신

을 읽고 기려 자신들의 언행을 단속하고 가늠하는 데 도움이 되기
를 바란다.

1 포폄 : 『춘추(春秋)』에 담긴 오묘한 진리를 일컫는 말. 악인(惡人)이라고 해도
   잘한 일이 있으면 칭송하는 것이 포(褒)고, 선인(善人)이라도 나쁜 점이 있다면
   숨기지 않고 알리는 것이 폄(貶)이다.

부록

〈부록1〉농은 유적 답사기

농은의 발자취를 따라
산청을 걷다

2019년 12월 9일 금요일 아침, 나는 내가 사는 남해군을 떠나 진주시로 향했다. 날씨가 몹시 추울 것이라는 일기예보를 들은지라 옷을 든든히 입고 출발했다. 더구나 오늘은 하루 종일 산과 들을 오가면서 강행군을 해야 하는 날이었다.

진주 시외버스터미널에 닿으니 민영근 선생이 나를 기다리고 계셨다. 여흥민씨종친회 일을 맡고 있는 민영근 선생은 나와 농은 민안부 선생을 만나게 해준 분이다. 또 글을 쉽게 끝내지 못해 집필 기간이 늘어났음에도 나를 믿고 기다려주신 분이기도 하다. 산청군청에서 오랜 동안의 공직 생활을 마치고 2012년부터 여흥민씨 산청군 종친회장을 맡아 진주와 산청을 오가면서 농은 민안부 선생의 행적과 충의(忠義)의 정신을 널리 선양하는 일에 혼신의 노력을 기울이고 있기도 하다.

중요성에 비할 때 민안부 선생과 관련된 자료는 턱없이 부족하다. 『농은선생실기(農隱先生實記)』가 전하고는 있지만 간접적인 자료가 대부분이다. 이처럼 선생의 전모를 알기에는 전해지는 기록이 사실상 거의 없다. 그렇기 때문에 민영근 선생은 더욱 선조의 자랑스런 자취가 한 편의 어엿한 기록으로 남기를 염원하셨을 것이다.

민안부 선생의 삶을 재구하는 일은, 전승되는 자료가 부족하고 너무 단편적이어서 힘들기도 했지만, 그만큼 흥미롭기도 했다. 농은 선생의 행적을 추적하면서 늘 머릿속을 맴도는 인물이 있었다. 중국 삼국시대 촉(蜀)나라의 충신 제갈량(諸葛亮, 181~234)이었다. 신출귀몰한 묘책을 내어 적군의 간담을 서늘하게 만든 제갈량은, 그 뛰어난 능력에 견주어 불운하기 짝이 없는 인물이었다.

촉나라를 세운 군주 유비(劉備, 161~223)가 찾아와 삼고초려(三顧草廬)하면서 그에게 도움을 청했을 때 제갈량은 어떤 생각을 했을까? 한(漢)나라의 이름 없는 후손이 과연 이 난세를 극복하고 왕조를 부활시킬 수 있을 것이라고 믿었을까? 불세출의 지혜와 식견을 갖춘 그는 시세(時勢)와 물정을 모르는 백면서생은 아니었다. 자신에게 요구하는 과제가 성공할 가능성이 높지도 않고, 한 개인의 힘으로 바꿀 만한 기세가 아니었음을 알았을 것이다.

그럼에도 그는 불가능에 도전했고, 최선을 다했다. 「출사표(出師表)」에서도 생생히 드러나는 것처럼 자신을 믿고 모든 것을 맡긴 유비와 촉나라를 위해 자신의 인생을 모두 걸었다. 그러나 대세는 제갈량의 헌신만으로 뒤바뀌지는 않았다. 주군을 떠나보낸 뒤에도 전세를 만회하고자 동분서주했지만, 결국 그는 오장원(五丈原)에서 최후를 맞았다. 그의 죽음과 함께 촉나라의 운명도, 마지막 등불이 사라지자 꺼지고 말았다.

이렇게 실패한 생애를 마감했지만, 나는 제갈량이 자신의 선택을 후회하지는 않았을 것이라고 믿는다. 자신에게 주어진 역사적 임무를 완수하는 데 그는 조금도 소홀하지 않았기 때문이다.

제갈량처럼 농은 민안부 선생 역시 실낱같은 희망에 자신의 모든 것을 쏟아 부었다. 선생은 고려왕조가 황혼기에 들어선 14세기에 태어나 과거 시험에 합격했고, 관직 생활을 하면서 꺼져가는 촛불을 지키듯 왕조의 안녕과 지속을 위해 애썼다. 그리고 불의한 세력에 의해 왕조가 무너지자, 그 어떤 회유와 위협에도 굴복하지 않고 자신이 옳다고 생각하는 길을 당당하게 걸어갔다. 개성의 두문동과 원주의 변혁사, 지리산의 배록동을 거쳐 선생은 자신의 소신을 끝까지 보듬고 살 장소로 산청(산음)을 택했다.

개성이 민안부 선생이 삶을 시작한 고향이라면, 산청(산음)은 선생이 삶을 마친 고향이었다. 선생이 삶을 마친 이후 600년이 훨씬 지난 지금도 산청에는 선생의 삶과 정신을 엿볼 수 있는 많은 유적들이 남아 있다.

선생의 삶과 정신을 재구하는 일이, 그 동안에는 문헌과 기록을 통해 이뤄졌다면, 오늘 산청 방문은 눈과 귀로 경험하고 체험하는, 또 하나의 재구 작업이 될 것이다.

진주에서 만나 민영근 선생의 차로 1시간여를 달려 산청군 생초면에 도착했다. 날씨는 예보만큼 춥지 않았다. 하늘은 쾌청했고,

바람도 심하지 않았다. 중무장이 오히려 성가실 정도로 농은 선생의 유적을 탐방하기에 더없이 좋은 기후였다. 자신의 자취를 찾아오는 손님을 위해 선생의 혼령께서 배려해주신 것이 아닐까 여겨질 정도로 쾌적했고 상쾌했다.

대포서원(大浦書院)

우리가 처음 도착한 곳은 대포서원이다. 산청군 생초면 명지대포로 236번길 91에 위치해 있다. 글을 쓰기 전에도 한 번 다녀간 곳이지만, 글을 마치고 난 뒤 찾으니 감회가 새로웠다.

대포서원은 농은 선생의 절의를 기리기 위해 지역 유림(儒林)과 후손들이 뜻을 모아 1693년(숙종 19)에 세워졌다. 대원군 때 서원철폐령으로 훼철되었다가 1874년(고종 11)에 복원되었고, 여러 차례 보수를 거쳐 현재 모습을 갖추었다. 부속 건물로 숭절사(崇節祠)와 숭의재(崇義齋), 동재(東齋), 서재(西齋), 신도비각(神道碑閣) 등을 갖추고 있다.

오른편으로 멀리 봉화산이 보이고 야트막한 야산에 둘러싸인 대포서원은 선생의 유혼(幽魂)이 깃들기에 알맞은 곳이었다. 서원 앞으로는 논밭이 펼쳐져 있는데, 조금만 더 내려가면 산청군의 젖줄이라 할 경호강이 세월을 잊은 듯 유유히 흘러간다.

대포서원 전경

신도비각 전경

숭절사(이조 숙종 때 사액 서원) 전경
안에는 농은 선생과 아들 설천 선생의 위패가 모셔져 있다

숭의재(서원 강당) 전경

이곳에 서원이 들어선 것은 다 까닭이 있었다. 산을 넘어가면 선생이 은거하며 살았던 마을이 있고, 선생은 이따금 이곳에 와 뜻을 함께 했던 산청의 선비들과 경전과 사서(史書)를 읽으면서 때로 시를 지어 유민(遺民)의 아픔을 달랬을 것이다.

그때 쓴 망국(亡國)의 한을 담은 시는 다 없어졌지만, 그 터전에 선 대포서원은 세월의 침탈도 이겨내고 여전히 자리를 지키고 있다. 살아서의 부귀영화가 다 뜬구름 같다고 말씀하신 선생의 육성이 들려올 듯했다.

매년 음력 3월 15일에 지역 유림과 후손들이 모여 춘향제를 지낸다.

오의정(五宜亭)

다음으로 우리가 찾은 곳은 오의정이다. 대포서원에서 조금 길을 돌아 경호강이 아래로 훤하게 내려다보이는 경치 좋은 장소에 자리해 있다. 주소는 산청군 생초면 대포리 115번지다.

대포마을은 농은 선생이 은거해 터를 잡고 살다 떠난 뒤 그 후손들이 대대로 선생의 유지를 기리면서 살아온 집성촌(集姓村)이다. 지금이야 다른 성씨들도 모여 살지만, 한때 이곳은 농은 선생의 후손들이 농사를 짓고 학업에도 힘쓰면서 오순도순 살던 곳이었다.

오의정이 세워진 것은 1872년(고종 9)이었다. 농은 선생의 13세손인 괴헌(槐軒) 민수(閔銖, 1784~1871) 선생의 아들들 때였다. 민수는 평생 학문을 닦아 제가(齊家)와 사회봉사에 이바지한 인물이다. 88세 되던 해 다섯 아들을 불러 놓고 말했다.

"이제 내 나이 아흔을 바라보고 있다. 평생 내 분수대로 해야 될 일을 다하고 살았는데, 다만 자손들이 공부할 서재를 마련해 놓지 못한 것이 한이 되는구나. 너희들이 서재를 지어 후손들이 공부할 수 있는 방책을 마련하여라."

이렇게 뜻을 전하고 그해 돌아가셨다. 장례를 모신 뒤 다섯 아들은 밤낮으로 부친의 가르침을 어길까 노심초사하면서 마을 위쪽 삼천동(三泉洞)에 서재 한 칸을 마련했는데, 이것이 오의정의 시초이다. 이때가 1872년 임신(壬申)년이었다.

괴헌 선생은 하늘이 낸 효자라고 할 만큼 효성이 지극했다고 한다. 선생의 효행은 나라에도 보고되어 통훈대부(通訓大夫) 사헌부감찰(司憲府監察)이 증직(贈職)되었다. 노백헌(老柏軒) 정재규(鄭載圭)가 지은 「오의정중건기(五宜亭重建記)」에 따르면 "괴헌은 효도와 우애로 가문을 일으켰다."고 쓰여 있다. 다섯 아들 역시 효행이 지극하고 형제의 우애가 돈독하였다.

오의정을 세운 다섯 아들은 노암(老巖) 민백주(閔百胄)와 명암(明巖) 민백원(閔百元), 쌍송(雙松) 민백필(閔百弼), 국파(菊坡) 민백충(閔百忠), 국포(菊圃) 민백승(閔百昇)인데, 이분들 역시 학문으로 걸출했다고 한다.

오의정은 원래 다른 곳에 지어졌다가 1909년에 이곳으로 옮겨졌다. 건물의 규모는 정면 3칸, 측면 2칸이고, 가운데 어칸에는 온돌방을 두었다. 넓은 바닥 위에 외벌대 기단을 조성하고, 초석 위

오의정 전경

에 기둥을 세운 뒤 넓은 누마루를 얹고 사방에 계자 난간을 두른
누각 형태의 정자다. 넓은 누마루 가운데 방을 둔 구조는 따뜻한
봄과 여름뿐만 아니라 추운 겨울에도 정자로 쓸 수 있도록 배려한
것이다. 남쪽 지방이지만 상대적으로 추운 경남 서부 지역이 빚어
낸 독특한 건축 양식이다.

그런데 왜 이름이 오의정일까?

노암 민백주가 남긴 「오의정기(五宜亭記)」에 따르면 서재를 완성
하고 이름을 정해야 했는데, 주변의 선비들이 이렇게 권유했다는
것이다.

"『맹자(孟子)』에서 말하는 인생삼락(人生三樂) 가운데 형제가 무탈
한 것이 일락(一樂)인데, 다섯 형제가 모두 무탈하니 '오락정(五樂

오의정 앞마당 아래 유유히 흐르는 경호강

亭)'이라 부르면 어떠냐?"

그러나 다섯 형제들은 아버님 생전에 즐거움을 받들지 못한 것이 죄송한데, 감히 오락이란 말을 쓸 수 없다고 사양하였다. 그러자 『시경(詩經)』 소아(小雅) 「요소(蓼蕭)」편에 "형에게도 착하게 하고 아우에게도 착하게 한다.(宜兄宜弟)"에서 의(宜)자 뜻이 함축적이고 오형제가 힘써야 될 과제이니 오의정(五宜亭)이라함이 마땅하다고 해서 결국 오의정이라 이름 짓게 되었다고 한다.

오의정이 완성된 뒤 다섯 형제는 이 정자에서 학문연구와 후학

양성에 전념했다. 그리고 40여 년 세월이 흐른 뒤 노암의 큰아들 송암(松菴) 민동혁이 1909년에 삼천동 용강 뒷산에서 경호강 언덕으로 이 정자를 옮겨 지은 것이 지금의 오의정이다.

오의정은 괴헌 선생의 유지를 받들어 모신 다섯 아들이 후손의 교육을 위해 얼마나 정성을 쏟았는가를 보여주는 산 현장이다. 괴헌 선생의 둘째아들 명암 민백원이 남긴, 자제들을 경계한 글에는 이런 말이 나온다.

"사람으로서 배우지 않으면 짐승과 어찌 구분이 되겠는가. 부귀는 인력으로 억지로 이루어지는 것이 아니다. 마땅히 하늘의 이치를 순리대로 따라서 오직 자신의 분수로 해야 될 바를 힘써 실천할 뿐이다(人而不學 於禽獸奚擇 富貴非人力之所可致 當順受於天 惟盡力於自分之所當爲而已)"[1]

농은 민안부 선생의 시에 나오는 구절 "불의한 부귀영화는 뜬구름과 같다."는 말과 일맥상통하는 가르침이 아닐 수 없다.

고려 왕조의 충절을 지키기 위해 후손들에게 관직에 나갈 것을 금지한 농은 선생이지만, 학문의 중요성을 모르는 분은 아니었다. 충절의 힘은 학문의 깊이에서 나온다고 믿었던 이가 농은 선생이었다.

그러니 그 후손들이 관직은 꺼려 기피했다고 해도 학문까지 등한시했을 리는 없다. '오의(五宜)'에는 다섯 형제가 화목하게 배움에 힘쓴다는 뜻도 있지만, 모두 올바름을 잃지 말고 학문에 매진하자는 마음도 담겨 있는 것이다.

오의정과 괴헌재

　오의정 입구에는 괴헌재(槐軒齋)라 현판이 붙은 건물이 딸려 있
는데, 후손이든 누구든 이곳에 와 묵으면서 농은과 괴헌 선생, 그
리고 후손들의 학문을 사랑했고 충절을 소중히 한 마음을 되새겼
으면 좋겠다는 생각이 들었다.

대포리 민씨 고가(閔氏古家)

　선영으로 가기 전에 잠시 들렀던 곳이 민씨고가였다. 산청군 생
초면 명지대포로 236번길 7에 위치해 있다.
　구전에 따르면 이 고가는 대략 조선 말기 쯤 건립된 것으로 추정하고 있다. 건물은 안채와 곳간채, 대문채로 구성되어 있다. 경상남도 문화재자료 제163호로 지정되어 있다.

안채는 정면 4칸, 측면 3칸 크기에 ㄱ자형 평면의 골기와 팔작지붕을 얹었다. 곳간채는 정면 3칸, 측면 1칸 규모에 일(一)자형 평면의 골기와 모임지붕을 얹었다. 대문채는 정면 6칸, 측면 1칸의 맞배지붕을 얹은 모습을 갖추었다.

기물이나 가구가 갖춰져 있는 것으로 볼 때 누군가 거주하고 있는 느낌이었다. 사람의 손때가 묻지 않으면 집은 금방 황폐해져 버린다. 그러니 사람의 훈기가 느껴지는 것은 좋은 일인데, 조금 더 관리에 세심한 배려를 했으면 더욱 의미가 있겠다는 생각이 들었다.

민씨고가 외관

민씨고가 내부 모습

농은 선생 부인 청송(靑松) 심씨(沈氏) 정부인(貞夫人) 묘소

이어 우리는 차를 몰아 농은 선생의 부인 청송 심씨가 잠들어 계신 묘소를 찾았다. 위치는 봉화산 유좌(酉坐, 묏자리나 집터 따위가 유방인 정서(正西) 쪽을 등지고 앉은 자리)에 있다.

농은 선생이 산음(산청)을 은거지로 택한 데는 산자수려(山紫水麗)한 경관에도 끌렸겠지만, 선생의 장인인 심연(沈淵, ?~?)이 산청현감을 지내고 이곳에 정착한 까닭이 컸다. 그러니 산청은 농은 선생뿐만 아니라 부인되시는 청송 심씨에게도 뜻 깊은 고을이었을 것이다.

묘소는 고속도로를 가로질러 뚫은 굴을 지나고도 야산을 한참 걸어가는 곳에 있었다. 찾으면서 나는 두 분이 합장되어 있을 것이라 짐작했는데, 부인의 묘소는 따로 마련되어 있었다. 내 개인적인 판단이지만, 부인은 선생이 세상을 떠나고도 더 사셨을 듯하다. 농은 선생의 묘소는 지세(地勢)가 비좁았다. 그러니 두 분을 함께 모시기에는 적당하지 못했을 것이다.

은사(隱士)의 부인답게 묘소는 아담했고 정갈했다. 양편으로 석주(石柱)가 섰고, 원래의 묘표(墓表)와 새로 세운 묘표가 나란히 무덤 앞을 지키고 있었다.

원래의 묘표는 마모가 심해 글을 읽기 어려웠다. 대신 새로 세

정부인(貞夫人) 청송 심씨 묘소

운 묘표의 앞부분에 부인의 가문과 덕행에 관한 기록이 있어 이를 옮겨 적어본다.(한문 구어가 섞여 있어 우리말로 조금 고쳤다.)

정부인(貞夫人) 청송 심씨는 고려 충현(忠賢) 농은 민선생의 현비(賢妃)다. 할아버지의 이름은 심홍부(沈洪孚)인데, 충렬왕 때 문림랑 위위시승(文林郎衛尉寺丞)을 지냈고, 아버지의 이름은 심연(沈淵)인데, 충숙왕 때 합문기후(閤門祗侯)를 지냈다. 『산청군지』에 공이 고려 말에 본읍(本邑)에 고을 원으로 왔다가 이로 인해 석번촌(石番村)에 거처하면서 명리(名利)를 버리고 임천(林泉)에서 종로(終老, 여생을 보냄)했다는 기록이 있다.

부인이 명가에서 태어나 유염(孺染, 남들의 언행에 영향을 받음)이 남달랐으며, 효순(孝順)의 행실은 어릴 때부터 칭송을 들으셨다. 민씨 집안에 시집을 와서는 부도(婦道)를 능히 닦고 언어와 행동거지, 법도(法度)가 있었으니, 당시 현부인(賢夫人)이라는 칭송이 있었다. 선생이 유업(儒業)을 이룩하고 벼슬에 나아감에 있어 내조(內助)의 힘이 많았다고 전해온다.……

이처럼 농은 선생이 집안일을 염려하지 않고 관리로서 나랏일에 최선을 다할 수 있었던 데는 부인의 공도 대단히 컸다. 특히 산청에 은거해 유신(遺臣)의 삶을 살아갈 때 그 신산(辛酸)은 이루 말할 수 없이 컸을 것이다. 이럴 때 부인의 존재는 더욱 힘이 되었을 것이고, 가풍(家風)이 길이 이어질 수 있게 만든 분도 부인이었을 것이다.

농은 선생 묘소

청송 심씨의 묘소를 뒤로 하고 우리는 농은 선생의 묘소를 찾았
다. 망국의 한을 품고 격분(激忿)의 심정을 삭히면서 마지막 안식을
얻은 곳을 찾는 심정은 숙연했다.

묘소는 묘표에 따르면 산음현(山陰縣) 북쪽 송구리(松衢里) 간좌(艮
坐, 묏자리나 집터 따위가 간방인 동북쪽을 등진 방향이나 자리)에 자리했다
고 했다.

묘소에 오르자 나는 후학(後學)으로서 큰 절부터 올렸다. 고려가
망할 때 충절의 길을 간 많은 이들이 있었다. 그때의 문학을 전공
한 나는 여러 순절한 분들의 이름은 알았지만, 농은 선생의 존함은

농은 민안부 선생 묘소

최근에야 들었다. 이 얼마나 송구스럽고 부끄러운 일인가!

뒤늦었지만 충절을 다한 한 위대한 선비를 이제야 알게 되고, 그 분의 삶과 행적을 담은 기록을 책으로 남기게 되었으니, 조금이나마 허물이 씻어지기를 기도했다.

선생의 묘소도 부인의 묘소만큼이나 정갈하고 아늑했다. 소나무가 사방을 둘러 충절과 절의의 높은 경지를 떠받들었고, 산새 소리마저 예사롭게 들리지 않았다. 무덤에 몸을 누일 때 그 마음이 결코 편하지 않았을 터이기에 혼령께서는 그 옛날 오자서(伍子胥, ?~기원전 484)처럼 두 눈을 부릅뜨고 조선 왕조의 미래를 지켜보셨을 것이다.

이제 고려를 멸망시킨 조선 왕조도 사라졌고, 새로운 나라가 문을 열어 오늘에 이르렀다. 흥망(興亡)이 유수(流水)와 같다는 역사의 진리를 목격하면서 선생의 유혼은 어떤 상념에 잠기셨을까?

묘표에는 선생의 행적과 교훈이 자세히 적혀 있었지만, 역시 마모가 심해 읽기에는 한계가 있었다. 다행히 『농은선생실기』에 묘표의 원문과 번역이 실려 있어 이를 여기에 옮겨둔다.(번역은 조금 고쳤다.)

경상도 산청현 북쪽 높이 넉 자의 간좌는 고려에서 예의판서를 지낸 민공 안부의 무덤이다. 예전에는 작은 표석이 있었는데, 글자가 마멸되어 알아보지 못하게 되었다. 이에 후손이 새 표석으로 고쳐 세우기를 상의하고 민의수를 보내 일장산 산중까지 천 리를 찾아와서 나에게 글을 부탁했다.

대개 공이 고려를 섬겨서 예의판서에 이르렀는데, 고려의 운명이

다한 것을 보고 만수산 두문동에 은거했었다. 태조 이성계가 왕위에 올라 여러 차례 불렀지만 나가지 않았다. 그리고 결국 재를 넘어 남쪽으로 와 산음현 대포에 살면서 자호를 농은이라 했다. 또 자신의 뜻을 밝혀 맹세하는 시를 지으니, "의롭지 못한 부귀영화는, 나에게는 뜬구름과 같네. 돌밭에 왕조의 봄이 있으니, 아침저녁으로 호미를 들고 김을 매노라."고 했다.

매달 초하루가 되면 기거하던 집에서 10여 리 떨어진 강고산 중턱에 올라 북쪽으로 송경(개성)을 바라보며 애도했으니, 후세 사람들이 그 산등성이를 망경대라 이름지었으며, 자손에게는 과거에 나가지 말라고 경계하는 말을 남겼다. 공의 자는 영숙이고, 여흥 사람이다. 시조는 이름 '칭도'인데 상의봉어를 지냈다.

여섯 대를 전하여 내려온 선조의 이름은 '기'인데, 이부원외 문하시랑평장사를 지냈고, 공에게는 증조가 되신다. 조부의 이름은 '유'인데, 서운도정일운군기감을 지냈고, 아버지의 이름이 '욱'인데, 도첨의사인을 지냈다.

공이 청송 심씨 합문기후 '연'의 따님을 아내로 맞아 일남 '수'를 낳았다. 조선조에 들어와서 동복현감에 임명되었지만 거절하고 부임하지 않았으니, 대개 아버지께서 남긴 가르침을 따른 것이다. 손자에, '유현'은 음보(蔭補)로 정랑에 올랐고, 또 '유의'가 있었다. 증손 가운데 '선'은 우후를 지냈고, '규'와 '기'는 부사정에 올랐다.

슬프다! 조정이 바뀔 무렵에는 혼란해서 사적으로나 공적으로나 사적들이 전하지 않아, 의심을 가진 채로 의심을 전해왔다. 그러나 공의 출처(관직에 나아가고 물러남)와 큰 절의는 지금까지도 전해오고 또 증거로 삼을 자료도 있으니, 나라의 역사에 빠진 부분을 넉넉히 보충할 수 있다.

공께서 보인 행동에는 마음과 선왕에게만 부끄러움이 없을 뿐이어서 처음부터 후세 사람들이 알기를 바라지 않으셨다. 후세 사람이 묻

힌 것을 찾아내 높이 드러내는 까닭은 장차 백 세대 이후 남의 신하
가 되어 나라를 팔아 자신의 이득을 취하려는 사람을 부끄럽게 하기
위해서다. 그러므로 내가 특별히 써서 주니, 돌아가 돌에 새기기를
바란다.

　　산청은 본래 산음현인데, 나중에 지금 이름으로 바뀌었다.
　　청풍 김종수(1728~1799)가 짓고, 응교 서유돈이 쓰노라.[2]

　　이처럼 김종수는 선생이 돌아가신 지 4백년이나 지난 뒤의 사람
이지만, 선생의 숭고한 절의 정신을 높이 기리고 있다.

　　아닌 게 아니라 그렇게 많은 충신을 죽이고 유폐시키면서 세워
진 조선 왕조는 그 끝이 좋지 못했다. 을사오적(乙巳五賊)을 비롯한
온갖 모리배와 간신배들이 서로 나라를 팔아 제 몸의 이득을 얻으
려고 혈안이 되었었다. 이를 통해 보더라도 선생의 절의가 얼마나
후대에 큰 미덕으로 우뚝 서는지 알 수 있다.

송계재(松溪齋)

　　농은 선생의 묘소에 오르기 전에 있는 마을 한편에 송계재라는
재사(齋舍)가 있다. 산청군 오부면 내곡리에 있고, 경상남도 문화재
자료 제199호로 지정되어 있다. 이 재사는 선생의 후손들이 그 절
조를 기리고자 1839년 무렵에 지은 건물이다.

　　선생께서 돌아가신 뒤 그 유지를 받들고자 여러 사당에서 제향

송계재 본채

송계재 대문

(祭享)했는데, 대포서원에 있는 숭절사와 표절사(表節祠)가 대표적이었다. 그런데 후손들이 기제사를 모실 때 재실이 필요해 이 건물을 지은 것이다.

원래 재실은 선생의 묘소 근처 개울가에 있었다고 하는데, (그래서 이름도 '송계'인 것 같다.) 1839년 무렵에 지금의 위치에 대문과 본채 건물을 지었다고 한다.

송계재 탐방을 마친 뒤 민영근 선생과 나는 친척분이 경영하는 식당에서 점심을 먹었다. 오부면사무소 앞에 있는 '양촌식당'이었다. 경호강에서 잡았다는 민물고기 조림과 생선구이, 갈비찜과 상큼한 채소무침 등이 어우러진 푸짐한 상차림이었다. 내 고향은 경북 예천군인데, 산골 음식이 주는 정겨움과 정갈함이 가득 차 있는, 오랜만에 고향 음식을 맛보는 듯한 즐거움을 만끽할 수 있었다.

관란정(觀瀾亭)과 쌍매헌(雙梅軒)

식사를 마치고 처음 찾아간 곳은 산청군 오부면 양촌마을 뒤 강정 둔치에 있는 정자였다. 이곳에는 매란정사(梅瀾精舍)란 현판을 가운데 건 정면 5칸, 측면 5칸 규모의 누대형 정자가 있다. 이 정자로 들어오는 입구 왼쪽에는 쌍매헌과 관란재 두 분의 유적비(遺蹟碑)가 서 있다.

쌍매재는 민제연(閔齊淵, 1632~1720) 선생의 호다. 이 분은 조선시대의 은사로, 자(字)는 학지(學之)며, 본관은 여흥이다. 어려서부터 학문을 즐겼는데, 『남한일기(南漢日記)』를 읽다가 청나라와 조선 조정이 강화(講和)를 맺는 구절을 보고는 격분해 두문불출하고, 시서(詩書)에만 전념했다고 한다. 나중에 수직(壽職)[3]으로 동지중추부사(同知中樞府事)를 지냈다.

관란정사 안에는 기우만(奇宇萬)이 쓴 「매란정기(梅瀾亭記)」가 걸려 있는데, 이것을 읽어보면 이 정자를 세우게 된 까닭을 짐작할 수 있다.

고금의 이른바 누대와 명승은 모두 헤아릴 수 있지만, 오직 춘추대의를 잊지 않고 후대 백 세대 사람의 기강을 붙들어 세운 것은 동계

매란정사(梅瀾精舍) 전경

정선생의 화엽루라 할 것이다. 같은 때에 산음 고을에 쌍매정이 있으니, 그 명의가 실로 같은 것이었다. 대개 대명처사 민공이 명나라가 망한 소식을 듣고 손수 뜰 동쪽과 서쪽에 쌍매를 심어 숭정의 일월(역사)을 기록하니 그 시에 "내년 봄소식을 찬 언덕에서 찾는다."고 한 것이 실로 동계의 시에서 "꽃잎을 보고 철이 가는 줄 안다."는 구절과 한 입에서 나온 것과 같다 하겠다. 자서에서 이른바 산중 백성은 달력이 없어 추위가 다해도 해를 알지 못하니, 이 쌍매를 심어 매력(梅曆)이라 하여 네 계절의 바뀜을 증험한다 했으니, 처사공의 품은 바 절의가 여기에 나타나 남음이 없다. 앞에서 이른바 춘추대의를 잊지 않고 다가오는 백세 사람의 기강을 붙들어 세웠다는 것을 알고 한 말이 아니겠는가?

이제 달력이 유행하되 나는 달력 없는 백성이 된 지 이미 3년이다. 들으니 쌍매정 옛 터에 쌍매가 잘 자란다고 하니 마땅히 때에 맞춰 공의 매력을 빌려 네 계절의 옮겨감을 증험하고 서산의 고사리를 캐면서 동쪽 울타리의 국화를 따, 그 오르고 내리는 영혼에게 한 번 제사를 올려야겠다.

쌍매정을 짚으로 덮었더니 해가 오래되어 이지러졌다. 종손 관란공이 중수하면서 기와로 바꾸어 오랫동안 전하게 하고 이름을 관란정이라 하니, 대개 절의와 학문이 일관된 일이라, 뒤에 이 정자를 오르는 사람이 물결을 보면서 학술을 깨닫고 매화를 보면서 절의를 숭상하게 되면 정자에서 내려오기도 전에 도가 여기에 있음을 알게 될 것이다.

쌍매정의 후손 민노식이 양가 후손의 뜻을 전하면서 내게 글을 지으라고 부탁하는데, 글을 내 어찌 지금의 시의에 맞게 짓겠는가? 보고 느끼는 사사로운 정을 금할 길 없어 여기에 쓰노라.

숭정 후 다섯 번째 임자년(1912) 가을 8월에 황명유민 행주 기우만이 삼가 쓰노라.[4]

쌍매헌관란재이선생유적비 (雙梅軒觀瀾齋二先生遺蹟碑)

이 글을 통해 보면 민제연 선생이 명나라가 망했다는 사실을 읽고 명나라의 마지막 황제 숭정제의 참극을 잊지 않기 위해 매화 두 그루를 심었고, 그것이 쌍매헌의 시작이었음을 알 수 있다. 그리고 처음에 초옥(草屋)으로 지었던 쌍매헌이 세월이 흘러 낙후해지자 종손 되는 관란재 민홍석(閔弘錫)이 기와집으로 고쳐 지어 할아버지의 뜻을 기렸다는 것이다. 매란정사에 오르니 조손(祖孫) 사이에 이어진 훈훈한 충의 정신이 손에 잡힐 듯했다.

쌍매헌 선생에게는 『쌍매헌실기(雙梅軒實記)』가 있어 전해진다. 이 책은 2권 1책으로 구성되어 있는데, 하권에는 종손인 관란재 민홍석 선생의 실기도 실려 있어, 읽어볼 가치가 더욱 커진다.

관란재 민홍석 선생에 대해서는 『여흥세고(驪興世稿)』 안에 『관란재유고(觀瀾齋遺稿)』가 전해진다니, 참고해서 보면 좋을 것 같다.

추원재(追遠齋)

매란정사 탐방을 마치고 발길을 돌려 다시 오부면사무소 근처로 왔다. 양촌마을 골목길을 올라가면 길이 끝나는 지점에 추원재가 있다. 도로명 주소는 산청군 오부면 산수로 541번길 98-9다.

추원재는 병암(屛巖) 민진유(閔鎭維, 1677~1742) 선생을 기리기 위해 세워진 재실(齋室) 건물이다. 민진유 선생은 농은 선생과, 앞에서 찾아본 쌍매헌 민제연 선생의 후손이다.

이 재실은 1983년 12월에 건립되었는데, 1999년 8월 22일에 중

추원재

축했다. 정면 4칸, 측면 3칸에 팔작지붕을 얹은 구조로 되어 있다.
추원재는 본채 건물과 관리동, 큰대문과 작은 대문으로 구성되어
있어 규모가 아주 크지는 않지만, 잘 정리된 내부는 농은 선생 후
손들이 얼마나 선조의 유업을 되새기며 잊지 않는지 그 마음이 잘
드러나 있다.

　민진유 선생은 슬하에 4명의 아들을 두었는데, 세 사람은 산청
에 정착해 그 후손들이 지금도 산청에 살고 있고, 둘째아들만 밀양
으로 터전을 옮겼다. 다들 자손들이 번창해 있다고 한다.

　1백여 명의 후손들이 해마다 음력 10월 18일이면 이곳에 모여
시제(時祭)를 올린다고 한다.

농은 선생 신도비명(神道碑銘)

오부면사무소에서 남쪽을 향해 다리를 건너 산수로를 따라 가면 왼쪽으로 농은 선생의 신도비가 모셔진 작은 공원이 나온다. 신도비 뒷면은 넓은 옹벽이 있는데, 대포서원 숭의재 전경과 경호강, 망경대 등이 그려져 있어 찾기가 더욱 쉽다. 바깥문은 언제나 열려 있으니, 아무 때라도 들어가 살펴볼 수 있다.

농은 선생 신도비 전경

농은 선생의 아드님 민수(閔綏) 선생 묘소

신도비를 뒤로 하고 우리들은 농은 선생의 아들인 설천(雪川) 민수(閔綏) 선생의 묘소를 찾았다. 위치는 산음현(지금의 산청군) 북쪽 면우촌(眠牛村) 좌록(左麓) 조각산(皀角山) 산자락 계좌(癸坐, 북동쪽 방향. 구체적으로는 정북(正北)에서 동쪽으로 15도를 중심으로 한 각도 안의 방향을 일컬음)에 있다.

설천 선생의 자(字)는 원보(遠甫)고, 농은 선생의 외아들이시다. 역시 오래된 묘표와 새로 세운 묘표가 나란히 서 있다.

옛 묘표는 마모 때문에 읽기 힘들지만 새로 세운 묘표에 그대로 번역이 되어 새겨져 있으니, 여기에는 그 번역문을 실어 참고로 삼겠다.(필자가 조금 고쳤다.)

공의 이름은 수(綏)이고, 자는 원보(遠甫)며, 호는 설천(雪川)이시다. 무덤은 산음현 북쪽 면우촌 좌록(左麓) 조각산(皀角山) 계좌 언덕에 있다. 옛 묘표가 오래되어 깎이고 닳아져서 표석(表石)의 기록을 다 알아볼 수 없고 또 글을 지은 사람도 알 수 없으며, 다만 알 수 있는 것만 가려서 새 표석에 새겼다.

공은 여흥 민씨이다. 시조의 이름이 칭도(稱道)인데, 상의봉어(尙衣奉御)를 지내셨다. 여러 대를 전하여 이름 영모(令謨)께서는 중서문하평장사를 지내셨고, 시호는 문경공(文景公)이니 공의 7대조이시다. 아버지의 이름은 안부(安富)니 예의판서를 지내셨다. 고려가 망하자 72제현(諸賢)들과 만수산 두문동에 들어갔다가, 나중에 공을 데리고 재를 넘어 남하하여 산음(山陰) 대포(大浦)에 은거하면서 농은(農隱)이라 자호하고 자손에게 과거에 응시하지 말라 하셨다. 조선시

설천 민수 선생 묘소 전경

설천 선생 부인 진양 하씨 묘소 전경

대 초에 공을 동복현감에 제수했지만 굳이 사양하고 부임하지 않으셨다. 문을 닫고 세상에 나오지 않고 남이 알아주기를 구하지 않으셨다. 설천 민공이라고 자호(自號)하셨다.

공의 외조부 합문기후 심연(沈淵)께서 공의 은거하는 자세에 감탄해서 시를 써 주셨는데, 그 시에 답하여 "어찌 유독 어짊을 이룸이 살신에만 있으리오, 서산에 고사리 있으니 다시 봄이 오겠네. 한 구 빠짐. 앞강에 가서 다시 나루터를 묻지 않는가?(何獨成仁在殺身 西山薇蕨復回春 缺 不向前江更問津)"라고 하셨다. 옛 표석에 알 만한 것은 이것뿐이고, 그 의절(義絕)은 야사(野史)에 나타나 있다.

공의 부인은 진양(晉陽) 하씨(河氏)니, 한성판윤(漢城判尹) 하유(河游)의 따님인데, 무덤은 송구(松衢) 농은공(農隱公) 무덤 좌록(左麓)에 있다. 두 아들을 두셨는데, 맏아들은 유현(惟賢)으로 음직(蔭職)으로 정랑(正郎)을 지냈고, 둘째는 유의(惟義)다.

아아! 공의 충효(忠孝)가 후세에 드러낼 만한 것이 많은데, 자손들이 영쇠(零衰)하여 지금까지 드러내지 못했으니, 세상 사람들이 안타까워했다. 또 조정이 바뀐 즈음에 그 본래 뜻을 굳게 지키고 은거의 삶을 달게 여긴 일 등 전할 만한 일들이 많았을 것인데, 세대가 멀어지고 병화(兵火)를 겪어 가승(家乘)에 증빙할 자료가 없다. 옛 비문(碑文)도 열의 하나조차 수습하지 못했으니, 개탄스런 마음을 금할 수 있겠는가! 오래 될수록 더욱 민멸(泯滅)될까 두려워 이와 같이 기록하였다.

옛 표석은 6대손 동지(同知) 민달(閔達)이 천계(天啓) 8년(1628, 인조 6년)에 세운 것이다.

숭정(崇禎) 기원후 3갑자(甲子, 1804) 10월 12대손 생원(生員) 민의수(閔宜洙)가 삼가 쓴다.

단기(檀紀) 4327년(1994) 갑술년 맹춘 16대손 민용호(閔龍鎬)가 다시 세웠다.

합천 이성렬(李聖烈)이 옮겨 적고, 진양 정대갑(鄭大甲)이 썼다.

이처럼 설천공은 아버지 농은 선생의 유지를 받들어 고려 왕조의 유신(遺臣)으로 한평생을 사셨다. 그의 뜻이 얼마나 굳건했으면 외조부 심연이 시를 써서 그 정신을 기렸겠는가? 꼭 후손이 아니더라도 농은 민안부 선생과 설천 민수 선생의 충절은 오래도록 기억해야 마땅할 것이다.

왕산(王山) 망경대(望京臺)

설천 선생의 묘소 참배를 마치고, 우리는 마지막 탐방지인 왕산에 있는 망경대로 발걸음을 돌렸다.

왕산은 산청군 내부에 있는 산으로는 지리산(1915m)과 웅석봉(熊石峰, 1,099m) 다음으로 높아 해발 923미터에 이른다. 대포서원에서 봉화산을 넘어 필봉산(筆峰山, 848m)과 어깨를 나란히 하고 있다.

농은 선생이 매월 초하루마다 올라 멀리 개경이 있는 북녘을 바라보면서 망국의 한을 달랬다는 곳이 망경대다. 농은 선생이 은거하셨던 대포서원에서 보면, 같은 산청군 안이라도 10여 리의 거리로 상당히 멀다. 이 길을 가마나 말을 타고 가지는 않았을 테니, 장인 심연이나 아들 민수가 동행했다고 해도 도보로 가셨다면 상당한 시간과 노고가 뒤따랐을 것이다.

망경대로 오르는 길은 농은 선생께서 주로 다니신 것으로 판단되는 신아마을 위쪽에서 오르는 길과 금관가야(金官伽倻)의 마지막 임금 구형왕(仇衡王)의 석릉(石陵)이 있는 곳 못 미쳐 동쪽으로 임도와 등산로를 타고 들어가는 길이 있다. 근래에는 이 길을 대부분 이용하고 있다.

그 아래쪽에 농은 선생과 관련된 누대가 있는데, 망경루(望京樓)가 그것이다. 예전에는 매년 음력 4월 8일 망경대에 올라 농은 선생에 대한 제사를 지냈다고 하는데, 지금은 새로 지은 망경루에서 매년 제사를 올리고 문중 총회를 하고 있다. 망경루는 자손들이 망경대까지 오르는 수고를 들기 위해 1992년에 농은공 후손들이 뜻을 모아 산청군 금서면 화계리에 사각 정자 형식으로 건립한 건물이다.

망경루 전경

망경루 마당에 세워진, 농은 선생의 생애를 정리한 비석에는 상당히 흥미로운 기록이 있어 주목할 만하다.

이 비석에는 농은 선생의 생년월일과 탄생지가 적혀 있는데, 고려 충혜왕 4년 계미년(1343) 음력 1월 10일 경기도 여주에서 태어나셨다는 것이다. 또 18살 되던 공민왕 9년(1360) 경자시(庚子試)에서 장원급제했다고 쓰여 있다. 출생연도는 처음 보는 기록이라 무엇에 근거해 나온 것인지 나로서는 알 길이 없었다. 이 기록이 사실이라면 대단히 소중한 자료임에는 틀림없지만, 증빙할 근거가 무엇인지 알기 전까지는 판단을 보류해야 할 듯하다.

여하간 망경루를 지나 망경대에 오르면서 삼국시대 금관가야의 제10대(재위, 521~532)이자 마지막 임금인 구형왕의 석릉에 들러 참배하는 것도 뜻 깊은 일일 듯하다. 구형왕이나 농은 선생이나 망국의 한을 품고 산 것은 같으니, 선생께서 여기를 지나칠 때는 연민과 동감(同感)의 심경으로 마음이 복잡했을 것이다.

산 중턱에 있는, 구형왕의 어정(御井 : 일명 유의태 약수터) 근처까지는 산림도로가 나 있어 차량으로도 이동할 수 있지만, 여유가 있으면 쉬엄쉬엄 걸어가면서 금관가야와 고려의 망국에 대해 생각해 보아도 좋을 듯하다.

어정에서 흐르는 맑은 샘물로 목을 축인 뒤 망경대를 향해 우리는 발길을 재촉했다. 이정표에는 망경대까지 거리가 2킬로미터 남짓으로 되어 있어 쉽게 닿을 수 있을 것으로 여겼는데, 의외로 망경대까지 가는 여정은 만만치 않았다. 등산로가 일정하지 않았고, 무엇보다 도중에 망경대로 가는 방향을 알리는 안내문이 눈에 띄지 않아 산길에서 어디로 가야할지 몰라 한참 헤매기도 했다.

어쨌거나 우여곡절 끝에 우리는 망경대에 닿았다. 6백여 년 전 매달 한 차례씩, 이 고된 길을 밟아 산을 오르셨을 농은 선생을 생각하면 우리의 고생이야 견줄 바도 못 되지만, 만약 탐방하고 싶다면 길을 잘 아는 분의 안내를 받는 것이 좋을 듯했다.

금관가야 마지막 임금 구형왕의 석릉

망경대는 산봉우리에 있지 않고 산 중턱에 있는 큰 바위 위에 자리하고 있었다. 소나무가 우거진 길을 걷다 망경대 바위를 보니 의외로 웅장한 위용이 느껴졌다.

이 위태로운 자리에 서서 농은 선생은 까마득히 먼 개경을 바라

망경대 전경
멀리 보이는 하늘을 따라가면 개경이 나올 것이다

보면서 사라진 왕조에 대한 그리움을 달랬을 것이다. 차가운 눈보
라가 몰아치고 거센 폭우가 얼굴을 때려도 선생의 발걸음은 머뭇
거리지 않았을 것이다. 선생은 비록 고려의 외로운 신하였지만, 선
생이 보여준 숭고한 희생과 충절은 후대에도 길이길이 귀감으로
남을 것임을 나는 깨달았다.

망경대 표석 옆에 세워진 비석에는 다음과 같은 글이 적혀 있었다.

선생의 성은 민씨고, 이름은 안부며, 호는 농은이다. 관직은 예의판서까지 이르렀다. 고려의 운이 장차 다하려는 것을 보고 두문동에서 남쪽으로 내려와 산음현의 대포에서 살았다. 매달 초하루가 되면 이 언덕에 올라 멀리 송경을 바라보았으니, 후세 사람들이 이곳을 이름지어 망경대라 했다.

숭정 기원후 다섯 번째 기유년(1969) 7월에 후손 민태혁과 민흠온이 세웠다.[5]

짧은 글이지만 선생의 망국한과 추모의 심정, 그리고 후손으로서 기리는 마음이 잘 드러나 있다. 민영근 선생과 나는 망경대를 등 뒤에 두고 뉘엿뉘엿 지는 해를 마주보면서 왕산을 내려왔다.

이렇게 해서 나의 짧지만 의미가 깊은 산청 답사는 끝났다. 여기에 다 소개 하지 못한 문화재 자료와 후손들의 대소 재실 등이

망경대 비문과 표석

상당 수 있는 것으로 듣고 있으나 원주의 변혁사와 지리산의 배록동 등에 관한 내용 등은 사정상 생략하기로 함을 양해해 주시기 바란다. 진주시로 돌아온 민영근 선생과 나는 설렁탕으로 저녁을 때우고 헤어졌다. 남해로 돌아오는 버스를 타고 오다가 나도 모르게 그 옛날의 선생처럼 선생이 말년을 보내셨을 산청 쪽을 바라보았다. 그 역시 북쪽이었다.

이 글을 시작하면서 나는 농은 선생을 촉나라의 충신 제갈량에 비유했다. 지금 남해로 돌아오면서 되새겨보니 선생의 삶이 제갈량보다 훨씬 비극적이었음을 느낀다. 제갈량은 촉나라의 멸망을 보지는 않고 먼저 죽었다. 그러니 회한이야 있었겠지만, 일말의 희망은 품은 채 세상을 떠났을 것이다.

그러나 농은 선생은 어떠했는가? 선생은 조국의 멸망을 지켜보았다. 그리고 새로운 왕조 조선이 얼마나 무자비하게 고려의 왕실(王室)과 유민(遺民)들을 짓밟았는지 보고 들었다. 그렇게 살아가는 삶이 얼마나 고통스러웠을지는 굳이 물어볼 필요도 없을 것이다.

언젠가 다시 봄이 와서 꽃이 피고 선생의 무덤에도 파란 잔디가 돋아날 때, 선생은 가지지 못했던 희망을 품고서 다시 산청을 찾아가리라 나는 다짐했다. 그때쯤이면 책도 나올 테니, 영전에 바쳐도 좋을 듯하다.

이요정(二樂亭)

  이요정은 산청군 생초면 노은리 738번지에 있는 정자 이름이
다. 이 정자는 1874년(고종 11) 이요당(二樂堂) 민신국(閔信國)이 노은
마을에 은거하면서 세웠다. 민신국은 농은 민안부 선생의 8대손인
데, "부귀를 뜬구름처럼 여기라.(富貴浮雲戒)"는 농은 선생의 가르침
에 따라 노은마을에 은거했다고 한다. '이요(二樂)'는 요산요수(樂山
樂水), 즉 "산을 즐기고 물을 즐긴다."는 말을 줄여 쓴 것이다. 정자
이름은 『논어(論語)』 옹야편(雍也篇)에서 공자가 말한 "지혜로운 사
람은 물을 좋아하고, 어진 사람은 산을 좋아한다. 지혜로운 사람은
움직이고, 어진 사람은 고요하다. 지혜로운 사람은 즐겁게 살고,

이요정 전경

어진 사람은 오래 산다.(子曰 知者樂水 仁者樂山 知者動 仁者靜 知者樂 仁者壽)"는 구절에서 따왔다.

건물은 정면 5칸, 측면 1칸 반으로 세워진 팔작지붕 기와집이다. 가운데 대청 2칸과 방 1칸으로 구성되어 있다. 전면에 마루를 두었고, 기둥은 두리기둥을 사용했다. 낮은 돌담장이 건물을 둘러쌌고, 솟을 외문을 통해 안으로 들어갈 수 있다. '이요정'이라는 현판은 흥선대원군(興宣大院君) 이하응(李昰應, 1820~1898)이 친필로 쓴 것이다.

경상남도 문화재자료 제55호로 지정되어 있다.

건물의 안쪽에는 시판(詩板)이 하나 걸려 있는데, 5언절구다.

부유하고 귀한 것이 한낱 뜬구름 같다는 말씀	富貴浮雲戒
남긴 글이 지금도 세상에 전하네.	遺書尚在今
한 마음으로 산과 물을 즐기나니	一心山水樂
물고기는 뛰놀고 새는 숲을 날아간다네.	魚躍鳥飛林

마루를 올라가면 바로 앞 벽에 이 정자를 다시 짓게 된 경위를 적은 글 「이요정중건기(二樂亭重建記)」가 걸려 있어 이요정의 대략적인 연혁을 알려준다. 전문을 번역해 싣는다.

'이락'은 전 찰방 민공 이름 신국의 정자 이름이다. 『산음지』를 살펴보니, 인조(仁祖) 때 공은 천거를 받아 관직이 내려졌지만 나가지 않고 철마산에 들어가 노계 개울가에 집을 짓고 시를 지어 자신의 뜻을 담았다. 그 시에서 "한 마음으로 산과 물을 즐기나니, 물고기는 뛰놀고 새는 숲을 날아간다네."라 했다. 공의 됨됨이를 비록 상세하게 알 순 없지만 우아하게 속되지 않음을 숭상하셨던 것은 대략 상상할 수 있다.

정자가 이미 무너졌어도 수리하지 않았으니, 3백 년 동안에 다만 산은 높고 물은 맑은 것만 보았을 뿐이다. 후손들이 선조의 자취가 사라지는 것을 안타깝게 여겨 이를 신축하고자 도모해 재물을 모으고 일꾼을 불러 금상 병신년(1896) 공사를 마치고 옛 현판을 다시 거니 언덕의 물줄기는 빛을 더하면서 사람의 듣고 보는 것을 힘차게 움직였다. 다만 처마에 기(記)가 없어 민구호가 부형의 뜻이라면서 나에게 기를 써 줄 것을 부탁했다.

나는 이렇게 말하고 싶다. 옛날 성인께서 지혜로운 이는 물을 좋아하고, 어진 이는 산을 좋아한다는 말씀을 하셨는데, 주자가 이를 취해 당(堂)의 이름으로 삼고, 그 모양을 형용해 "푸른 낭떠러지는 고금에 변함이 없고, 맑은 시내는 날마다 천 리를 가네."라 하셨다. 옛 현인들께서 즐기신 바가 과연 무엇인지 알 수 없지만, 만약 푸르고 잔잔한 것을 단지 오락으로 삼았다면 움직이고 편안하며 고요한 가운데 얻은 바가 없지 않았을 것이다. 이것이 선조의 아름다운 일을 잘 전해 서술한 것이겠는가! 오직 마음을 성현의 어질고 지혜로운 말씀에 극진히 해서 아침저녁으로 부지런히 익힌다면 선조의 뜻을 잃지는 않을 것이고, 또 비로소 전해지는 것이 무궁할 것이다. 공의 후손이 되어 힘써야 하지 않겠는가!

정자가 세워진 다음 해 정유년 모춘에 덕은 송병선이 쓴다.[6]

중건기를 쓴 송병선(宋秉璿, 1836~1905)은 본관이 은진(恩津)이고, 자는 화옥(華玉)이며, 호는 연재(淵齋) 또는 동방일사(東方一士)다. 대전 회덕(懷德)에서 태어났고, 송시열(宋時烈)의 9세손이다. 송면수(宋

송병선이 쓴 「이요정중건기」

勉洙)의 맏아들로, 참의 송달수(宋達洙)와 송근수(宋近洙)의 종질이
며, 송병순(宋秉珣)의 형이다. 큰아버지 송달수에게 송병순과 함께
성리학과 예학을 배웠다.

송달수가 죽은 뒤 집안 학문이 기울어질 것을 염려해 학문에 더
욱 힘썼는데, 송근수와 외삼촌 이세연(李世淵)의 지도를 받았다.

1883년과 1884년에 사헌부대사헌에 임명되었으나 나아가지 않
고, 다만 1884년 의제변개(衣制變改)가 단행되자 극력 반대하는 소
를 두 차례 올렸다. 그러나 왕의 비답(批答)을 받지 못하자 세상 밖
으로 나가지 않고 몸과 마음을 닦는 데 힘을 쏟았으며, 이듬해에는
무주 설천면 구천동 산 속 물가에 서벽정(棲碧亭)을 짓고 도학을 강
론하는 일에만 몰두하였다.

조정에서 다시 가의(嘉義)로 승품했지만 역시 응하지 않고 다만
사교(邪敎)를 금지할 것을 상소하였다. 1904년 명헌태후(明憲太后)
홍씨와 황태자비 순명비(純明妃)가 죽자 그 복상(服喪)에 대해 상소

하였다.

1905년 11월 일제가 무력으로 위협하여 을사조약을 강제 체결하고 국권을 박탈하자 두 차례의 「청토흉적소(請討凶賊疏)」를 올렸다. 그러나 이에 대한 비답이 없자 상경하여 고종을 알현하고 을사오적을 처형할 것, 현량(賢良)을 뽑아 쓸 것, 기강을 세울 것 등의 십조봉사(十條封事)를 올렸다. 을사오조약에 대한 반대운동을 계속 전개하려 하였으나 경무사 윤철규(尹喆圭)에게 속아 납치되어 대전으로 호송되었다.

그 해 음력 12월 30일 국권을 강탈당한 데 대한 통분으로, 황제와 국민과 유생들에게 유서를 남겨 놓고 세 차례에 걸쳐 다량의 독약을 마시고 자결하였다. 유서에서 을사오적 처형, 을사조약 파기 및 의(義)로써 궐기하여 국권을 회복할 것을 호소하였다. 송병선이 자결하자 시비로 있던 공임(恭任)이 따라서 자결하여 세간에서 의비(義婢)라고 칭송하였다. 죽은 뒤 의정(議政)에 추증되었다. 시호는 문충(文忠)이다.

송병선은 조선 말기 때의 우국열사로, 나라의 기둥이 송두리째 흔들리자 뒤도 돌아보지 않고 목숨을 버려 그 굳센 절조를 드러냈다. 이 글은 송병선이 순절하기 전에 쓴 글이지만, 고려 왕조와 함께 충절을 지킨 농은 선생의 후손과 관련한 정자에 남긴 글이니, 감회가 남달랐을 것이다.

우방재(虞芳齋)

우방재는 산청군 오부면 방곡리 원방마을에 있는 재실이다. 15 세조 우후공(虞侯公)의 둘째 아드님(16세조)를 모신 재실인데, 원래는 오부면 오전리 신기 마을에 있던 재실이 낡아서 헐고 이곳에 옮겨 지었다고 「한천재기」에 나온다.

건물을 준공한 날짜는 확인되지 않지만, 대들보를 올린 상량(上樑)이 2000년(경진) 3월 18일에 이뤄졌다고 기록된 것으로 보아 같은 해 완공되었을 것으로 보인다.

우방재에서는 매년 음력 10월 10일, 10세조 농은공부터 15세조 파조까지의 대종시제를 마친 뒤에 날을 잡아 16세조 이하 조상님들께도 시제를 모시고 있다.

우방재 전경

우방재 안에 걸려 있는 한천재운

「한천재기(寒泉齋記)」

대산재(大山齋)

대산재는 산청군 생초면 신연리(일명 구석다리)에 있다. 이 재실은 4파종(참봉공파, 졸수공파, 창주공파, 야와공파)을 대표하는 재실이라고 할 수 있다. 참봉공파에서 주로 관리하여 왔고, 가을에 참봉공의 자손들이 모여 파조 이하 윗대 조상님들께 시제를 모시고 있다.

처마와 천장 사이에 '대산재'와 '오사재' 두 개의 현판이 걸려 있다. 대산재에 대한 기문(記文)은 없고 「오사재기(五思齋記)」만 남아 있다.

대산재 전경

대산재 현판과 오사재 현판

대산재 안에 걸려 있는「오사재기」

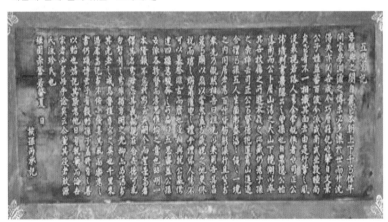

창주재(滄洲齋)

　창주재는 산청군 금서면 매촌리 창주마을에 있는 재실이다. 이전에 있는 건물이 낡아 허물어지자 다시 건축한 것으로, 1996년 6월 13일 개축해 완공했다. 산청 종중의 후손들이 농은공 할아버님 시제를 마친 뒤 자손들이 모여 파조 이하 조상님들의 가을 시제를 올리는 곳이다.

창주재 전경

영사재(永思齋)

　영사재는 산청군 오부면 양촌리 음촌 마을에 있는 재실로, 단기 4280년(1947) 3월 6일 입주(立柱, 기둥을 세움)하고, 같은 달 11일에 상량한 것으로 나온다. 야와공(野窩公) 파조에 대한 시제는 대부분

영사재 전경

영사재 현판과 지전헌 현판

묘제를 올리지만, 날씨가 좋지 않을 때는 재실에서 시제를 올리기도 한다.

건물에는 영사재와 지전헌의 현판이 걸려 있고, 「영사재기」도 걸려 있다.

「영사재기」의 내용은 다음과 같다.

산청현 북쪽 10여 리 쯤에 면우리가 있는데, 바로 여흥 민씨의 평천면이다. 산천이 빼어나고 아름다우며 숲과 골짜기가 더욱 아름답다. 멀리서 울연[7] 방박[8]하게 뒤를 누르는 것은 부어산이다. 긴 근원이 그 일대를 왕양[9]하게 앞으로 흐르는 것은 경호강이다. 뾰족하게 솟아올라 기이한 봉우리가 우뚝 솟아 아련한 것은 필봉이다. 그 사이에 재실이 있어 날 듯이 마을 가운데 자리한 것은 영사재다.

가만히 생각하니, 이 고을의 산수자연이 진실로 이와 같다면 형승으로 인해 고을 이름이 붙은 것이고, 땅의 신령함으로 말미암아 인물이 나오는 것도 미루어 알 수 있는 일이다. 옛날 명종(明宗) 때 야와 민공 이름 희로란 분이 있어 호방[10]에 합격하고 부장에까지 이르렀는데, 어머님께서 병이 위독하다는 소식을 듣자 관직을 버리고 귀향해 약물과 죽을 정성을 다해 시봉(侍奉)했다. 그러나 결국 돌아가시자 애통해 몸을 상할 정도가 되어서도 장례와 제례를 예의에 맞게 마쳤다. 복상을 마치고서도 벼슬길에 나갈 뜻이 없었다. 이에 향당[11]에서 효자라 칭송했다.

여러 차례 향리에서 도유장을 써서 천거했지만, 마침내 정표[12]의 은전을 받지 못했으니, 사람들이 많이 애석해했다.

공의 묘소는 고을의 숲이 우거진 구선교 간원[13]을 등지고 있다. 수암 권문순 공이 그 묘소에 글을 쓰기를, "공은 하늘에서 받은 자태가 빼어났고 남달랐으며, 기우[도량]가 당당하고 우뚝했다. 평소 떳떳한 행실

「영사재기」

은 반드시 많이 기록에 남았을 것인데, 임진왜란을 겪으면서 없어져 남은 것이 보이지 않으니, 더욱 개탄할 일이다."고 하셨다. 지금 공으로부터 멀어진 지가 거의 4백 년인데, 그러나 자손들은 많이 번성했고 문행(文行)도 또한 많다. 뛰어난 후손이 나오는 근원은 진실로 속일 수 없고, 필봉의 효응도 또한 영험하다 할 것이다. 아! 풍성하구나!

공의 11세손 전 주정 치윤씨가 여러 종중 분들의 의견을 묻고 그 남긴 터에 나가 재실 한 채를 지으니 이름하여 영사재라 했다. 이는 영원히 효성으로 사모하겠다는 뜻을 취해 오사의 원칙을 담은 것이다. 진실로 능히 재계하고 제사를 지낼 때 정성을 다하고 공경을 다해 잊지 않는 것이 마치 살아계시는 듯 하면 혼령께서도 서로 감응하여 오르고 내리는[14] 영령께서 저승에서도 빙그레 웃으시면서 "내게 후손이 있구나."하실 것이다. 이와 같다면 재실 편액의 뜻에도 합치할 것이고, 먼 조상을 추모해 근본에 보답하여 효와 덕이 절로 두터워질 것이다. 공의 후손들은 더욱 마음을 써서 이에 힘써야 하지 않겠는가!

재실이 이미 완성되자 멀리서 와 글을 요청하는 이는 사문[15] 관호고, 정성을 다해 힘을 쓴 사람은 승호다.

소양[16] 대황락[17] 태지 하한[18] 월성 최원식이 삼가 쓰노라.[19]

야와 민희로 선생의 행적과 후세의 평가, 그리고 영사재가 세워지게 된 과정과 의미를 상세하게 알 수 있는 글이다.

모원재(慕遠齋)

모원재는 산청군 오부면 내곡리 내곡 마을에 있는 재실이다. 단기 4303년(경술, 서기 1970년) 4월 초닷새 정초(定礎)되고, 같은 달 초엿새 경인 진시에 기둥을 세웠으며, 같은 달 초이레 신묘 오시에 대들보를 올렸다. 해마다 대종중에서 농은공 할아버님의 시제를

모원재 전경

「모원재기」

모신 뒤 자손들이 모여서 파조(갈전공) 이하 조상님들의 시제를 모
시는 곳이다.

「모원재기(慕遠齋記)」가 걸려 있는데, 많이 낡아 내용을 알아보기
가 어렵다.

은재재(隱齋齋)

은재재는 산청군 금서면 특리 777번지(덕촌 마을)에 있는 재실이
다. 이 건물을 지은 동기는 다음과 같이 전해온다.

서울에 사는 은재공의 후손들이 은재공 재실을 건립하기 위해
추진위원회를 구성하고 순수 모금 활동을 펼쳤다. 그래서 필요한
경비 1억 1천 4백여 만 원이 마련되어 지금과 같은 현대식 콘크리

은재재 전경

트 건물로 건립했다고 한다. 2013년 4월에 착공해 5월에 상량식을 거행했고, 2013년 8월 준공해 11월에 낙성식을 가졌다.

해마다 가을에 23세조(휘 찬, 은재공) 이하 조상님들의 시제를 종손(從孫) 상식(祥植, 29세손)이 주관해서 모시고 있다.

의병장 민용호 선생의 생애와 업적

농은 선생이 은거하면서 충절의 마음을 고이 간직했던 산청군에는 선생의 유업을 받들어 많은 우국지사들이 탄생하기도 했다. 그런 분들 가운데 관동창의대장(關東倡義大將)을 지낸 민용호(閔龍鎬, 1869. 10. 29.~1922. 8. 23.) 선생은 꼭 기억하고 기려야 할 인물이다.

민용호 선생의 자는 문현(文見)이고, 호는 복재(復齋)며, 산청군 금서면 특리마을에서 태어났다. 12살 때 성균관(成均館)에 입학했고 13살 때 과거에 급제했으니, 신동이라 불릴 만한 인재였다. 한양서 지내다 19살 때 부친상을 치르기 위해 고향에 왔다가 다시 상경했다.

그러던 중 1895년(고종 32) 을미사변(乙未事變)이 일어나고 단발령(斷髮令)이 내려졌다. 조국의 흥망이 촛불 앞에 선 것은 농은 선생의 시대와 다를 바 없었다. 민용호 선생은 나라의 위기를 목도하면서 분연히 떨쳐 일어났다. 경기도 여주에서 거의(擧義)한 뒤 병력을 이끌고 원주와 평창, 진부를 거쳐 1896년 1월에는 강릉으로 진출했다.

복재 민용호 선생 묘소 (산청읍 병정리 야산)

원주에 닿자 선생은 관동창의군을 조직했고, 강릉을 중심으로 동해안 일대에서 항일무장투쟁을 펼쳤다. 강릉에서는 포수들을 모아 관동구군도창의소(關東九郡都倡義所) 의병진을 설치했고, 이 의병부대의 핵심적인 인물로 활동했다. 그해 3월 개항장인 원산을 공격하고자 했지만, 기밀이 누설되어 실패하자 고성과 양양 등지를 점령하면서 의병의 기세를 한껏 높였다. 이 무렵 선생은 일본 해군 200명을 동해바다에 수장시키는 쾌거를 올리기도 했다. 아울러 선생은 민심을 수습하는 일에도 심혈을 기울여 포유문(布諭文)을 돌려 흔들리는 민심을 다독이기도 했다.

7월 함경도 의진(義陣)과 제휴하여 제2차 원산공격을 시도했지만, 여의치 못했다. 8월 초 군사 500여 명을 이끌고 강릉을 떠나 회양(淮陽)과 금성(金城) 방면에 진출해 격전을 벌였다. 의병들의 활약상을 후세에 남기기 위해 1896년 12월에는 『관동창의록(關東倡義錄)』을 편찬했다.

선생은 1922년 8월 전북 무주에서 만 53세를 일기로 세상을 떠났고, 1977년 12월 건국훈장 국민장이 추서됐다. 저서에 『복재집(復齋集)』과 『병신일기(丙申日記)』 등이 있다.

선생은 충청도와 강원도, 경상도 등 전국적으로 일어난 의병 투쟁에서 관동창의군을 이끈 인물로, 대표적인 항일의병장 가운데 한 사람으로 꼽힌다. 그런데 안타깝게도 선생이 돌아가신 뒤 선생의 업적은 세상에 널리 알려지지 못했다. 강릉지역의 항일운동 '얼' 선양회에서는 2010년 항일공원과 의병항쟁기념탑을 건립하고 민용호 대장 흉상을 제작하는 등 현창사업을 펼치고 있으며, 민용호

의병장 민용호 선생 흉상

의병장 민용호 선생 등을 기려 세운 강릉의병항쟁기념탑

관동창의대장의 후손들도 선생의 업적을 알리는 선양사업에 앞장
서고 있어 사정은 많이 좋아졌지만, 여전히 미흡하다.

1919년 일어난 기미독립의거의 바탕에는 을미년과 정미년 의병
항쟁이 있었다. 이 항쟁에서 희생된 사람이 각각 10만 명과 20만
명에 달한다고 한다. 이런 선열들의 희생과 그 정신은 후손 만대까
지 길이 이어져야 할 소중한 유산이다. 그런 분들을 선양하는 책임
은 단지 농은 선생과 복재 선생의 후손에만 국한될 일이 아니다.
우리 모두 가슴에 깊이 새겨 우리 삶과 행동의 지표로 삼아야 할
것이다.

『농은유집(農隱遺輯)』과 『천부경(天符經)』

『천부경』은 우리나라 고유 종교인 대종교(大倧敎)에서 신성시하
는 기본 경전으로, 우주창조의 이치를 81자로 풀이하고 있다고 알
려진 문헌이다. 이 경전에 대한 평가는 학자에 따라 여러 가지로
나눠지는데, 어떻게 해석하느냐에 따라서 문화사적으로도 큰 의의
를 부여할 수 있는 잠재력이 담겨 있다.

흥미로운 점은 농은 민안부 선생이 남긴 유집 안에 이 『천부경』
원문이 실려 있었다는 점이다. 일부 학자는 이 문헌이 고대 중국에
서 만들어진 갑골문(甲骨文)으로 적혀 있다고 주장하기도 한다. 그
진위 여부는 좀 더 연구를 기다려야 하지만, 확실히 기존의 한문(漢
文)의 자체(字體)와는 다른 점을 확인할 수 있다.

『천부경』 원문

이 원문을 지금의 한문으로 옮기면 다음과 같다.

天符經(천부경)

一始無始一(일시무시일)

析三極無盡本(석삼극무진본)

天一一地一二人一三(천일일지일이인일삼)

一積十鉅無匱化三(일적십거무궤화삼)

天二三地二三人二三(천이삼지이삼인이삼)

大三合六生七八九運(대삼합륙생칠팔구운)

三四成環五七一妙衍(삼사성환오칠일묘연)

萬往萬來用變不動本(만왕만래용변불동본)

本心本太陽(본심본태양)

昻明人中天地一(앙명인중천지일)

一終無終一(일종무종일)

이 글을 우리말로 풀면 다음과 같다.

하늘님이 내리신 진리의 말씀
근본이신 하나는 시작도 없이 시작된 하나이시라.
갈라져 셋으로 치달으니 다함없는 근본이다.
하늘 하나 그 하나요, 땅 하나 그 둘이요, 사람 하나 그 셋이요,
하나가 모여서 열의 큰 무리 세 갈래로 끝없이 변화되도다.
하늘 둘이 셋이요, 땅 둘이 셋이요, 사람 둘이 셋이니,
큰 셋이 합하여 여섯 되고, 일곱 여덟 아홉으로 생겨나 움직이도다.
셋 넷으로 이루어 돌아가니 다섯 일곱이 하나 되어 묘하게 퍼져간다.
만 가지로 오고 가고 쓰임새가 변하나 그 근본은 움직임이 없도다.
본래 마음은 근본이 태양과 같아서
우러러 밝으니 사람 중에 하늘과 땅이 하나되어 있으며,
그 하나는 마칠 것도 없이 마치는 하나이니라.

이 번역은 저자가 풀이한 것은 아니고, 여흥민씨대종회 산청군
지부에서 제공한 것을 옮긴 것이다.
이 문헌이 어떻게 농은 선생의 유집에 실려 전하게 되었는지 유
래를 알기는 어렵다. 갑골문은 중국 은(殷)나라 시대 때 만들어졌
고, 오랜 기간 세상에 전하지 않다가 청(淸)나라 광서(光緖) 25년
(1899) 하남(河南) 안양현(安陽縣) 소둔촌(小屯村)의 한 농민에 의해 우
연히 발견되어 본격적으로 연구가 되었다. 학계에서는 갑골문이야
말로 현재 한자(漢字)의 원형이라고 추정하고 있다.
고려 말기를 살았던 농은 선생이 이런 갑골문을 직접 보셨을 것

같지는 않다. 그럼에도 유집에 실린『천부경』원문은 갑골문 연구사에 큰 의미를 지닌다고 보는 학자도 있다.

직접 농은 선생의 생애와 업적과는 관련이 없지만, 후손으로서 선조의 유덕(遺德)을 기리면서 참고해 살펴봐도 좋을 듯하다.

『삼우당실기(三憂堂實紀)』

고려후기 문신 문익점(文益漸, 1329~1398)의 유고와 행장, 묘지명 등을 수록하여 1819년에 간행한 실기. 6권 3책. 목활자본. 고려대학교 도서관 등에 있으며, 많은 이본이 국립중앙도서관과 규장각 도서 등에 있다.

한꺼번에 편집되지 않고 1464년(세조 10) 문치창(文致昌)이 편한 「사실본기(事實本記)」, 박사휘(朴思徽)가 편한 「행적기(行蹟記)」, 문영광(文泳光)이 편한 「공행록(功行錄)」 등을 1819년(순조 19) 문익점의 후손 문계항(文桂恒) 등이 편집해 간행한 것을 1900년 단성신안사재(丹城新安思齋)에서 중간했다. 권 책 수와 판본 및 편자, 서문과 발문은 이본이 많아서 일정하지 않다. 박사휘와 김의순(金義淳) 등

---

* 이 부록에 실린 문헌은 민안부 선생과 뜻을 함께 해 은둔으로서 항절(抗節)을 보인 사람들의 행적을 기록한 실기(實記)를 모은 것이다. 선생의 삶을 되짚는 데 도움이 될 듯하여 여기에 첨부한다. 자료의 설명은 『한국민족문화대백과서전』에서 인용했다.

의 구서(舊序)와 1899년 기우만(奇宇萬, 1846~1916)이 쓴 서문이 있으며, 발문은 문계항과 문기량(文基良) 등이 썼다.

권1에 시 6수와 시 제목만 3수가 있고, 소(疏) 3편이 실려 있다. 다른 본은 권2에 실려 있어 권차가 같지 않다. 권2~6은 모두 부록이며 목화씨에 관한 실기는 권2의 「목면화기(木綿花記)」에 들어 있다.

시 가운데 「제영남루(題嶺南樓)」는 청도(淸道)에 유배되었을 때 지은 것이고, 「적남황서별(謫南荒敍別)」 3수는 남쪽 유배지로 떠날 때 지은 증별시로 『해규율수집(海奎律髓集)』에 전해진다. 나머지 2수는 「차증이아윤송서헌후운(次贈李亞尹送西獻候韻)」과 「위상촌김공(慰桑村金公)」인데, 뒤의 것은 김자수(金子粹)의 『상촌집(桑村集)』에 들어 있다. 그밖에 「봉화달학사(奉和達學士)」와 「장부청도봉화목은이공증별(將赴淸道奉和牧隱李公贈別)」, 「근차정퇴천익유거(謹次鄭退天翼幽居)」는 시는 없어지고 제목만 남아 있다.

소 가운데 「경오봉사(庚午封事)」는 정책적 건의를 담은 것이다. 주요 내용은 중앙에 학당을 세우고 지방에 향교를 세울 것, 상제의(喪祭儀)에 불교적인 백일탈상제를 혁파하고 주자(朱子)의 『가례』대로 사당을 세우고 신주를 봉안해 제사할 것, 원나라의 제도인 호복(胡服)을 폐지하고 중화복제(中華服制)를 택할 것 등이다. 「청물영원사소(請勿迎元使疏)」는 도중에서 명나라 사신을 죽인 김의(金義)와 원나라 사신 오계남(吳季南)·장자온(張自溫) 등을 포박해 명나라로 압송할 것을 청한 소다.

「목면화기」는 남효온(南孝溫)이 썼으며, 만시는 성현(成俔)과 김시습(金時習), 정여창(鄭汝昌), 조식(曺植), 이이(李珥) 등이 썼다. 부록에는 세종 이하 정조까지 역대 왕들의 사제문(賜祭文)과 각처의 사당 건립, 청액(請額) 및 문익점의 세계(世系)와 행장, 연보 등이 실려 있다.

이 책은 문익점 연구에 필요한 자료인 동시에, 고려 말의 원나라·명나라에 대한 관계를 이해하는 데 필요한 자료다.

『송은실기(松隱實紀)』

고려 말기의 충신이며 두문동 72현의 한 사람인 구홍(具鴻, ?~?)의 실기. 2권 1책. 목판본. 17대손 연간(然侃)의 편집을 거쳐 1909년에 간행되었다. 권두에 송병순(宋秉珣)의 서문이 있고, 권말에 박승동(朴昇東)의 발문이 있다. 권1에 유시(遺詩) 3수, 권2는 부록으로 「부조현연구(不朝峴聯句)」와 「부조현비문(不朝峴碑文)」, 「두문동비문」, 「고려명신전(高麗名臣傳)」 등 두문동 72현과 관련된 기록 37편이 수록되어 있다. 「술회(述懷)」, 「증이어은(贈李漁隱)」, 「귀송산유회(歸松山有懷)」 등 유시 3수에는 나라 잃은 슬픔과 고려 왕조에 대한 단심(丹心)이 나타나 있다.

부록 가운데 「두문제현충렬록(杜門諸賢忠烈錄)」에는 박문수(朴門壽)를 비롯 구홍, 성사제(成思齊), 조의생(曺義生), 임선미(林先味), 고천상(高天祥), 전귀생(田貴生), 이숭인(李崇仁), 이맹운(李孟芸), 전조생(田祖生), 조승숙(趙承肅), 채귀하(蔡貴河) 등 124명의 고려유신들의 이력이 기록되어 있다.

이는 『부조현언지록(不朝峴言志錄)』의 순서를 따르고 있는데 두문동 72현의 인물연구에 참고자료가 된다. 국립중앙도서관과 고려대학교 도서관에 소장되어 있다.

『두문동실기(杜門洞實記)』

조선 왕조에서 벼슬하지 않은 두문동 72현의 한 사람인 성사제(成思齊, ?~?)의 작품을 중심으로 엮은 실기. 3권 1책. 목판본. 1809년(순조 9) 성사제의 후손에 의해 편집, 간행되고, 그 뒤 1881년(고종 18)에 속록(續綠)을 붙여 재간되었다. 권두에 정종로(鄭宗魯)의 서문과 권말에 김굉(金埄)의 발문이 있고, 속록에는 성대진(成大璡)과 이진상(李震相)의 발문이 있다. 규장각 도서, 국립중앙도서관, 연세대학교 도서관, 경북대학교 도서관 등에 있다.

권1에 「선생영회시(先生詠懷詩)」와 「영조대왕부조현연구(英祖大王不朝峴聯句)」, 「영조대왕어제어필두문동비(英祖大王御製御筆杜門洞碑)」, 「비각상량문(碑閣上樑文)」 및 치제문(致祭文), 전교(傳敎), 서연달사(書筵達事) 등을 수록했다.

권2에는 유사와 행록, 행장, 신도비명, 태학통문(太學通文), 우상헌의(右相獻議), 표절사고유축문(表節祠告由祝文), 상향축문(常享祝文), 물계서원추향고유문(勿溪書院追享告由文), 고려유민전찬(高麗遺民傳贊) 등을 수록했다.

속록의 권1은 상언(上言)으로 이조회계(吏曹回啓)와 예조복계(禮曹覆啓), 좌상헌의, 우상헌의 등과 전교(傳敎), 시장(諡狀), 시망(諡望), 청시시지희시(請諡時志喜詩), 권2는 「부조현언지록(不朝峴言志綠)」 등으로 구성되어 있다.

고려가 망하고 조선이 건국되자, 고려의 유신 72명은 조선의 신민이 되기를 거부하고 두문동에 깊숙이 들어가 나오지 않고, 끝까지 고려의 신하로서의 절의를 지키다가 죽었다. 이들 72명의 성명에는 여러 가지 이동(異同)이 있는데, 이 책에서는 주로 성사제에 관한 사후의 포미(褒美) 문자를 수록해 그의 행적을 세상에 전한 것이다. 당시에 함께 은거한 조의생(曺義生)과 임선미(林先味), 이경(李瓊), 맹호성(孟好誠), 고천상(高天祥), 서중보(徐仲輔) 등이 부분적으로 함께 거론되고 있다.

『이씨양현실기(李氏兩賢實記)』

조선 초기 두문동(杜門洞)에 은거(隱居)했던 고려 유신(遺臣) 72명 중 이석지(李釋之, ?~?)와 그의 손자 이종검(李宗儉, ?~?) 두 사람의 유사(遺事)를 모은 책이다. 고활자본으로 2권 1책으로 구성되어 있다.

권1은 이석지의 유사로, 세계(世系)와 「계자손시(誠子孫詩)」, 「부남곡기(附南谷記)」, 「유미암일기(柳眉巖日記)」, 「제현시(諸賢詩)」, 「산견문적(散見文蹟)」, 「대치사정향축문(大峙祠丁享祝文)」, 「묘표(墓表)」 등을 수록하고 있다.

권2는 이종검의 유사로, 「풍천현누사시(豊川縣樓舍詩)」와 「형제
암가(兄弟巖歌)」, 「부효우정기(父孝友亭記)」, 「쌍계당훈계서(雙溪堂訓誡
序)」, 「제현시(諸賢詩)」, 「청오충존사양현선포소(請五忠存祀兩賢旋褒疏)」,
「선문초계(旋門草啓)」, 「예조관문(禮曹關文)」, 「효우당고은양공실적
발(孝友堂孤隱兩公實蹟跋)」, 「사원문자(祠院文字)」, 「묘표」, 「방목(榜目)」
등을 수록하고 있다.

책 끝에 1853년(철종 4)에 쓴 기정진(奇正鎭)의 발문이 있다.

이석지는 두문동 72현의 한 사람으로 생애는 본문에 나온다. 이
종검의 생애는 아래와 같다.

이종검은 조선 전기의 문신이다. 본관은 영천(永川)이고, 호는
쌍계(雙溪)다. 이흡(李洽)의 증손으로, 할아버지는 이석지이고, 아버
지는 집현전직제학 이안직(李安直)이며, 어머니는 문화유씨(文化柳
氏)로 판의금 이호(李澔)의 딸이다.

1429년(세종 11) 사촌동생인 이보흠(李甫欽)과 동시에 합격했고,
식년문과에 동진사(同進士)로 동방급제(同榜及第)하여 한림과 직제
학, 대사간 등을 역임했다. 효성이 지극하고 동생인 이종겸(李宗謙)
과 우애가 독실하여 문종(文宗)이 효우당(孝友堂)이라는 당호를 내려
주었다.

세조가 즉위하여 이보흠과 내종인 유성원(柳誠源)이 화를 당하자
벼슬을 버리고 용인 남곡(南谷)으로 돌아가 이맹전(李孟專), 김시습(金
時習) 등과 도의지교(道義之交)를 맺고 여생을 마쳤다. 1786년(정조 10)
에 광주(廣州) 대치사(大峙祠)에 봉향되었고, 1804년(순조 4) 안성 덕곡
(德谷)에 정려문이 세워졌으며, 공주 숙모전(肅慕殿)에 추배되었다.

| 주 |

1 다음 블로거 〈솔바람소리〉 참조.

2 墓表：慶尙道山陰縣北松衢里 高四尺面艮者 高麗禮儀判書閔公安富之藏也 舊
有短表 字漫滅不可識 後孫謀改竪新表 使宜洙來日張山中千里 乞文於余 蓋公事
高麗 官至禮儀判書 見麗運將訖 遯于萬壽山之杜門洞 及聖祖龍興 屢徵不起 遂
踰嶺而南 之山陰之大浦家焉 自號農隱 因作詩而矢志曰 不義之富貴 於我如浮雲
石田王春在 携鋤朝暮耘 每月朔 登家後山 北望松京 後人名其山曰望景臺 遺戒
子孫 勿赴科擧 公字榮叔 驪興人 遠祖諱稱道 尙衣奉御 傳六世至諱基 官至吏部
尙書門下平章事 於公曾祖 祖諱孺 戶部員外郞 考諱栴 都僉議舍人 公娶青松沈
氏閤門祗侯淵之女 生一男綏 入我朝除同福縣監 不赴 蓋遵遺訓也 孫惟賢蔭正郞
惟義 曾孫璿 虞候 珪璣 副司正 噫 革代之際 公私掌故 多失其傳 往往以疑傳疑
然公之出處大節 傳而有徵者 足以補國史之闕也 如公之爲 但無愧於其心 與其先
王而已 初非求知於後人者 而乃後之人 必欲闡發幽潛 而表揚之者 將以愧夫千百
代之下 爲人臣子 賣國以邀己利者也 余故特書之 俾歸而刻諸石 山清 本山陰縣
後改以今名云 清風金鍾秀撰 應敎徐有惇書.

3 수직(壽職)：조선시대 나이 많은 노인들에게 주었던 명예직으로, 노인직(老人職)
이라고도 한다. 유교적인 경로사상(敬老思想)에 따라 시행한 것으로, 실직(實職)
이 아닌 산직(散職) 품계(品階)를 수여했다. 수직은 세종 때부터 시작되어 1481년
(성종 12)에 법제화하여 『경국대전』에 명문화되었다. 각도 관찰사가 양인(良人),
천인(賤人)을 막론하고 80세 이상인 노인의 명단을 뽑아 예전의 수직 수여 여부
를 조사한 뒤 이조(吏曹)에 보고하여 품계를 주도록 했다. 이미 품계를 가진 자는
한 계급을 올려 주었으며, 당상관은 임금의 특지(特旨)로 수여했다.

4 古今所謂樓臺名勝 屈指可數 而其不負春秋義 扶植後百世人紀者 桐溪先生花葉
樓是已 同時山陰縣雙梅劉공 其名義 實相將焉 蓋大明處士閔公 聞皇明屋社 手
植雙梅於階之東西 以記崇禎日月 其詩曰 明春消息訪寒堤 實與桐溪詩 只憑花葉
驗時移 如出一口 而自敍所謂山中之民無曆 余寒盡而不知年 植此雙梅 强名之
曰梅 曆以驗四時之推遷 處士公所抱義節畢露 而無餘蘊面 所謂不負春秋之義 植
後百世人紀者 其知言未耶 見今契曆行 余爲無曆之民 已三年 吾聞亭址 雙梅無
恙 當以時登臨 借公梅曆 以驗四時之推遷 而採西山之薇 摘東籬之菊 一奠其陟
降之靈矣 亭舊用茅茨 年久易朽 從孫觀瀾公 重修而易以陶 凡以壽其傳 一邊揭
觀瀾爲顔 蓋節義學問爲一串實事 後之登斯亭者 觀瀾而悟學術 觀梅而知尙節 則
不下亭而道在是矣 雙梅後孫魯植 致兩家後承之意 而俾爲文 文吾何敢以今時義
不禁嗟感之私 而爲之記 崇禎後五壬子秋八月 皇明遺民 幸州 奇宇萬 謹書

5 先生姓閔諱安富號農隱 官至禮儀判書 見麗運將訖 自杜門洞南下 山陰之大浦 每月朔登此邱 望松京 故後人名之以望京臺 崇禎紀元後五周己酉七月日 後孫 泰爀 欽溫

6 二樂 故察訪閔公諱信國亭號也 按山陰志云 仁廟朝 公以薦除官不就 入鐵馬山 築室於魯溪之上 作詩以寓志 其詩曰 一心山水樂 魚躍鳥飛林 蓋公之爲公 雖未得詳 而雅尙不俗 槩可以想像矣 亭旣頹而不修 三百年之間 但見山高而水淸 雲仍慨其先蹟之泯沒 謀所以新之 鳩財董工 今上丙申 結搆而扁以舊額 峙流增光 聳動人之聽聞 楣記有闕 龜鎬以其父兄之意 誌於余 余曰 昔聖人有智者樂水 仁者樂山之語 朱子取以名堂 形容其體曰 蒼崖無古今 碧澗日千里 未知先公所樂者果何如 而若以蒼翠潺湲 徒爲娛樂 未有得於運動安靜之間 此其善述先美之事哉 惟克致意於聖賢仁智之說 夙夜孶孶 則庶幾不墜先公之志 而亦始傳之無窮矣 爲公後人 其可勉乎 時起亭之翌年丁酉莫春 德殷 宋秉璿記.

7 울연(蔚然) : 무성(茂盛)한 모양.

8 방박(磅礴) : 광대(廣大)하여 끝이 없는 모양.

9 왕양(汪洋) : 물이 넓고 끝이 없는 모양.

10 호방(虎榜) : 진사(進士)시험에 급제한 사람들의 성명을 게시하던 방. 용호방(龍虎榜)의 준말.

11 향당(鄕黨) : 자신이 태어났거나 사는 시골을 일컫는 말. 또는 마을 사람들.

12 정표(旌表) : 선행을 칭찬하고 세상에 드러내어 널리 알림.

13 간원(艮原) : 간좌(艮坐). 묏자리나 집터 따위가 간방인 동북쪽을 등진 방향이나 자리.

14 오르고 내리는[陟降] : 올라감과 내려감. 그리하여 조상의 영혼이 은연중에 도움.

15 사문(斯文) : 이 학문. 이 도. 유가(儒家)의 예악과 제도를 말한다. 유교에서 유교의 문화를 일컫는 말이다. 또는 그런 정신을 이어받은 사람, 즉 선비를 말한다.

16 소양(昭陽) : 십간(十干) 중 계(癸)의 고갑자(古甲子).

17 대황락(大荒落) : 12지(支) 중의 사(巳)를 고갑자로 이르는 이름.

18 하한(下澣) : 한 달 가운데서 21일에서 그믐날까지의 동안을 일컫는 말. 하순(下旬). ⇔ 상한(上澣).

19 山淸縣北十里許 有眠牛里 卽驪興閔氏平泉面 山川秀麗 林壑尤美 望之鬱然磅礴 鎭後者敷魚山也 長源一帶汪洋流前者 鏡湖也 尖矗奇嶂 屹然立案者 筆峰也 有齋翼然 臨于里上者 永思齋也 竊惟是縣之山水 固如是 則因形勝 而稱縣號 由地靈而出人物 推可知也 在昔明廟時 有野窩閔公 諱希路 登虎榜 官至部將 聞母夫

人病篤 棄官歸家 藥餌饋粥 殫竭誠力 遭艱哀毀 葬祭以禮 服闋 無復仕進意 鄕黨
稱孝 累薦鄕道儒狀 竟未蒙旌表之典 人多惜之 墓在縣之生林求仙橋 負艮原 遂
庵權文純公 表其墓 公天姿秀異 氣宇軒昂 平日懿行 必多可書 而自經壬燹 蕩殘
無餘 尤可慨也 噫今距公之世 殆四百載 而雲仍蕃衍 文行亦多 芝醴根源 儘不可
誣 而筆峰之應 亦可驗也 吁其盛矣 公十一世孫前主政致潤氏 詢議諸族 就其遺
址 肯構一齋 名曰永思 蓋取永言孝思之義 以寓五思之則也 苟能齋祭誠敬不忘
如在之意 則精神相感 陟降英靈 當荒爾於冥冥之中曰 余有後矣 若是則允合齋扁
之義 而追遠報本 孝德厚矣 公裔僉賢 盍相勉㫋 齋旣成 遠來請文者 斯文寬鎬 勤
勞殫誠者承鎬也 昭陽大荒落泰之下澣 月城崔元植 謹記.

뜨거운 노래는 땅에 묻는다

배움의 길은 무지(無知)를 알아가는 과정이라고들 말한다. 새로운 지식과 알지 못했던 사실, 그리고 배후에 숨겨져 발견되기를 바라는 진실들이 있기에 문헌을 뒤지고 추론을 톺아가며 글을 쓰는 일이 즐겁다. 지식의 총량이 폭발적으로 늘어나고 있는 현대 사회에서도 여전히 많은 것을 모르고 있다는 사실을 깨달을 때마다 우리는 겸허하게 옷깃을 여미곤 한다.

지난 2년 동안 나는 농은 민안부라는 한 인물의 내면과 생애를 새로 알아가는 즐거움을 누렸다. 더구나 농은 선생은 내가 대학원에서 공부하고 학위까지 받았던 시기, 고려 말기와 조선 초기를 살아갔던 정치인이자 학자였다. 그런데도 나는 2년 전만 하더라도 선생의 이름조차 듣지 못했다. '두문동 72현'이라는 말만 알았지 그 인물들에 대해 나는 별다른 관심을 가지지 않았다. 어쩌면 고려 왕조가 멸망하던 그 난세를 가장 크게 고민하고 번뇌하면서 치열하게 살아갔던 인물들일 텐데도 말이다.

여흥민씨대종회 산청군지부 민영근 회장님을 만나기 전까지 나는 그런 무지를 무지인 줄도 모르고 살았다. 자신의 선조 되시는 분의 행적이 그저 문중에서만 알 뿐 일반 대중들은 기억하지 못한다는 사실을 그 분은 몹시 안타까워했다. 전공자인 나조차 처음 듣는 이름이었으니, 남의 무심함을 탓하기 전에 내 얼굴이 뜨거워졌다. 그래서 문중의 지원을 받아 농은 선생의 삶과 행적을 조사하기 시작했다.

조선의 개국을 누구보다 앞장서서 반대했고, 이후 외딴 지방에서 은둔의 삶을 살아가셨던 분이기에 농은 선생 관련 자료는 턱없이 부족했고 남아 있는 기록도 영성하기 그지없었다. 자료를 찾고 기록을 확인해 가면서 이런 분의 삶을 과연 한 권의 책으로 이룰 수 있을지 염려스러웠다. 역사적 인물의 전모를 문헌으로 남기는 일은 상상이나 억측을 바탕으로 삼아서는 안 되기에 더욱 조심스러웠다.

그런 조바심과 노파심으로 마음을 부대끼면서도 내게 농은 선생의 자취를 재구해내는 일은 즐거웠다. 모래밭에서 바늘을 찾는 일처럼 또는 가뭄에 콩 나듯이 드문, 정말 그 분 삶의 작은 파편 조각들을 챙기고 거둘 때마다 결코 역사의 장막 저편으로 스러져서는 안 될 사람을 밝은 무대 앞으로 모셔내 남들에게 알린다고 생각하니 공부했던 보람이 새록새록 옹골차졌다.

원고를 끝내고 농은 선생이 은둔해 농사를 지으며 사셨던 산청군 일대를 답사할 때가 다시 기억난다. 6백 년의 세월도 지울 수 없는 선생의 체취와 숨결이 걸을 때마다 느껴졌다. 선생의 묘소를 참배했을 때 뒤늦게 찾아온 후학을 선생은 어진 눈길로 반기셨겠지만, 죄스러움은 더욱 커졌다. 선생이 내린 큰 죽비소리는 부족한 후학을 격려하고 용서하는 너그러운 손길이었다.

해가 뉘엿뉘엿 질 무렵, 선생이 기력이 다할 때까지 허덕거리며 올랐던 망경대에 섰을 때 선생이 회한(悔恨)의 감정을 보듬으며 바라보았을 저 아득한 개성의 하늘을 나도 보았다. 난세를 살면서 올곧고 바른 길을 걸었던 분들, 더욱이 목숨까지 위태롭거나 버려야 했던 고통의 시간을 감내했던 분들의 생애를 접할 때마다 나였다면 과연 이 분들처럼 살 수 있었을까 되새기게 된다. 그런 시련과 탄압을 나는 도저히 견디지 못할 것이라는 부끄러운 사실을 깨달을 때마다 누군가의 삶의 거울이 되는 일은 말로 이뤄지는 것이 아니라 뜨거운 실천에서 나온 것임을 자각하게 된다.

이제 나로서는 나름대로 길고 벅찼던 분투의 시간을 마치고, 농은 민안부 선생의 생애와 업적을 정리한 책을 내놓게 되었다. 다시 읽어보니 긍지보다는 송구함이 앞서는 게 솔직한 심정이지만, 내가 뿌린 이 씨앗들이 여러 사람들의 눈과 귀를 거치고 마음을 울려 더 큰 결실로 자리하리라 믿으며 스스로 위로한다.

능력이 닿지 못해 원고가 하염없이 미뤄졌음에도 믿음으로 기다려주신 민영근 선생님께 감사의 인사를 드린다. 선생님의 고마운 머리말이 있어 책이 더욱 책다워졌다. 그리고 최선을 다하긴 했지만 못내 아쉬워 할 듯한 농은 선생의 후손 분들에게도 고맙다는 말씀을 드린다. 문중의 지원이 있어 책이 완성되었다. 또 자료를 정성스럽게 챙겨주신 대포서원의 민영수 선생님의 후의도 잊을 수 없어 여기 감사의 마음과 함께 적는다. 특히 민영근 선생님과 민영수 선생님은 초고를 읽고 오류와 잘못된 판단을 많이 바로잡아주셨다.

누구보다 고마운 분은 농은 민안부 선생이시다. 선생의 삶은 바로 나 자신에게 큰 귀감(龜鑑)이다. 선생께서 남긴 훈향(薰香)이 있기에 내 삶이 더욱 따뜻하고 풍요로워졌다.

끝으로 책을 훌륭하게 출간해준 보고사의 김흥국 사장님과 박현정 편집장님, 담당편집자 이소희 님께 고맙다는 말씀 전한다.

2020년 삼일절 다음 날 새벽에
남해에서 임종욱이 쓴다.

저자 임종욱

1962년 경북 예천 출생. 동국대학교 국어국문학과와
동대학원에서 수학했다. 여말선초 때의 시인 원천석의
한시를 연구해 박사학위를 받았다. 2012년 남해군에서
주관한 제3회 김만중문학상에서 대상을 받고 남해로
내려와 연구와 창작을 병행하고 있다. 현재 남해집들
이굿놀음보존회(회장, 김정준) 사무국장으로 일하고
있다. 지은 책에『운곡 원천석의 시문학 연구』와『고려시대 문학의 연구』,『우리
고승들의 선시 세계』,『한국한문학의 이론과 양상』,『여말선초 한문학의 동향과
불교 한문학의 진폭』,『조선시대 불교공간과 한문학의 자장』,『한국문학의 이면
과 측면』등이 있다. 소설로는『소정묘 파일』과『황진이는 죽지 않는다』,『1780
열하』,『이상은 왜?』,『남해는 잠들지 않는다』,『남해:바다가 준 선물』,『불멸의
대다라』,『죽는 자는 누구인가?』등이 있다.『던져진 것이 돌만은 아니니』를 탈
고하고 출간 준비 중에 있다.

감수자 민영근

1948년 산청군 생초면 율촌 마을 출생. 진주산업대학
교 및 경상대 산업대학원 졸업. 산청군청 35년 근무
(사무관 정년퇴직). 녹조근정훈장을 비롯한 국무총리,
행자부장관, 경상남도 지사 표창 등을 수상했다. 공무
원으로 재직하면서 고장의 품격을 높이고 군민의 삶의
질을 향상하는 사업에 매진했다. 현재 여흥민씨대종회 산청군지부 회장을 맡아
선조의 삶을 기리고 종중의 화합과 발전에 애쓰고 있다. 부인(정옥자)과 슬하에
1남 1녀를 둔 화목한 가정의 가장이다.

은둔을 택한 고귀한 충혼 농은 민안부

2020년 6월 12일 초판 1쇄 펴냄

지은이 임종욱
감수자 민영근
펴낸이 김흥국
펴낸곳 보고사

책임편집 이소희
표지디자인 손정자

등록 1990년 12월 13일 제6-0429호
주소 경기도 파주시 회동길 337-15 보고사
전화 031-955-9797(대표), 02-922-5120~1(편집), 02-922-2246(영업)
팩스 02-922-6990
메일 kanapub3@naver.com / bogosabooks@naver.com
http://www.bogosabooks.co.kr

ISBN 979-11-6587-010-2 03910
ⓒ 임종욱, 2020

정가 20,000원

사전 동의 없는 무단 전재 및 복제를 금합니다.
잘못 만들어진 책은 바꾸어 드립니다.